SUBE *la* TEMPERATURA

UNA GUÍA PARA LA INTIMIDAD SEXUAL DE LAS PAREJAS

DR. KEVIN LEMAN

AUTOR DEL ÉXITO DE LIBRERÍA *MÚSICA ENTRE LAS SÁBANAS*

Unilit   Sepa

Publicado por
Editorial Unilit
Miami, FL 33172

© 2012 Editorial Unilit (Spanish translation)
Primera edición 2012

© 2009 por Dr. Kevin Leman
Originalmente publicado en inglés con el título:
Turn Up the Heat por Dr. Kevin Leman.
Publicado por *Revell*, una división de Baker Publishing Group,
Grand Rapids, Michigan, 49516, U.S.A.
www.revellbooks.com
Todos los derechos reservados.

Edición: *Nancy Pineda*
Fotografía de la cubierta: © 2012 Yeko Photo Studio. Usada con permiso de
Shutterstock.com.
Fotografía interior: © 2012 karam Miri. Usada con permiso de Shutterstock.com.

A fin de proteger la privacidad de quienes le contaron sus historias al autor, se
cambiaron algunos detalles y nombres.

Producto 496855
ISBN 0-7899-1798-X
ISBN 978-0-7899-1798-0

Impreso en Colombia
Printed in Colombia

Categoría: Vida cristiana /Relaciones /Amor y matrimonio
Category: Christian Living /Relationships /Love & Marriage

Dedicado a John Young
y a su encantadora esposa, Marlene.

Gracias por su amistad y aliento
a lo largo de los años.
Solo tienen una tarea:
cuidarse con amor el uno al otro
durante el resto de sus vidas.

Contenido

Reconocimientos

Para mi editora en Revell, Lonnie Hull DuPont: Eres una mujer increíble. Dicho sin rodeos, aprecio muchísimo tus talentos creativos.

Y a la otra mujer de mi vida (mi otra editora), Ramona Cramer Tucker, que comprende mi corazón... y mi humor: muchas gracias.

Introducción

> Tengan una fantástica vida sexual... ¡el sábado por la noche! (O el jueves por la noche, si en verdad eres juguetón).

Cuando Adán vio a Eva por primera vez, ¿qué piensas que dijo? «¡Santo cielo, miren eso!»

Para Adán, la hermosa Eva era una maravilla, la única criatura en el Edén que se adaptaba a la perfección para ser su compañera. ¿Qué hizo Adán a continuación? Lo que los hombres hacemos con naturalidad: La miró con fijeza. La apreció. Luego, no pudo evitar tocar este regalo del Dios todopoderoso. Y lo que sucedió a continuación fue espectacular.

La relación sexual, ese increíble invento de Dios, tuvo un comienzo fabuloso en aquel hermoso jardín del Edén. Sin embargo, ¿qué le sucedió al jardín donde un hombre y una mujer (verdaderos compañeros, juntos para toda la vida) estaban desnudos y no se avergonzaban?

Ya sabes lo que sucedió. Un solo mordisco a la fruta prohibida y, de repente, lo que creó el Dios todopoderoso quedó etiquetado como «sucio». Pronto, Adán y Eva se dieron cuenta de que estaban desnudos, así que se escabulleron entre los arbustos para esconderse hasta vestirse. El mundo perfecto del paraíso quedó arruinado. La amorosa conexión que tenían con el Dios todopoderoso se cortó. Y la relación inocente y pacífica que tenían, así como la exploración sexual satisfactoria mutua, quedó interrumpida. De inmediato *conocieron* sus diferencias, y les parecieron vergonzosas de manera total y absoluta.

Entonces, cuando vamos al grano, ¿qué es lo que soñamos todos? Volver a esos días en el jardín, donde el invento perfecto de Dios, la relación sexual, rodeaba tanto al hombre como a la mujer en un vínculo de mutua satisfacción. ¿Qué quiere todo hombre temeroso de Dios? Una mujer temerosa de Dios a la que le encante la relación sexual. ¿Qué quiere toda mujer temerosa de Dios? Un hombre temeroso de Dios que le proporcione la intimidad que anhela su alma. Ya ves, los hombres solo necesitan un lugar, pero las mujeres necesitan una razón. En la medida que un esposo y una esposa aprenden a apreciar estas diferencias cruciales, pueden subir la temperatura a fin de tener una relación sexual fabulosa... *siempre*.

La relación sexual dentro de los límites del santo matrimonio fue idea de Dios, pero hoy en día a la gente le asusta un poco hacer preguntas al respecto, por temor a pasar vergüenza. (Es más o menos como Adán y Eva escondiéndose desnudos en los arbustos).

Así que te lo haré fácil.

Dentro de este libro se encuentran las preguntas más calientes acerca del sexo y de la intimidad, preguntas que me hacen todos los días mientras viajo, doy conferencias y aconsejo a parejas casadas o a parejas que se van a casar, y mis respuestas sin rodeos. (A fin de proteger la privacidad de quienes me contaron sus historias, se cambiaron algunos detalles y nombres).

¿Alguna vez te has preguntado con cuánta frecuencia debes hacerlo, y si *tienes* que hacerlo? ¿Por qué a ella le gustan las luces apagadas y a ti te gustan encendidas? ¿Qué hacer cuando estás demasiado agotada para chillar de emoción y él te echa esa mirada que ya conoces? ¿Qué sucede cuando la depresión o la edad afectan el impulso sexual? ¿Y si él es un adicto al sexo? ¿Y si lo eres tú porque lo necesitas y se acabó? ¿Qué está bien y qué está mal en la cama? ¿Hay relaciones sexuales después de tener hijos? ¿Cómo puedes compararte con sus ex? ¿Por qué él es tan aburrido en la cama? ¿Todavía puedes hacerlo cuando... tú sabes... estás en condiciones de recibir descuentos para jubilados? Y esto es solo para principiantes.

Si quieres tener una vida sexual fabulosa para el sábado por la noche, sigue leyendo. *Sube la temperatura* los llevarán a ti y a tu cónyuge a nuevas y chispeantes alturas de satisfacción mutua. Apuesto a que hasta ahorrarás dinero en la cuenta de la calefacción.

Me lo puedes agradecer después.

1

Aspira a lo máximo

Algunas sinfonías de luna de miel son como la
Filarmónica de Boston. Otras se parecen a una canción
de cuna.

Tal vez estés a punto de embarcarte en el tan esperado suceso
de tu luna de miel. O quizá ya recorrieras el largo camino por
el pasillo cubierto de flores, ya estén acurrucados juntos en
el romántico viaje y hayan traído este libro para leerlo en pareja. En
cualquiera de los dos casos, los felicito. Si ya están pensando en qué
pueden hacer para que su matrimonio sea lo mejor posible, ¡ese es un
muy buen comienzo!

La mayoría de la gente piensa: *¡Ah, la luna de miel! ¡No veo la hora
de que llegue!* Después de todo, es entonces cuando las campanas, los
silbatos y las sirenas tocan todos al mismo tiempo. Y ese increíble
punto culminante es, por supuesto, la señal de que vivirán felices
para siempre. Todo lo que tienen que hacer es ahorrar para comprar
esa casita con la verja blanca y ese auto que los enloquece, y con el
tiempo, tener un par de esos... ¿cómo se llaman?... hijos. Ah, claro.

(Pensándolo bien, tal vez un lindo perro de raza sea más barato).

No obstante, ¿acaso la vida siempre resulta como uno espera? ¿Hasta aquí ha sido de esa manera? Así como la vida tiene sus sorpresas, es probable que la luna de miel también tenga las suyas. Si eres como casi todas las parejas con las que hablo, descubrirás que la luna de miel no es exactamente como pensabas.

Si no tienes experiencia sexual (es posible que el veinte o veinticinco por ciento de las personas que lean este libro sean vírgenes), puedo garantizarte que no crearán una sinfonía. Es más probable que pasen el tiempo buscando la nota adecuada entre las sábanas, sin poder encontrarla. Así que, piénsalo. Si existe una tarea que requiere mucha preparación y práctica de la buena, ¿qué tarea te gustaría tener? Te pregunto: ¿qué sería más divertido que aprender a dominar esta profesión?

Otros de ustedes han tenido experiencias sexuales anteriores con uno o más compañeros. Tal vez ya hayas estado casado. Es probable que hayas atravesado por la pérdida del primer cónyuge a través del divorcio, de la muerte o del abandono. Es probable que en la niñez experimentaras cosas que nunca tendrías que haber experimentado, un abuso que no fue tu culpa. Como la esencia misma de las experiencias sexuales es tan íntima, estos recuerdos también formarán parte de la relación con tu cónyuge. (Hablaremos más acerca de todos estos temas en este libro).

Algunos ya pasaron esa primera noche de la luna de miel y tuvieron una experiencia grandiosa. Estás pensando: *Eso fue increíble. ¡Nunca pensé que la relación sexual fuera tan fabulosa!* Entonces, después está el otro noventa y cinco por ciento que piensa (y se avergüenza un poquito de admitirlo delante del cónyuge): *¿Y eso fue todo? ¿Eso fue lo mejor que pudo ofrecerme este hombre?* O: *Me estás tomando el pelo. ¿Cómo pudo pensar esta mujer que eso me iba a excitar? Ay de mí, ¡en qué me he metido! ¿Me queda toda una vida de esto?* Incluso, algunos de ustedes, desesperados, tal vez tomaran el teléfono para llamar a mamá, a papá o a un amigo para recibir algún consejo de urgencia. También es probable que fueras a una librería para encontrar uno de esos libros de consejos sobre cómo se hace, porque muy en lo profundo te sientes un poquito aterrado.

Si eres uno de los que han apretado el botón de alarma, quédate tranquilo que no eres el único. Se podría pensar que la relación sexual es uno de los actos más fáciles de dominar en la vida; después de todo, junta a un hombre con una mujer y el resto debería salir con naturalidad, ¿cierto? A decir verdad, se necesita algo de esfuerzo. Necesitas la sincronización de un jugador de una liga mayor de béisbol, la precisión del joyero más refinado y la capacidad de ser la encarnación del gran director de orquesta Arthur Fiedler en el dormitorio. Y he aquí la trampa: aunque *pudieras* ser todas estas cosas a la vez, no hay garantía de que esas campanas, silbatos y sirenas suenen a todo trapo en tu dormitorio.

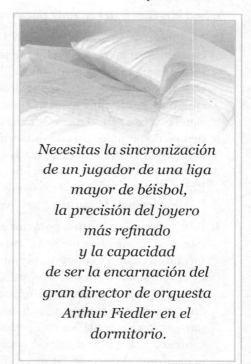

Necesitas la sincronización de un jugador de una liga mayor de béisbol, la precisión del joyero más refinado y la capacidad de ser la encarnación del gran director de orquesta Arthur Fiedler en el dormitorio.

Entonces, ¿cómo puedes prepararte de manera emocional, física y mental para llegar a ser uno en la luna de miel... y después?

Me alegra mucho que preguntes. Como tus preguntas están íntimamente relacionadas con la experiencia sexual que tengas o no antes de la luna de miel, tal vez quieras pasar de plano a la sección que se ajuste mejor a ti. (Sin embargo, no hay problema si también quieres espiar las otras).

A. Son vírgenes o no tienen experiencia en el aspecto sexual.

B. Tienen experiencia sexual (tuvieron otras parejas o estuvieron casados antes).

A. Son vírgenes o tienen muy poca experiencia sexual

P: Mi esposo y yo somos vírgenes. Comenzamos a salir cuando estábamos en la universidad y fuimos novios durante tres años y medio hasta que nos graduamos. Nuestros padres estuvieron de acuerdo en pagarnos la carrera a los dos si estábamos de acuerdo en esperar a casarnos hasta que nos graduáramos. Sin embargo, algunas veces, pienso que esperamos demasiado. Durante mucho tiempo no pudimos hacerlo (hubo algunas noches en que era tan, tan, tan difícil no... huy... *acercarnos*, ya sabe a lo que me refiero), y ahora que estamos en nuestra luna de miel, de repente podemos. Parece que no puedo hacer el cambio en mi cabeza. Ninguno de los dos logramos relajarnos. ¡Auxilio!

R: Felicitaciones a ti y a tu esposo por esperar... y por pedir ayuda en este aspecto mientras todavía están en la luna de miel. Eso dice mucho en cuanto a la clase de personas que son... y al matrimonio en el que se convertirán. Si controlaron sus deseos durante tanto tiempo y esperaron para tener relaciones sexuales, ninguno de los dos tendrá que preocuparse pensando que el otro puede encontrar satisfacción sexual en otra persona, porque han fomentado la confianza y el respeto mutuo. A pesar de eso, estoy de acuerdo con lo planteado. Mi esposa, Sande, y yo éramos vírgenes cuando nos casamos. *Es* difícil tirar los prejuicios por la borda, en especial para la mujer. ¿Por qué es más difícil para las mujeres que para los hombres? Porque en el caso del hombre, el Sr. Feliz está listo en casi cualquier momento y en cualquier lugar. (Así que felicitaciones a tu muchacho por mantenerse puro para ti; eso habla más que las palabras acerca del amor y el respeto que siente por ti). ¿La mujer? Ella necesita la atmósfera, el ambiente, necesita acurrucarse, necesita las palabras, el momento adecuado. Todo tiene que estar bien para que se sienta apreciada y amada.

Por lo tanto, esto es lo que les sugiero. Muchos hacen de la luna de miel un momento en el que tienen que ir a visitar lugares. «Ah, bueno, podríamos ir a Puerto Rico». «¿Qué me dices de un crucero por Alaska? Siempre quise visitar ese lugar». «¿París? Al fin y al cabo, es la ciudad del amor y siempre he querido ver la Torre Eiffel». No hay problema, es probable que estén en algún lugar exótico (muchos eligen estos lugares para la luna de miel), pero en vez de concentrarse en los lugares, ¿por qué no convierten estos momentos en un tiempo para «verse» el uno al otro en un entorno hermoso y romántico? En vez de salir corriendo a visitar una atracción turística, una cena especial o ir a la playa, vayan despacio. Tómense su tiempo. Cuando despierten, acurrúquense el uno junto al otro. Pasen desnudos un día de manera completa y total. Tóquense y deléitense con el cuerpo del otro. No contesten el teléfono. Pidan comida a la habitación. Tómense el tiempo para explorar y llegar a conocer el cuerpo del otro por simple placer. No tengan como único objetivo meter la pelota en el arco. Este no es el momento para dilucidar todo acerca de la sexualidad y perfeccionar la relación sexual. Es tiempo de reír, de acariciarse, de divertirse. Es tiempo de relajarse y solo disfrutar de estar juntos.

P: Comencé a tomar píldoras anticonceptivas alrededor de tres meses antes de nuestra luna de miel porque queremos «planificar» nuestra familia y no dejar que sea una sorpresa. Para mí fue muy difícil esperar a tener relaciones sexuales durante todos los años que estuve soltera; la relación sexual estaba siempre en mi mente. Sin embargo, ahora que estamos casados, mi impulso sexual parece estar muy bajo. En realidad, hasta me cuesta interesarme en la relación sexual. Detesto ver el dolor que se refleja en la cara de mi esposo. ¿Algo anda mal en mí o es probable que las píldoras anticonceptivas hagan que tenga menos interés?

R: Lo primero que tienes que hacer es explicarle a tu esposo lo que sucede en tu mente y en tu cuerpo para que esto se convierta en «nuestro» problema, no en el «tuyo». Vayan juntos al ginecólogo, explíquenle la situación y conversen sobre otras opciones. Hay muchas fórmulas para las píldoras anticonceptivas; fácilmente podrían probar otra. Además, hay otros métodos anticonceptivos (por ejemplo, el diafragma, el preservativo, el dispositivo intrauterino y la forma natural de planificación familiar). Lo más importante es que, ahora, los dos son una unidad y tienen que esforzarse juntos para alcanzar la meta de una vida sexual saludable y satisfactoria. Las revistas chismorrean sobre la inhibición del impulso sexual que producen los anticonceptivos. Es probable que haya algo de cierto en esto en el caso de algunas mujeres; pero para mí, el verdadero problema es lo que sucede en tu mente y en tu corazón, y en cómo los dos se ocuparán juntos, como pareja, de subir la temperatura de su pasión.

Solo para mujeres

Lo que *no* debes esperar de tu amante

1. Que es George Clooney. Quizá Pedro Picapiedra estaría más cerca. La mayoría de los hombres son pésimos amantes; carecen de la comprensión innata de lo que excita a una mujer.
2. Que solo por ser hombre es un experto (y en especial si tuvo relaciones sexuales con anterioridad). He hablado con muchos hombres a los que les he preguntado si sabían lo que era un clítoris, y me han dicho: «¿Un qué?».
3. Que conocerá el mapa de carreteras para agradarte. No tendrá la menor idea de lo que te resulta placentero a menos que se lo digas... no solo una vez... sino una vez tras otra. «¡Ay, mi amor, me encanta cuando haces eso!» Y «me gustó mucho dónde comenzaste ayer, ¿pero hoy podrías empezar... aquí?». Luego, ¡solo observa cómo disfruta el Chico Amoroso al complacerte!

P: La primera vez que mi esposa y yo tuvimos relaciones sexuales, quería que todo fuera hermoso y perfecto para ella. Pensé que me comportaba de manera muy delicada, que iba despacio en realidad (los dos éramos vírgenes)... y entonces, comenzó a llorar. Así que me detuve y le preparé un largo baño caliente (ella dice que eso la ayuda a relajarse) y hasta salí corriendo a comprar algo de lavanda, su fragancia favorita. Ella se sentó en la bañera y lloró un poco más. Luego, llamó a su madre y conversó durante dos horas.

¿Qué estoy haciendo mal? La amo de verdad, ¿así que cómo pude lastimarla? ¿Mi pene será demasiado grande? ¿Algo de lo que estoy haciendo está mal?

No quiero volver a ver a mi esposa llorar, nunca más, en especial si soy yo la causa de su llanto.

R: Increíble, ¿un hombre que pide ayuda, que piensa en su esposa en lugar de pensar en sí mismo, que le prepara un baño y va a una tienda para comprarle su fragancia favorita? Un momento, amigo. ¡Lo estás haciendo todo bien! Podríamos subastarte en *eBay* por grandes sumas de dinero.

Lo cierto es que eres hombre y ella es mujer. Y cuando la penetres, con el Sr. Feliz todo inflado y lleno de energía, ella *sentirá* dolor. Al ser virgen, nunca antes tuvo visitas en ese lugar.

¿Tu esposa fue a ver a un ginecólogo antes de la luna de miel? A algunas mujeres les estiran el himen; a otras se lo rompen para que tengan una experiencia más placentera. Otras usan dos o tres dedos para comenzar a estirar el orificio antes de tener su primera experiencia sexual de modo que los músculos estén más flexibles.

Como esposo, ahora te encuentras en una posición en que puedes ayudarla... con dulzura. No hay nada que puedas hacer respecto al tamaño de tu pene, pero puedes usar un lubricante para facilitar la penetración. Además, a medida que tu esposa se adapte a la relación sexual, debes ser consciente de que algunas veces no recorrerás «todo el camino». Mantén el énfasis en tu amor y en el cuidado hacia ella y en lo que le agrada. Concéntrate en abrazarla y brindarle intimidad sin relación sexual durante largo rato cuando esté dolorida. Comprende que para las mujeres es de suma importancia procesar los pensamientos y los sentimientos. Por lo tanto, no te sientas mal si llama a mamá para pedirle un consejo de vez en cuando. Es muy probable que mamá haya estado en una posición similar, digamos, hace unos veinte o treinta años, y apuesto a que recuerda ese momento y puede darle alguna perspectiva a largo plazo.

Si te diera una viola y te dijera: «Tócala», es probable que me mires sorprendido y digas: «No puedo tocar la viola. No sé nada de este instrumento».

Así que yo te alentaría un poco más: «Vamos, inténtalo. Quiero que la toques. Toma el arco y tócala».

Entonces, lo haces y sale ese sonido bastante feo. Yo te miraría y te diría: «¡Muy bien, eso estuvo muy bien!». Supongo que devolviéndome la mirada dirías: «¿Muy bien? ¡Eso fue horrible! Le dije que no sé tocar la viola».

«Sí», diría yo, «pero hiciste ruido y por allí se comienza».
Ustedes dos también pueden hacer un ruido hermoso.

Y, por último: sigue con los baños de lavanda. Son una entrada excepcional al corazón de tu esposa; además, estás cultivando un amor para toda la vida.

P: Crecí en un hogar muy conservador y religioso. Nunca me dijeron lo siguiente con las palabras directas, pero el mensaje llegó fuerte y claro: *El sexo es algo asqueroso... Y eres una asquerosa si alguna vez piensas en eso.*

Algunas veces, me pregunto cómo llegué a esta tierra, porque nunca vi a mis padres sin las batas puestas. Todavía recuerdo que me metí en problemas a los siete años por salir corriendo del baño en ropa interior, sin tener la bata puesta. Los versículos bíblicos que hablan sobre la pureza estuvieron presentes en mi cabeza durante la adolescencia. Mi novio (que en tres días será mi esposo) dice que no ve la hora de verme desnuda. Sé que parece tonto, pero la idea me produce pánico. Lo amo de verdad y confío en él, pero nunca le he mostrado mi cuerpo a nadie. La única educación sexual que he tenido la he sacado de libros, de esos que compré durante el último año, desde que Ryan y yo nos comprometimos. Deseo de todo corazón casarme, pero estar desnuda me parece... *asqueroso.* Muy bien, ya lo dije. ¿Cómo puedo sacar esto de mi mente?

R: Gracias por tu sinceridad. Y tienes razón. La manera en que te criaron es la raíz de cómo vez tu cuerpo. Da la impresión de que tu hogar era demasiado estricto. Por ejemplo, la mayoría de los niños de siete años no tendría ningún problema en salir del baño desnudos por completo y correr por el pasillo gritando felices: «¡Oigan, mírenme!». Tú llevabas puesta la ropa interior y aun así te metiste en problemas. Es comprensible que este enfoque tan estricto te haya vuelto temerosa. Es hora de acomodar tu manera de pensar. Mencionaste que tienes presentes versículos de la Biblia; pero apuesto a que nunca te dieron la oportunidad de leer Cantar de cantares, a menos que lo hicieras a escondidas. Aquí tienes un pequeño fragmento:

Cuán bella eres, amor mío,
¡cuán encantadora en tus delicias!
Tu talle se asemeja al talle de la palmera,
y tus pechos a sus racimos.
Me dije: «Me treparé a la palmera;
de sus racimos me adueñaré».
¡Sean tus pechos como racimos de uvas,
tu aliento cual fragancia de manzanas,
y como el buen vino tu boca!
Cantar de cantares 7:6-9

¡Vaya! ¿Eso está en la Biblia?, te estarás preguntando. Sí, así es. Todo el libro es una alegre celebración a la relación sexual matrimonial, donde se exponen todas las delicias que Dios planeó para un hombre y una mujer unidos en santo matrimonio. ¿Puedo sugerirte algo? Llévate una Biblia a la luna de miel y pon una marca en el libro de Cantar de cantares. En la noche de bodas, comienza leyendo poco a poco desde el principio del libro: «Ah, si me besaras con los besos de tu boca» (Cantar de cantares 1:2).

Mientras leen juntos, acaríciense con suavidad y comiencen a desvestirse con lentitud (con una luz tenue, si es que eso te resulta más cómodo), y comenzarás a experimentar las delicias de la bendición matrimonial con el hombre que amas y que te ha escogido.

Además, de paso, si todavía necesitas esa bata (cuesta hacer morir los viejos hábitos), pídele a tu novio que él mismo te escoja una. Apuesto a que será muy diferente a la raída bata rosa que has usado durante años.

B. Tienen experiencia sexual (tuvieron otras parejas o estuvieron casados antes)

P: Me avergüenza mucho escribir esta carta, pero aquí voy, de todos modos. Acabamos de regresar de lo que pensamos que sería el mejor tiempo que experimentaríamos como pareja, en medio del exótico marco de las Bahamas. La relación sexual fue... una gran desilusión. No, permítame corregirme. Fue un asco. Nada de fuegos artificiales. Nada especial. Solo algo... aburrido. Los dos tenemos más de treinta años y hemos tenido diversas parejas con anterioridad. Detesto admitirlo, pero todas las noches calientes que pasé con mi novio del preuniversitario en el asiento trasero del auto de papá fueron mucho más fabulosas.

Qué esperar de tu luna de miel...

Para los que son vírgenes

1. Novia asustada, nerviosa, un tanto temerosa (¿ven adónde quiero llegar?), que es probable que llore o llame a mamá.
2. Novio nervioso (que tal vez necesite muchas duchas frías).
3. Una novia dolorida, con infección urinaria y un Sr. Feliz infeliz (durante algún tiempo).
4. Viejos recuerdos que salen a la superficie cuando menos lo esperas (o lo deseas).

Después de las tres primeras noches, mi nuevo esposo y yo encontramos otras cosas para hacer, como asistir hasta altas horas de la noche a las fiestas hawaianas o tendernos en la arena a mirar las estrellas. No me cabe duda de que debe haber algo más en esta intimidad matrimonial de lo que hemos experimentado.

R: No te preocupes. Recuerda que la luna de miel fue solo el *primer* movimiento de la sinfonía que crearán juntos como pareja. Si fue tan aburrida y encuentran maneras de ocupar el tiempo sin tener esa intimidad, pienso que hay algo que falta en la relación entre ustedes. ¿En su pareja pueden expresarse pensamientos y sentimientos el uno con el otro de verdad? ¿Tienen lo que llamo esa «conexión íntima» por la cual pueden retomar una conversación de hace dos semanas sin perderse nada? Pienso que algo anda mal en la relación entre ustedes, y junto con esto, tenías algunas expectativas bastante altas de lo que sería tu luna de miel.

Por un momento, piensa en los hombres como si fueran violas. Las violas pueden estar fabricadas en el mismo lugar y con las mismas normas, ¡y aun así tienen sonidos diferentes! Lo que experimentes con tu esposo será muy distinto a lo que experimentaste con el novio del preuniversitario. (¡Y yo esperaría que fuera así! De acuerdo con lo que dices, esas noches eran pura pasión y, por cierto, no había nada de compromiso, de proyección a largo plazo, ni de comunicación). Tu esposo es un instrumento diferente a lo que era tu antiguo novio. Sonará con un tono distinto por completo, pero no quiere decir que carezca de pasión ni de entusiasmo. Tengo una noticia para ti. Se necesita tiempo para perfeccionar la relación sexual fabulosa, ¡pero qué paseo tan divertido puede ser! Por lo tanto, tómense tiempo para la relación sexual en su matrimonio. Si los dos se sienten aburridos o les parece que no es nada especial, conversen sobre lo que les parecería excitante... ¡y pruébenlo!

Solo para hombres

Lo que más necesita tu esposa de ti

1. No pienses en el acto sexual como en una «lotería»; considéralo como parte de una relación (aunque una parte muy importante, dice el Sr. Feliz enseguida).

2. Piensa *primero* en las necesidades de tu esposa, antes de pensar en las tuyas.

3. Comprende que ella necesita un ambiente de amor, de cuidado, de confianza y que necesita sentirse segura, protegida y no apurada a tener en el primer lugar de su mente el sexo.

Vayan más allá de la posición estándar y experimenten con lo que los haga sentir bien a los dos. Vivan el romance durante el día. No hay problema si se acuestan en la playa para mirar las estrellas; pero hagan algunos ajustes. Cúbranse con una manta y deja que los dedos recorran todo el cuerpo de tu esposo. Mordisquéale la oreja. Capta la atención del Sr. Feliz con una pequeña caricia. Susúrrale a ella cositas para decirle lo deseable que es y que ella es la *única* a quien deseas.

Prueben con algunas de estas ideas para subir la temperatura y, además, inventen las suyas propias. Es probable que se encuentren con el deseo de apurar un poquito el paso de regreso a la suite nupcial...

P: Supongo que mi padre lo expresó muy bien. «Pinta o bájate de la escalera, hijo», me dijo un día cuando le conté que tenía mis dudas en cuanto a pedirle a Cindy que se casara conmigo. Levantó una ceja y añadió: «Bueno, has obtenido lo que querías, un poquito de *watusi* (la palabra que usa mi padre para referirse a la *relación sexual*), durante siete años. ¿No te parece que es hora de ponerle un anillo en el dedo?». No pude discutirle; tenía razón. Así que fuimos adelante y pasamos por todo lo de la boda.

Ahora, estamos pasando dos semanas en nuestro lugar soñado: Hawái (ahorramos durante años para ir en algún momento). Sin embargo, lo curioso es que no siento absolutamente ninguna diferencia con respecto a ella. Supongo que esperaba que tuviéramos una relación sexual exuberante ahora que estamos casados. Sin embargo, nada ha cambiado, es más de lo mismo. ¿Es demasiado lo que espero?

R: El tono mismo de tu carta muestra que estás desanimado. Estas son algunas de las probables razones:

1. A tu boda (el suceso que debería ser el gran momento en la vida de una pareja: su unión) la llamas «pasar por todo lo de la boda».
2. Te refieres al lugar para las vacaciones soñadas en lugar de tu luna de miel.
3. Te refieres a la relación sexual como algo que «no ha cambiado» que «es más de lo mismo».

Bueno, ¿qué diferencia pensaste que habría entre la relación sexual en Hawái y la de tu hogar en Illinois? Ninguno de los dos ha cambiado, ¿no es así? Por lo tanto, ¡la relación sexual en Hawái solo será más calurosa y pesada!

Lo único que ha cambiado es el pedazo de papel que declara que, ahora, ustedes tienen el mismo apellido. Seamos sinceros: la sorpresa de la relación sexual y de la intimidad entre ustedes dos ha quedado muy atrás debido a las experiencias previas. Por lo tanto, si esperas un ardiente interludio sexual que sea sorprendente y nuevo en tu luna de miel, eres como un perro que le ladra al árbol equivocado. En cambio, piensa en tu luna de miel como un nuevo capítulo en tu vida y en tu historia de amor. Debido al amor que sienten entre sí, están llevando la relación a un nivel más profundo. Firmaron en la línea de puntos y empeñaron su palabra el uno para con el otro, sea como sea. ¡Comprometí la mía hace años y todavía soy un novato!

Piensa en tu luna de miel como un nuevo capítulo en tu vida y en tu historia de amor.

Sin embargo, la vida sexual de ustedes no tiene por qué ser aburrida. Conversen sobre cómo innovar y animar las cosas.

P: Tengo cuarenta años y acabo de casarme por primera vez. Todas mis amigas dicen: «Por fin», y supongo que es así. Brett es un hombre grandioso. Fuimos novios durante cuatro años (y sí, el acto sexual fue parte de nuestra relación) y hace seis meses decidimos que era hora de formalizar. A los dos nos gustaría tener hijos algún día, y a mí se me está pasando el cuarto de hora. Además, como crecí con un padre que tenía distinto apellido al mío (mi papá se divorció de mi mamá después de tener una aventura amorosa), no quería hacerles eso a mis hijos. Así que hace tres semanas nos casamos y nos tomamos una semana libre para nuestra luna de miel. Debo decir que las lunas de miel no son *en absoluto* como los artículos que he leído. En realidad, pensé que estar casada sería un poquito más excitante... *sobre todo en el aspecto sexual.*

R: Los felicito por decidirse a asumir el compromiso del matrimonio, sobre todo teniendo en mente a los hijos en el horizonte. Tienes razón: para un hijo no es justo encontrarse en una situación donde no hay lazos, donde cualquiera de los dos puede romper la relación sin perjuicio alguno y en cualquier momento. Y esto es

El desarrollo de la vida sexual en el matrimonio no es algo que solo ganas o pierdes. Es algo que ganas para ti y para tu cónyuge.

lo que sucede una y otra vez en los Estados Unidos hoy en día (como tú bien lo sabes, ya que lo viviste cuando eras niña).

En esencia, durante los últimos cuatro años tuvieron todo lo placentero del matrimonio, sin el compromiso. A esta altura, los dos se conocen bastante bien. Han estado actuando como marido y mujer sin los papeles, así que dime qué puede ser diferente en la luna de miel. Ya no tienen que enfrentarse a los nervios ni a las sorpresas de las primeras relaciones sexuales, como por ejemplo: «¡No sabía que te llevaría una hora estar lista para ir al grano!». ¿Y sabes una cosa? Tomaron una decisión inteligente al decidir casarse. La investigación nos dice que la gente que se casa es más feliz, más saludable y vive más que la gente que no lo hace. ¡Qué buen paso por el buen camino! Y más adelante, sus hijos se lo agradecerán también.

Hablemos con franqueza

Cuando tú y tu cónyuge parten hacia la luna de miel, para la gente es muy tentador enviarte al campo de la vida con una palmadita en la espalda y las palabras: «A ganar, campeones». Sin embargo, lo cierto es que el desarrollo de la vida sexual en el matrimonio no es algo en lo que solo ganas o pierdes. Es algo que ganas para ti *y* para tu cónyuge.

Tu vida sexual tiene el potencial de ser una de las partes, si no es *la* parte, más satisfactorias y placenteras de tu matrimonio. La relación sexual tal como la ideó el Creador es un gran regalo que une a un hombre y a una mujer para toda la vida.

Lo mejor que pueden hacer los que se van de luna de miel es leer libros acerca de la relación sexual y la comunicación, y conversar sobre estas cosas antes de casarse, a lo largo de toda la luna de miel, y durante los próximos cincuenta años o más de vida juntos.

Entonces, por qué no encarar la luna de miel con la siguiente actitud: «Oye, no sé muy bien en qué nos estamos metiendo, pero estoy convencido de que será un paseo grandioso. Así que, ¡aprendamos, riámonos y divirtámonos haciéndolo juntos!».

Ahora bien, esa es una actitud de luna de miel para toda la vida.

2

¿El comienzo de «vivieron felices para siempre»?

Regresaste de la luna de miel... Ahora, ¿qué me dices de los próximos cuarenta y ocho años?

Te encuentras en medio de los dos eufóricos primeros años de matrimonio (sin niños que te alteren los patrones de sueño, la vida y la psiquis en general; a menos, por supuesto, que estés uniendo dos familias, en cuyo caso, ¡que el cielo te ampare!). ¡Disfruta de estos años! La luna de miel quizá fuera el mejor tiempo de tu vida (o no... ya hablamos de eso en el capítulo anterior).

Después de la luna de miel, llega el tiempo muy excitante de combinar sus vidas individuales y transformarlas en «vida de pareja». Trasladan sus pertenencias a la casa que compartirán; combinan las finanzas, los autos, las profesiones y las clases; además, hacen malabarismos para incorporar nuevas actividades en las agendas.

Pasan horas visitando tiendas o locales de artículos de segunda mano para encontrar precisamente lo que les falta en la decoración del hogar. Salen juntos por la noche, planean cenas *gourmet* para celebrar, se toman de las manos y prolongan la sobremesa. Dan paseos a la luz de la luna con el perro recién comprado. No contestan el teléfono después de las ocho de la noche (porque están acurrucados). Se dedican a conocer el mundo del otro y asisten a los picnics de trabajo o a las actividades de gala. Le dedicas tiempo a cosas que le encantan a tu cónyuge, pero que en condiciones normales no las hubieras hecho ni loco: como asistir a la venta de algún producto en reuniones caseras con tu esposa o a alguna demostración de manualidades, o quedarte junto a tu esposo que, con los ojos desorbitados, mira con fijeza un Chevrolet 427 Corvette Stingray, modelo 67. (Cuando ya llevas varios años de casado, es probable que le sugieras a tu cónyuge con amabilidad, o con gritos, que disfrute de esa actividad con un amigo).

En general, la vida nos ofrece desafíos. Te deleitas en tu cónyuge y en la vida de casados (aunque le vayas encontrando algunas cosas que no te gustan en absoluto). Como por ejemplo, que él deja levantado el asiento del inodoro y casi te caes dentro cuando te levantas a las dos de la mañana para hacer una rápida visita al baño. O como por ejemplo, que parece que Mary Kay visitó el baño con sus productos cada vez que ella se prepara para ir a trabajar por la mañana. A pesar de eso, hasta los calcetines sucios caídos al lado de la cama no son más que una simple molestia, una vez que te estremeces y los pones dentro de la lavadora. Supones que son pequeñeces. Tienes al hombre o a la mujer que has soñado, ¿y qué problema hay en levantar un calcetín? ¿Qué importa si tu esposo llegó tarde a cenar la noche anterior, o si tu esposa se olvidó de comprarte las galletitas Oreos (aunque *siempre* las compraba cuando eran novios)?

Entonces, ¿por qué estas pequeñeces te molestan? Cosas como un baño que se ve como si un búfalo mojado se hubiera sacudido el pelaje cada vez que tu esposa se lava la cara, o como las uñas que tu esposo deja en la alfombra cuando se las corta.

Ahh, ¿existe la posibilidad de que la vida real y tu cónyuge real estén importunando tu romance?

P: Cuando regresamos a casa de la luna de miel, a mí me quedaban dos días libres, pero Andy tenía que regresar al trabajo. Quería crearle un ambiente especial de verdad para él, así que la primera

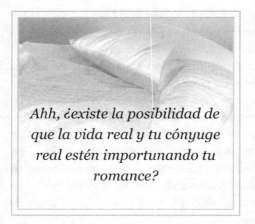

Ahh, ¿existe la posibilidad de que la vida real y tu cónyuge real estén importunando tu romance?

noche preparé una cena *gourmet*. Estoy hablando de codorniz, patatas rojas, brécol al vapor y un *soufflé* de chocolate para el postre (y, oye, por lo general, ni siquiera cocino). Se suponía que Andy regresaría a las cinco y media, así que tenía todo listo con velas y me había puesto el salto de cama más provocativo que tenía... ¡pero él no regresó hasta las ocho de la noche! Para entonces, yo era un desastre. El rímel se me había corrido por la cara debido al llanto, la codorniz parecía una gallina estúpida y de las velas solo habían quedado los cabos. Cuando le pregunté dónde había estado, me dijo con timidez que se había olvidado que estaba casado y que había vuelto a casa (a la casa de sus padres) y que se había quedado mirando televisión y bromeando con su papá. Por fin, su papá le dijo: «Oye, ¿no se supone que debes ir a tu casa a cenar?». Fue entonces cuando se dio cuenta de que se encontraba en la «casa» equivocada.

Muy bien, ¿qué más da? En realidad, esta flamante esposa está enojadísima. ¿Cómo pudo olvidar que estaba casado? ¿Acaso nuestro matrimonio significa tan poco para él? ¿Acaso *yo* significo tan poco para él?

R: Vaya, Nellie. ¿Quién dijo que el trastorno por déficit de atención no está presente en los hombres adultos? Sé que estás enojada ahora, pero mira hacia delante. Algún día, tendrás una historia que contarles a tus hijos y desternillarse juntos de la risa. Por fortuna, tu esposo no hacía otra cosa más que esa que los hombres hacen mejor: seguir la pista. Es probable que tuviera un largo día de trabajo y solo hizo lo que le salió por naturaleza: regresó a la cueva de donde salió (traducción: regresó a la casa de sus padres, donde vivía antes de casarse contigo).

Ponte en sus zapatos. Imagina lo mal que *él* se sintió cuando (1) se dio cuenta de que había cometido un error terriblemente tonto; (2) entendió que esto te afectó muchísimo a ti, su esposa; (3) se sintió mucho peor al ver todo el esfuerzo que habías realizado; y (4) se le partió el corazón al ver tus lágrimas.

Puedo garantizarte algo. Ese hombre que tienes a tu lado y que, tal vez pareciera el sabueso más triste de todos cuando regresó a casa y te vio, a partir de ahora será una mascota fiel que regresará a casa en busca de su hueso justo a la hora prevista. ¿Por qué? Porque desea que tú, la mujer que ama, seas feliz por sobre todas las cosas.

Entonces, no lleves tan recio a ese hombre. Él quiere enmendarse. Solo que su naturaleza masculina le jugó una mala pasada. No le saques en cara esa codorniz durante toda la vida. Al fin y al cabo, él te ha soportado cuando has estado rezongona durante esos «días especiales» o se ha sentido profundamente frustrado al tratar de captar tu atención cuando conversabas con una amiga. El matrimonio es amar... y perdonar. La reconciliación puede ser muy dulce. Inténtalo. Para ambos, será mucho más divertido que seguir enojados.

P: Nuestra vida sexual apesta. Puedo contar con los dedos de una mano las veces que hemos tenido relaciones sexuales en los últimos seis meses. ¿Esto es un castigo o algo por el estilo por haber tenido relaciones sexuales antes de casarnos?

R: Cuando la relación sexual está prohibida, puede resultar muy tentadora. Hay aventura, riesgo (de que te pesquen), y emoción debido a perseguir y atrapar.

Una vez que te casas, las cosas se ponen en orden. A decir verdad, la gente tiende a relajarse y a dejarse llevar. ¿Por qué te parece que la gente sube de peso después que se casa? Son más sedentarios. Miran más televisión en lugar de encontrarse para salir a correr o ir al gimnasio. No siempre se duchan todos los días. Ya han «atrapado» a su pareja, así que ya no tienen que estar en exposición.

Avancemos enseguida algunos años. Cuando tienes un niño de tres años y una niña de cuatro en la habitación contigua, tus pensamientos no estarán pendientes de encenderte. Dirás: «¿Puedes alejarte un poquito? Necesito dormir un poco».

Los investigadores dicen que la euforia de la luna de miel dura unos dos años en la mayoría de las parejas. Por esta razón, hay mucha gente que escribe artículos y libros sobre cómo mantener el fuego ardiendo en la relación matrimonial.

Cinco ideas grandiosas para salir con tu cónyuge

1. Comienza con la idea, planéala y llévala adelante. Aun así, puede ser espontánea para tu cónyuge, si es que le gusta la espontaneidad, pero *tú* necesitas planearla en tu agenda. De lo contrario, con vidas ocupadas y agendas atestadas, no se concretará. No anotes solo la fecha; más bien, ponte a trabajar en la planificación. Fíjate en el calendario de tu cónyuge y, luego, haz la reservación en el restaurante o en el hotel. Al ocuparte por adelantado de esos detalles, le muestras a tu cónyuge que piensas y le tienes en tus pensamientos durante el día, incluso cuando no está cerca.

2. Acepta los intentos de tu cónyuge cuando quiere hacer algo inusual. (A nadie le gusta el rechazo. Si lo rechazas, es probable que no quiera intentarlo otra vez). Conozco a una mujer que llevó a su esposo, amante de la vida al aire libre, a un campeonato de lucha entre cocodrilos, y a un esposo que llevó a su esposa, amante de los zapatos, a una cita sorpresa para comprarle un nuevo par de zapatos y un vestido para salir con él.

3. Sé sistemático. Establece una noche regular para las citas. Ustedes dos solos; sin amigos, sin hijos.

4. Derrocha un poquito algunas veces. ¿Acaso tu cónyuge no merece algo especial?

5. Sobre todo para los hombres: *no* se olviden de los cumpleaños, aniversarios, ni de cualquier fecha importante para sus esposas. Tal vez a ti no te importen las tarjetas, pero a ella sí.

Entonces, ¿qué harás durante los próximos cuarenta y ocho años?

Algunas veces, tienes que planear la espontaneidad, por más loco que suene. Dices que tu vida sexual apesta. Entonces, te pregunto: ¿Qué estás haciendo *tú* al respecto? ¿Qué has hecho últimamente para que tu vida sexual sea más excitante? ¿Cuándo fue la última vez que raptaste a tu cónyuge a la salida del trabajo y lo llevaste a un hotel? ¿Cuándo fue la última vez que mandaste a los niños a pasar la noche con la abuela, le compraste su postre favorito y se lo serviste en el plato más fino que tienen? En el matrimonio, recoges lo que siembras.

P: Cada vez que tenemos relaciones sexuales, siento mucho dolor. Algunas veces, sangro. Esperaba que sucediera las primeras veces, porque era virgen cuando nos casamos, pero ya ha pasado más de un año desde nuestra luna de miel. Siempre quedo dolorida y entumecida (como si hubiera montado a caballo durante un período largo). ¿Tendré que acostumbrarme a esto o tendré algún problema?

R: No puedo ofrecerte consejo médico, pues no soy médico. Sin embargo, he hablado con suficientes parejas como para saber que tu sangrado durante más de un año no es normal. Puede que sea un síntoma de otro problema, así que te sugiero que vayas de inmediato a ver un ginecólogo. Si tu esposo tiene un pene mayor de lo normal, esa puede ser la razón por la que te sientes como si hubieras montado a caballo, porque cada vez que tienen relaciones sexuales, tus músculos se estiran más de lo que te resulta cómodo. Algunas mujeres no tienen lubricación propia, así que el uso de un lubricante como la vaselina puede ayudarte a sentirte más cómoda.

Además, debo preguntar: ¿Tu esposo sabe que sangras y que sientes tanto dolor después de la relación sexual? ¿Los dos han conversado sobre este problema? Si no lo han hecho, ahora es el momento de hablarlo. Si él tiene un pene grande o te roza con fuerza cuando te penetra, este es el momento de que conversen acerca de cómo variar la posición sexual. ¿Han probado otras posiciones que puedan ser más favorables, como estar tú arriba, de modo que el pene frote con menos fuerza y te resulte más placentero?

Algunas veces, el dolor asociado con la relación sexual también es psicológico, debido a una situación traumática de tu pasado, como el abuso cuando eras niña, una violación u otra relación sexual previa. Si cualquiera de estas situaciones fue una realidad en tu pasado, habla con un consejero que pueda ayudarte a resolver estos problemas, ya que no solo afectan tu vida sexual, sino la manera en que te ves a ti misma en todos los aspectos de tu relación matrimonial.

Por lo tanto, habla con tu médico y con tu esposo. Esas son las dos mejores posibilidades que tienes.

P: En cierta ocasión, una amiga me dijo: «Sigue saliendo con muchachos, cariño, porque una vez que te casas, ya no es lo mismo». Vaya si tenía razón. Cuando éramos novios, Luke me abría la puerta del auto, llamaba por teléfono para que vinieran a arreglar mi auto, se tomaba un día libre para sorprenderme y pintar las paredes de mi nuevo condominio, me dejaba una margarita sujeta en el limpiaparabrisas de mi auto y tenía muchas otras atenciones. Después nos casamos y Luke comenzó a trabajar largas horas. En alguna parte a lo largo del camino, pareciera que he perdido el lugar entre sus prioridades. Extraño a mi novio. Extraño el romance. Extraño sentirme especial. ¿Cómo puedo decirle lo que necesito sin herirle los sentimientos? Sé que trabaja mucho para que no nos falte nada.

R: Permíteme contestarte con una historia. Te servirá también para contársela a tu esposo, como tranquilizarlo en cuanto a lo que quieres decirle.

A mi esposa le encantan los restaurantes elegantes. Me refiero a esos lugares de cinco tenedores. ¿Y a mí? A mí me gustan los de un tenedor. Si es de plástico, mucho mejor. A ella le encanta la... ¿cómo le dicen?... la «presentación». Le encanta salir de noche a esos lugares con muchos tenedorcitos. Los mismos tenedorcitos que a mí me vuelven loco mientras trato de descifrar cuál debo usar a continuación. Sin embargo, a Sande le gusta todo eso. Entonces, como soy un buen esposo, la llevo a restaurantes elegantes.

Una vez, después de una comida de cinco tenedores, la llevé a un hotel. Me miró y me dijo:

—Leemie, ¿qué hacemos aquí?

—Mi amor, iremos al hotel —le dije con calma.

—No sé lo que tienes en mente, pero yo no me bajo del auto —me dijo con los brazos cruzados con esa pose de *¡De eso nada, monada!*

—Ay, vamos —le dije.

En cierta ocasión, una amiga me dijo: «Sigue saliendo con muchachos, cariño, porque una vez que te casas, ya no es lo mismo».

—No podemos ir allí. No tengo equipaje. NO entraré...

Tan solo sonreí. Me bajé del auto, di la vuelta para abrirle la puerta... y me encontré con que la había cerrado por dentro.

No obstante, soy un tipo inteligente. Tenía la llave, así que la usé para abrir la puerta. Literalmente la saqué en brazos y le dije:

—Vamos, mi amor, entremos.

—Muy bien —dijo de manera tensa—. Iré, pero no tendrás ninguna clase de diversión.

Entonces, se bajó de mis brazos contoneándose y comenzó a marchar como un soldado hacia la entrada principal.

—No, por allí no, por aquí —le dije con otra sonrisa. Tenía la llave de la habitación en mi mano. Después de todo, ya había estado en aquella habitación esa misma tarde.

Cuando entró, vio una cama extra grande. Me lanzó una mirada fulminante. Estaba seguro de lo que estaba pensando, y no era nada agradable. Tenía que ver conmigo y con que sabía lo exhausta que estaba.

Entonces, su expresión cambió. Vio algo que había en la cama y avanzó para verlo mejor. Le compré dos libros de la librería *Barnes & Noble*, dos títulos que me dijo que se moría por leerlos alguna vez. Sobre la almohada coloqué tres rosas, una por cada uno de los tres hijos que teníamos hasta ese momento.

¿Y adivina qué más hice? Le pedí servicio en la habitación: una tarta de triple chocolate y una taza de café recién hecho. Ten en cuenta que esto fue a las diez y media de la noche. Es probable que pienses: «Espero que haya sido descafeinado». No, era café común. Esto se debe a que conozco a mi esposa y es un mapache: se pasa la mitad de la noche levantada.

¿Sabes lo que hice a continuación? Le dije:

—Cariño, que lo pases muy bien. Regresaré mañana a la una de la tarde para llevarte a desayunar.

Ella no hizo más que darse vuelta y mirarme, sorprendida y con lágrimas en los ojos.

Y yo me volví a casa y fui el señor mamá durante las próximas catorce horas. (¿Quieres saber la verdad? No le llego ni a los talones en el desempeño de ese papel).

¿Sabes lo difícil que fue para mí que soy un marido juguetón dejar a mi esposa sola en una habitación de hotel con una cama extra grande y los niños en otra parte, siendo que mi esposa responde a la regla del kilómetro (no podemos tener relaciones sexuales si hay alguien a un kilómetro de distancia de nuestro hogar)? Era una oportunidad de oro para pasar momentos felices.

Esa noche, el Sr. Feliz se fue triste para la casa.

Sin embargo, ¿sabes una cosa? Nuestro matrimonio fue mucho mejor, porque mi esposa supo que me ocupaba de *ella* debido a que era la preciosa mujer que amaba y no por lo que podía obtener de ella. Puse sus necesidades primero, por encima de las mías. Y las recompensas de esta clase de intimidad del corazón han sido increíbles en todos los aspectos de nuestra vida juntos, incluyendo nuestra relación sexual. (De paso, Sande tuvo dos hijos más después de esto: ¡la dejé embarazada cuando tenía cuarenta y dos años y, luego, cuando tenía cuarenta y siete!).

Entonces, comienza la conversación contándole esta historia a tu esposo. Luego, dile con amor: «Cariño, sé que me amas. No lo dudo. Aun así, a veces siento que ya no te importo. Extraño los momentos de intimidad y cómo solíamos conversar y reír juntos. Me hacías sentir muy especial y, en realidad, lo extraño. Te extraño a ti. ¿Qué podemos hacer para recuperar esa clase de pasión? ¿Hay alguna manera en la que pueda ayudarte? ¿Puedo quitarte algo de presión? Sé que en estos últimos tiempos has estado muy ocupado proveyendo para nosotros».

Para muchos esposos atareados, solo con saber que anhelas tener un lugar en su vida y que extrañas la manera especial en que te hacía sentir será suficiente para

Esa noche, el Sr. Feliz se fue triste para la casa.

activar automáticamente su percepción de que le necesitas. Además, esa es una de las mayores necesidades de un hombre: que lo necesiten. Si dices estas preciosas palabras: «Te amo. Te respeto. Te necesito. Te *deseo*», tu hombre te pondrá en lo alto de su lista de prioridades en un segundo.

Diez citas económicas y memorables

1. Visiten la vieja estación de trenes de la ciudad.
2. Miren cómo despegan y aterrizan los aviones. Celebren los despegues con un dulce beso.
3. Súbanse a un autobús turístico que recorra la ciudad y disfruten de las vistas.
4. Caminen junto al río.
5. Tómense la tarde libre y tengan una cita en casa, después vayan a ver una película y hagan un picnic en el parque.
6. Vayan a una biblioteca.
7. Vayan a un evento atlético universitario (por lo general, son gratuitos y pueden ser muy entretenidos).
8. Salgan a tomar un café (es barato y puede estirarse durante muchísimo tiempo mientras conversan).
9. Déjense atrapar por la lluvia... y quédense allí.
10. Luego, ingénienselas para quitarse esa ropa mojada de una manera creativa.

(Pista: A fin de entender mejor la manera de pensar de los hombres, lee la siguiente pregunta y su respuesta).

P: Algunas veces, no entiendo a las mujeres. Amo a mi esposa, pero ella se queja porque no le presto tanta atención como solía hacerlo. Aunque, ya sabe, cuando éramos novios, yo pasaba mucho tiempo a su lado para conocerla. A estas alturas, ¿no debería saber que la amo y que eso no ha cambiado?

R: Estoy de acuerdo contigo. Algunas veces, yo tampoco entiendo a las mujeres. Y también amo a mi esposa.

Sin embargo, hay algo que he aprendido a lo largo de cuarenta y tantos años de matrimonio. *Nunca* terminas de cortejar a tu esposa.

«¿Qué me dice, doctor? Una vez le dije que la amaba, cuando nos casamos. ¿No es suficiente?»

Es evidente que para ti lo es. Para ella, jamás.

¿Por qué esta diferencia?

Cuando cortejabas a tu esposa, hacías lo que hacen muy bien los hombres: moverse en una dirección, con una cosa en mente, a fin de ganar el premio: tu esposa. Usaste todos los recursos disponibles. Te ponías con esmero la camisa dentro del pantalón y hasta te comprabas una camisa nueva que a ella le gustaba. Te peinabas, te cepillabas los dientes y hasta usabas mentas para el aliento antes de besarla. En resumen, presentabas tu mejor apariencia para ganar a tu esposa. Luego, transitaste el pasillo de la iglesia, sonreíste y pensaste: *Bueno, ya terminé con este asunto del matrimonio. Una cosa menos en la lista.*

¿Y ella qué pensaba? *Tendremos juntos una vida muy hermosa. Encontraremos una casita, tendremos bebés, seremos los mejores amigos para siempre...*

El cuadro es diferente, ¿no es cierto?

Así que permíteme hablar sin tapujos. Si tu esposa te ha visto en tu peor condición (en cueros) y todavía anhela conectarse contigo y pasar tiempo juntos, como tú lo hacías cuando eran novios, estarías loco si no procuraras complacerla. Para una mujer, ese anhelo de sentirse especial es el ansia de conectarse... contigo.

Ningún otro podrá suplir ese papel, a menos que te hagas a un lado y decidas no cumplirlo. (Entonces, la dejarás vulnerable a las atenciones de otros hombres).

Mediante su anhelo de continuar teniendo citas contigo, te está diciendo que eres el hombre más importante en su vida. Eres su héroe. Eres la persona que admira.

> *Para una mujer, ese anhelo de sentirse especial es el ansia de conectarse... contigo. Ningún otro podrá suplir ese papel.*

Vamos, tenlo en cuenta. ¿Eso no vale mucho más que cualquier otra cosa que estés haciendo en este momento?

Hablemos con franqueza

Piensa que durante estos dos primeros años te encuentras en la carrera de cien metros planos. Prácticamente todos pueden correr cien metros: es una carrera corta y fácil. Solo se necesita una explosión de velocidad y el cruce de la línea de llegada es emocionante.

Aun así, te preguntaré algo: ¿qué harás en el maratón, en el camino largo y difícil de los próximos cuarenta y ocho años, cuando tu relación ya no sea tan nueva ni tan excitante? Estos son los años en los que tu carácter y el de tu cónyuge saldrán a relucir. El solo hecho de estar casados no significa que deban dejar de cortejarse. Estos son los años en los que te concentras en tu matrimonio para edificar a tu cónyuge y resolver cualquier problema que tienda a aguar la fiesta de tu matrimonio.

Durante esos cuarenta y ocho años, habrá veces en las que no estarás seguro de seguir amando a tu cónyuge. Con todo, si te comportas como si le amaras, tus sentimientos seguirán a las acciones. El amor no siempre es un sentimiento eufórico; sino que es una *decisión*... es la decisión de seguir comprometidos el uno con el otro durante toda la vida.

Entonces, ¿qué harás durante los próximos cuarenta y ocho años hasta que los dos (bastante parecidos a las pasas) saquen su foto en el periódico local cuando lleguen al hito de su quincuagésimo aniversario?

Si sigues el consejo de este libro, te asegurarás de envejecer con gracia y de tener una gran oportunidad de disfrutarse el uno al otro a lo largo de los años que el Dios todopoderoso les dé en esta tierra.

3

¿La luz prendida o apagada?

Lo que los hace una pareja: *¡vive la différence!*

¿**H**as notado que los hombres y las mujeres son diferentes? «Vamos, Dr. Leman», dices. «Como si alguien no se diera cuenta».

Estoy de acuerdo. Es fácil *ver* las diferencias entre los hombres y las mujeres. Sin embargo, ¿cuánto sabes en realidad acerca de *cuán diferente* es el sexo opuesto en su forma de ver la vida, de pensar o de responder?

Si no comprendes estas diferencias, y aprendes a valorarlas, pasarás mucho tiempo intentando lo imposible con tu cónyuge, tratando de imaginar por qué no se parece a ti. Lo cierto es que las *diferencias* entre ustedes son las que les convierten en una pareja. (De verdad lo digo, ¿te gustaría estar casado contigo mismo? Solo con pensarlo me hace temblar).

Algunas de las diferencias entre ustedes son graciosas, ¿no es cierto? A ella le gusta acostarse tarde; a ti te gusta levantarte temprano. A ella

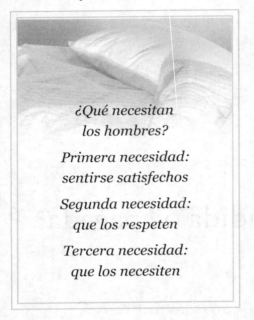

*¿Qué necesitan
los hombres?*

*Primera necesidad:
sentirse satisfechos*

*Segunda necesidad:
que los respeten*

*Tercera necesidad:
que los necesiten*

le gustan las películas que la hacen llorar; a ti te gustan las cargadas de testosterona. A ella le gusta que le rasquen la espalda en forma de S; a ti te gusta que te den un masaje en cualquier parte. Ella necesita toda la verdad, la historia completa *y* el trasfondo; tú prefieres solo los datos concretos, y hasta un gruñido en tono masculino sería suficiente.

No obstante, estas mismas diferencias son las que te dan una gran posibilidad de que tengan juntos una vida satisfactoria como pareja. ¿Qué pasaría si a los dos les gustara levantarse a las cinco de la mañana para tomar café y reflexionar, y quisieran estar a solas? He descubierto que no es tan malo que mi esposa sea un mapache que se queda despierta la mitad de la noche y que yo sea un madrugador.

A pesar de todas estas diferencias, los hombres y las mujeres se crearon sexualmente, en los grandes detalles, de un modo tal que son perfectos el uno para el otro. Entonces, ¡*vive la différence*!

P: Tal vez sea un poco lento, pero me ha llevado dos años de matrimonio darme cuenta de lo diferentes que somos mi esposa y yo. Muy bien, lo admitiré de una vez por todas: algunas veces, somos *demasiado* diferentes. No tengo idea de dónde viene. Y eso me pone un poquito más que nervioso.

R: Eres un tipo sincero, así que te contestaré sin rodeos.
Eres lento, como te habrás dado cuenta. ¡Bienvenido a la realidad de las relaciones! Los hombres y las mujeres *son* diferentes. Tienen necesidades muy diferentes.
¿Qué necesitan los hombres?

Primera necesidad: sentirse satisfechos (incluyendo la satisfacción sexual)

Segunda necesidad: que los respeten (el respeto de tu esposa es la máxima prioridad)

Tercera necesidad: que los necesiten (¿qué hombre que se respete quiere regresar a casa para encontrarse con una mujer que está decidida a hacer todo por su cuenta y que parece no necesitarlo?)

¿Qué necesitan las mujeres?

Primera necesidad: afecto (acurrucarse junto a su esposo tan solo para sentirse en una relación estrecha)

Segunda necesidad: comunicación (necesita palabras, oraciones y párrafos completos cuando regresas a casa del trabajo; nada de gruñidos)

Tercera necesidad: compromiso con la familia (necesita saber que estarás presente en el torneo de fútbol de tu hijo y en el recital de danza de tu hija, y no tener que preocuparse pensando en si te olvidaste de estos compromisos)

¿Ves cuán diferentes son esas necesidades? Ahora bien, ¿por qué el Creador que ordenó las complejidades del universo y de las células en nuestros cuerpos no les dio a los hombres y a las mujeres las mismas necesidades? ¿No será que en las diferencias existe algo del misterio y de la atracción que los unió en un principio y que ahora mantiene unido su matrimonio? Nos crearon de una manera maravillosa y admirable. De verdad, así es.

Las diferencias son las que los convierten en una pareja. Ante todo, es lo que los atrajo el uno al otro cuando se conocieron. Al fin y al cabo, ¿qué gracia tendría casarse con alguien exactamente igual a ti? (Te garantizo que no te llevarías bien mucho tiempo con una réplica de ti mismo).

P: Hace cinco años que estamos casados mi esposa y yo. Los primeros años, la relación sexual fue grandiosa. Sé que estoy haciendo las cosas bien, tal como las he hecho siempre, pero no recibo la misma respuesta que solía recibir. ¿Algo de lo que estoy haciendo

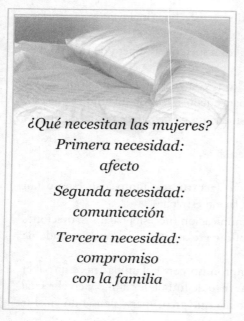

¿Qué necesitan las mujeres?

Primera necesidad:
afecto

Segunda necesidad:
comunicación

Tercera necesidad:
compromiso
con la familia

está mal o mi esposa dejó de estar interesada en mí?

R: Démosle un vistazo a tu carta por un minuto. No pude dejar de notar que siempre hablas en primera persona. Ni una vez te referiste a los sentimientos de tu esposa ni dijiste que conversaste con ella al respecto. Pareciera que todo se concentrara en ti mismo y en el control que tienes sobre la manera en que responde tu esposa. (Fíjate que no dijiste: «Mi esposa no parece estar tan entusiasmada con la relación sexual»; dijiste: «No recibo la misma respuesta que solía recibir»). Además, pareces inseguro en cuanto a tu función como amante. ¿Esto tiene alguna razón de ser? Si la tiene, ahora es el momento de conversar con tu esposa en cuanto a esto. «Cariño, me he dado cuenta de que no pareces tan entusiasmada con respecto a la relación sexual como solías estarlo. ¿Hay algo que pueda hacer de manera diferente que te guste a ti?» Es probable que te sorprendas ante lo que te enteres cuando te arriesgues a decir estas pocas palabras.

También dijiste: «Sé que estoy haciendo las cosas bien, tal como las he hecho siempre». Sin embargo, ¿estás seguro por completo de que lo estás «haciendo bien» o solo es lo que te parece a ti?

Hace años, trabajé con un muchacho llamado Jim, que un día me dijo: «En realidad, no lo entiendo, doctor. A mi esposa le gusta esto el martes, pero cuando llega el sábado, me dice con un tono de voz molesto: "¿Qué haces?"».

Si piensas en la relación sexual con tu esposa como un libro de jugadas de fútbol (haces esto, luego aquello), estás muy lejos del arco. La relación sexual con tu esposa no tiene que ver con el punto G, el punto I, ni el punto X. Tiene que ver con la *relación*. Piénsalo de esta manera: la relación sexual es un don de Dios, ¿y es algo que tienes que perfeccionar con quién? Con tu esposa. Necesitas hacer ajustes en tu perspectiva. Piensa en tu esposa como si fuera una olla de cocción lenta. Se va a calentar poco a poco, de modo que la relación sexual debe suceder lo antes posible, lo más lenta posible. Contrástalo contigo: estás listo de manera instantánea. Con solo mirarla una vez, el Sr. Feliz se pone feliz. ¿Me entiendes?

Tómate tiempo para conocer a tu esposa otra vez. El martes, pregúntale qué es lo que le gusta cuando tienen relaciones y, luego, pregúntaselo otra vez el sábado cuando tengan relaciones sexuales. Te garantizo que querrá que la toques de manera diferente. Entonces, por qué no ir a la cabeza y comenzar a pensar: *¿Qué le gustaría a mi esposa?*, en lugar de pensar *yo solía hacer tal cosa...*

La esencia del matrimonio es entregarte por completo a la otra persona. Cuando te casaste, acordaron en convertirse en uno, y eso significa renunciar a «mí» en muchas cosas.

P: Una y otra vez escucho todas estas cosas acerca del papel del hombre y el de la mujer. Se supone que el hombre tiene que ser la persona que tome el control, que maneje las finanzas, traiga la comida a la casa, le guste asar a la parrilla y que tenga las relaciones sexuales en la cabeza. Se supone que la mujer deba ser la interesada en las relaciones, la que sea buena para recordar cumpleaños, para ocuparse de los niños y para hacer las compras.

¿Qué es lo que una mujer anhela en realidad?

- Intimidad
- Seguridad
- Que la conozcan y la amen de manera incondicional
- Sentir que puede ser cualquier persona que quiera ser
- Que la liberen de tener que agradar a todos

¿Qué es lo que un hombre anhela en realidad?

- Una temporada de doce meses de fútbol
- Una antena parabólica de bolsillo
- Una esposa que sea enérgica y emprendedora en el dormitorio
- Un ser amado (alguien que comprenda de verdad cómo se siente cuando se atreve a decir cómo se siente)
- Una esposa que lo necesite (no a otros, solo a él)

En nuestro matrimonio, nuestros papeles están casi cambiados. Yo trabajo como contadora a tiempo completo en el centro de la ciudad (así que tengo que viajar durante mucho tiempo), y mi esposo se queda en casa. Les ayuda a los niños con las tareas escolares, los lleva a las excursiones y hasta construyó un vivero en el patio, pero no puede identificar una chequera y muchos menos emitir un cheque. No tiene idea de cómo encender un fuego para asar carne, pero puede hacer un tiramisú increíble. Además, es excelente en las relaciones sociales; es el que planea las fiestas de cumpleaños de los niños. Por si acaso le surge alguna duda, no es homosexual. Es todo lo masculino que se puede ser. (Hasta anda en una Harley). Sin embargo, en esta relación, parece que somos lo opuesto a todos los demás. En realidad, *yo* soy la que busco la relación sexual. De otro modo, no estoy segura de que él lo hiciera. (Aun así, parece feliz de hacerme el favor cuando tomo la iniciativa). Mi pregunta es: ¿somos raros o algo por el estilo?

R: Al viajar por el país, me hacen mucho esta pregunta. Justo ayer se me acercó un muchacho y me preguntó: «Uf, ¿tengo algún problema? Yo vengo a ser el tipo al que le gustan las relaciones y mi esposa es la reservada. Ella es la que maneja todas nuestras finanzas y nuestras inversiones. Además», aquí bajó mucho la voz, «ella es la más interesada en tener relaciones sexuales».

¿Sabes lo que le dije? «¿Estás bien? ¡Seguro que estás bien! Alrededor del ochenta y cinco por ciento de los matrimonios siguen la norma. Alrededor del quince por ciento sigue la corriente contraria. ¿Unos están bien y los otros no? De ningún modo. Solo son diferentes. Entonces, ¡*vive la différence!*» Si este arreglo les da resultado a ti y a tu esposo, más poder para ti. Eso es maravilloso. Los problemas en el matrimonio vienen cuando uno de los cónyuges o los dos actúan fuera de lo que los hace sentir cómodos. Por ejemplo, un hombre que conozco estuvo a punto de llevar a su familia a la ruina financiera porque había crecido con la idea de que, como hombre, tenía que controlar las finanzas. Cuando les cortaron la electricidad porque no había pagado la cuenta, entendió lo que sucedía y le entregó la tarea del pago de cuentas a su esposa muy detallista.

Por lo tanto, ¡disfruten de esas diferencias! Es más, deléitense en ellas. ¿Quién dijo que no puedes buscar a tu marido de manera sexual? Por lo que dices, él parece feliz al complacerte. Es probable que lo único que suceda es que no piense en eso por su cuenta. No sientas que le debes explicaciones a todo el mundo. Son tú y tu esposo los que deben soportar la prueba del tiempo. Las personas negativas vendrán y se irán.

P: Amo a mi esposo, pero algunas veces me produce una verdadera frustración. Después que tenemos relaciones sexuales, se da media vuelta y se duerme, como si hubiera finalizado con su tarea. Sin embargo, yo me siento vacía. Desearía que me abrazara y que nos quedáramos acurrucados. Para ser sincera, yo podría vivir sin la relación sexual y quedarme solo con estar acurrucados. ¿Eso está mal?

R: En realidad, tienes toda la razón. Eso es lo que dice la mayoría de las mujeres. Los hombres se excitan de inmediato. Con solo ver a su esposa, el Sr. Feliz puede subir volando diez pisos. En cambio, las mujeres no son así. Necesitan que las abracen y que conversen con ellas. En resumen, necesitan sentirse amadas *antes* de que se produzca cualquier acción en el dormitorio, ¡y también lo necesitan *más tarde*! Después de la relación sexual, tu esposo está satisfecho, así que está listo para unas buenas horas de sueño que recarguen al Sr. Feliz para la próxima vuelta. Es probable que si tú no se lo has dicho, no tenga idea de que su función no está completa a menos que tú puedas disfrutar de ese momento en que

Después de la relación sexual, tu esposo está satisfecho, así que está listo para unas buenas horas de sueño que recarguen al Sr. Feliz para la próxima vuelta. Es probable que, si tú no se lo has dicho, no tenga idea de que su función no está completa a menos que tú puedas disfrutar de ese momento en que están abrazados.

están abrazados. Este es el momento de hablar de corazón a corazón con tu esposo. «Cariño, me encanta tener relaciones sexuales contigo, y sé que te hace feliz. Me encanta cuando nos abrazamos antes de tener relaciones. ¿Te parece que podríamos hacer lo mismo una vez que hemos terminado? Para mí es muy importante».

La mayoría de los hombres fogosos pensarían: *Eh, ¿más tiempo para abrazar el cuerpo desnudo de mi esposa? ¡Ni pensarlo, estoy listo! Vaya, ¿por qué no se me ocurrió antes?*

Si responde de manera positiva solo con estas palabras, recibirás todo el tiempo de acurrucamiento que necesites. Si es un poquito más torpe, es probable que necesites otra conversación que siga más o menos esta línea: «Cariño, me encanta tener relaciones sexuales contigo. Sabes que es así. A pesar de eso, permanecer abrazados después que terminamos es muy importante para mí. De otra manera, en realidad, me siento un poquito vacía y usada. Como si hubieras completado la tarea sexual y ahora fuera el momento para dormir. La experiencia sexual fue tan grandiosa para mí que necesito que permanezcamos abrazados para que mi satisfacción sea completa. ¿Lo harías por mí?».

Si tu esposo no responde a este ruego, tienes otros problemas en tu matrimonio de los que debes ocuparte.

P: Estamos tratando de descubrir cuál es el mejor momento para tener relaciones sexuales. Mi esposa es un búho nocturno y yo soy mañanero. Así que ninguno de los dos está «de ánimo» al mismo tiempo. Es una especie de impedimento para la relación sexual, ¿me explico? ¿Tiene alguna sugerencia?

R: Cuando hablo acerca de las diferencias entre hombres y mujeres, es inevitable que surja esta cuestión. ¿Qué te parece lo que dice la mayoría de los hombres cuando pregunto si prefieren tener relaciones sexuales con su esposa por la mañana o por la noche?

Algunos dicen por la mañana; otros dicen que por la noche. Y algunos se ríen y dicen: «¡Yo prefiero las dos!».

«Oigan», les digo, «eso no se vale. Tienen que escoger una opción». En definitiva, ¿cuál es la respuesta final? La mayoría de los hombres dice que la mañana es el momento en que están más ávidos de relación sexual.

¿Qué dicen las mujeres cuando les pregunto cuál es el mejor momento para tener relaciones sexuales con sus esposos?

«¡En junio!»

Eso es. En junio.

No, hablando en serio, es en la noche.

¿No es interesante que el Dios todopoderoso, con toda su sabiduría infinita, hiciera las cosas así: que los hombres estén más interesados en la relación sexual por la mañana y las mujeres por la noche?

Tu misión, señor, es darte cuenta de cuál es el mejor momento para los dos. Si tu esposa trabaja fuera del hogar, es poco probable que quiera un revolcón por la mañana después de haberse duchado y mientras se está alistando para ir a trabajar. Por lo tanto, es probable que el Sr. Feliz tenga que adaptarse a la noche (o a otro momento del día). Además, es posible que también debas cambiar algunos de tus hábitos. En lugar de poner los pies en alto delante del televisor al terminar la cena, ayuda a tu esposa a lavar los platos. Mejor aún, prepara *tú* la cena *y* lava los platos. Si lo haces, tendrás a una esposa agradecida y feliz que estará más que encantada de inspirarte en el dormitorio, porque le queda algo de energía.

Entonces, piénsalo... te alegrarás cuando lo hagas.

P: Algunas veces, estoy con muchísimas ganas de tener relaciones sexuales. Es decir, no me aguanto las ganas. Con una sola mirada, ya se me caen los pantalones. Sin embargo, Jen necesita hablar (mucho) antes de que pueda tocarla siquiera. Para entonces, ya casi tengo crispados los nervios con tanta energía sexual. Me parece que voy a explotar.

R: Tanto las mujeres como los hombres necesitan conexión. En el caso de las mujeres, esa conexión es, en primer lugar, emocional. Quiere que hables con ella antes de estar lista para tener intimidad sexual. En el caso de los hombres, esa conexión es, en primer lugar, física y sexual. La mayoría de las veces, los hombres ya han agotado la cantidad de palabras que tienen para el día y, en esencia, no quieren más conversación. ¡Solo quieren acción!

Para que tu esposa se sienta valorada y amada, y para que esté dispuesta en la cama ante cualquier cosa creativa que el Sr. Feliz tenga en mente, primero necesita escuchar tus palabras, que la afirmes como persona y que le asegures que la amas y piensas en ella durante todo el día. También necesita saber que la consideras digna de oír lo que te sucedió en el día y que confías tanto en ella como para arriesgarte a contarle tus pensamientos y sentimientos.

Piensa que Jen es una planta delicada a la que hay que cultivar, regar y manejar con mucho cuidado. Tu esposa es un misterio; no es como tú. Los hombres son mucho más mecánicos; actúan en respuesta a las necesidades físicas y hacen lo que les surge con naturalidad. Pueden tener la tendencia a apresurarse durante la experiencia sexual para llegar al clímax. No obstante, si actúas así con tu esposa, le quitarás toda la excitación. La harás sentir usada y maltratada. Tu esposa necesita escuchar tus palabras amables de amor y valoración; son como el agua y la luz para una planta. Si escucha estas palabras, sentirá que la abrazas y florecerá. Llegará a ese lugar especial cuando hacen el amor donde dirá: «No te detengas. Justo allí. ¡Eso es!». De repente, se convierte en animadora de todo el proceso. ¿Y sabes una cosa? ¡Todo ese placer que experimente se deberá a ti!

Entonces, ¿no vale la pena esperar?

Hablemos con franqueza

Los hombres y las mujeres son diferentes. Para tener una relación sexual grandiosa, los hombres necesitan un lugar; las mujeres necesitan una razón.

Es interesante. Tenemos un Creador que supo cómo colocar la Tierra con exactitud en el espacio exterior sobre el eje adecuado. Un grado más hacia un lado y nos cocinamos. Un grado menos hacia el otro y nos

La misión que tienes a lo largo de todo tu matrimonio es ponerte en el lugar de tu cónyuge y ver cómo ve la vida.

congelamos. Entonces, ¿no te parece que sabía lo que hacía cuando creó a los hombres y a las mujeres? Deberías estar de rodillas dándole gracias a Dios porque tu cónyuge es diferente a ti.

La misión que tienes a lo largo de todo tu matrimonio (no solo durante el noviazgo ni a través de esos primeros años eufóricos de la pareja) es ponerte en el lugar de tu cónyuge y ver cómo ve la vida. No se convertirán de manera mágica en uno mediante el encendido de la vela de la unidad. A fin de convertirse en uno hay que ocuparse cada día de la relación. Así que, bien vale la pena subir la temperatura.

Puedo sentir que ya está subiendo la temperatura en tu dormitorio.

4

¿Qué hace tu mamá en la cama con nosotros?

Por qué había más de dos cuando caminaban por ese pasillo lleno de flores para decir: «Sí, acepto».

Cuando eras chico, había algo que de seguro te decías una y otra vez: «Cuando tenga hijos, nunca les haré lo que me hizo mamá (o papá)».

Podías creerlo con todo tu corazón, con toda tu mente y con toda tu alma. No obstante, si llega el día en que te bendicen con los hijos, apuesto a que les dirás a ellos exactamente las mismas cosas que te dijeron tus padres. ¡Y hasta usarás el mismo tono y la misma inflexión de la voz!

¿Adónde quiero llegar y qué tiene que ver esto con la relación sexual y la intimidad en tu matrimonio? Lo cierto es que en tu cerebro ha quedado grabada la manera en que veías que se trataban tus padres entre sí cuando eras niño. Tal vez tuvieras un padre ausente o que lo fuera una madre. Lo quieras admitir o no, la conducta de tus padres ha influido en ti de forma positiva y negativa.

Por lo tanto, cuando caminas por ese pasillo alfombrado con pétalos de flores para decir «Sí, acepto», no se casan ustedes dos solos. El pastor puede dirigirse a la congregación para decir: «Les presento al Sr. Fulano de Tal y la Sra. Fulana de Tal». Sin embargo, lo cierto es que no casó tan solo a dos personas. Al menos, casó a seis. Si los dos son productos de familias mixtas o si se casan por segunda vez, el número asciende al menos a diez.

«Escuche, Dr. Leman», me dirás, «usted tiene problemas con la matemática. ¿De dónde saca a toda esa gente? Somos tan solo mi cónyuge y yo».

No, son tú, tu cónyuge, tu madre y tu padre, y la madre y el padre de tu cónyuge, como mínimo. También te casas con tu familia política. Si tienes padrastro o madrastra, ellos y sus cónyuges también están incluidos. Si se trata de tu segundo matrimonio, tu cónyuge anterior también está incluido. Esa persona te afectó en gran medida.

¿Por qué incluyo a todas estas personas extra en la unión matrimonial? Cuando te casas, cosecharás los beneficios o pagarás el precio de lo que le sucedió a tu cónyuge antes de que le conocieras siquiera. Si tu esposa tiene un padre distante, pagarás por eso. Si tiene una relación amorosa y tierna con su padre, ¡ah, tendrás los beneficios para ti y para toda tu familia! Si tu esposo respeta a su madre porque lo ha imitado de su padre, tendrás la bendición de recibir el mismo tipo de respeto como esposa. Si tu esposo vio a su padre pisotear a su madre y decide hacer lo mismo, ay, ay, ay. Tendrás que ponerte firme y no ceder terreno.

Como resultado de sus relaciones en el pasado, tu cónyuge llega al matrimonio con un reglamento. Es una lógica privada que rige todo lo que haces. El reglamento dice: «Así se deben hacer las cosas, y solo se deben hacer las cosas así. Y si no se hacen de ese modo, no me gustará y te haré pagar por eso».

Ahora bien, ¿este reglamento se encuentra pegado en un lugar público, como la puerta del refrigerador o la del dormitorio? De ningún modo. No está pegado por todas partes. Aun así, eso no cambia nada: vivimos de acuerdo con ese reglamento interno; él gobierna todo lo que decimos y hacemos.

Aquí tenemos un ejemplo de cómo los reglamentos internos afectan la dinámica de una relación. Digamos que el despreocupado Luis se casa con la nerviosa Sara. Júntalos en el dormitorio y fíjate en qué están pensando (pero que no se lo dicen el uno al otro).

El despreocupado Luis: *¡Ah! Esto va a ser muy, muy, muy divertido. No veo la hora de experimentar. Y mira ese nuevo camisón que acabo de comprarle. Me encanta. Me excita. Tenemos todo el tiempo del mundo.*

La nerviosa Sara: *Muy bien, terminemos con esto de una vez. Lo mismo de siempre, lo mismo de siempre, excepto que tengo un camisón nuevo. Mi papel es solo acostarme aquí y tu tarea es lograr, de alguna manera, que yo me interese y después quitarme el camisón cuando estés listo. Luego, ¿podemos irnos a dormir, por favor? Estoy cansada de verdad. Ha sido un largo día.*

¿Te das cuenta de lo que quiero decir? Esta es una receta para el desastre matrimonial. Si él desea explorar tu cuerpo desde la cabeza hasta los dedos de los pies y descubrir todo lo que hay en él, para ti, como mujer, esto quizá sea absolutamente aterrorizador. *¡Eh, no quiero que me explore por todas partes!*

Algunas personas son solo más conservadoras. No tienen nada de malo; son más tradicionales en realidad. Como mi esposa, Sande, que si pudiera, se ducharía con la bata puesta. ¿Acaso a mí, con lo que me gusta la diversión, me encantaría encontrármela alguna noche balanceándose colgada de la araña, desnuda por completo? Puedes estar seguro de que me encantaría. Hasta me aseguraría de conseguir a un técnico que viniera al día siguiente para reforzar la araña y así asegurarme que la próxima vez que lo haga no se lastime.

Sin embargo, soy un tipo inteligente. Conozco, amo y respeto a mi esposa. Hace cuarenta y un años que estamos casados y nunca se ha balanceado en la araña. En cambio, hubo muchas otras veces en las que me dejó boquiabierto de diferentes maneras. Ha hecho lo imposible por flexibilizar su reglamento debido a que me ama. Y te digo que esto me hace sentir amado de verdad como esposo y como el hombre que ella escogió para que esté a su lado por el resto de su vida.

Entonces, ¿qué hay en tu reglamento? ¿Qué hay en el reglamento de tu cónyuge? ¿Lo sabes?

Una de las cosas más importantes para llevarse bien en un matrimonio es aceptar estos principios y actuar en consecuencia:

Él no es tu padre. Es tu esposo.

Ella no es tu madre. Es tu esposa.

Si no se ponen de acuerdo en cuanto a estos principios, la amargura y el resentimiento pueden comenzar a crecer. Muchos de los problemas que experimentamos en el matrimonio están directamente relacionados con las cosas que nos enseñaron nuestros padres (ya sea de manera abierta o encubierta), o esas cosas que nunca se molestaron en enseñarnos.

Además, en su mayoría, pueden resolverse solo si se intercambian los reglamentos. Esta es una manera inteligente de pensar. Cuánto me hubiera gustado haberlo hecho el día que me casé.

No se trata de ciencia espacial. Si lo fuera, yo no podría explicártelo. Dicho de manera sencilla: ¿a quién quieres agradar en tu matrimonio? ¿Quieres agradar a tu madre, a tu padre o a tu cónyuge?

¿Cuál reglamento sigues?

Si eres una mujer, ¿cuáles son las tres mejores palabras que describen la relación con tu padre?

Si eres un hombre, ¿cuáles son las tres mejores palabras que describen la relación con tu madre?

¿Alguna de ellas describe la manera en que tratas a tu cónyuge en este momento? ¿Por qué piensas que es así? ¿Qué tiene de bueno este trato? ¿Qué debes cambiar?

P: Mi esposa creció en un hogar muy conservador. Nosotros vemos toda la experiencia de la relación sexual de una manera diferente por completo. Y cuando digo por completo, digo por completo. ¿Existe algún término medio? Hemos comenzado a tener muchos desacuerdos y, sí, a pelear. Y siempre tiene que ver con nuestra vida sexual. Yo quiero hablar al respecto, pero ella no. Hablar sobre la relación sexual le resulta embarazoso de verdad. En cambio, yo pienso: *¿Cómo puedes hacerlo y no puedes hablar al respecto?* ¿O es que soy tonto porque soy un varón?

R: Bueno, hola Sr. Varón Tonto. Es probable que no seas tan tonto como piensas. Ya has identificado el problema, esto de que tu esposa no puede hablar de la relación sexual y de que se siente muy incómoda si lo hace, debido a su trasfondo. Diría que es un razonamiento muy bueno para un varón tonto.

Permíteme hacer un aporte a tu comprensión de lo que sucede.

Yo no tenía idea de que mi esposa llevaba consigo un librito (un reglamento) al transitar por el pasillo de la iglesia cuando nos casamos. No me imaginaba siquiera que tenía guardada semejante cosa en su cartera emocional. En realidad, no lo descubrí hasta nuestra luna de miel, cuando me dijo: «¿Qué estás haciendo?».

Como ves, había violado una regla de su reglamento, el libro tácito que había traído a nuestro matrimonio, el libro que contenía su manera de ver la vida y su percepción de lo que era sensual, sexual, apropiado y equivocado. Descubrí que yo también tenía un reglamento. Sin embargo, ¡nuestros reglamentos eran diferentes por completo!

¿De dónde provenían? De mamá y papá, y del hogar donde crecimos. A algunos se nos ha enseñado que la relación sexual era algo sucio. Pareciera que este es el caso de tu esposa, según lo que me dijiste. Y esa percepción no solo ha coloreado su visión de la relación sexual, sino la experiencia de esta relación en tu matrimonio. No es de extrañarse, entonces, que a ella le cueste hablar sobre sexo.

Entonces, cuando tratas de hablar con ella sobre este asunto, estás violando la regla #29 de su reglamento (aunque no hayas sabido que tenía tal cosa): *No hablarás sobre relación sexual. Jamás.* ¿Cómo se traduce eso para tu esposa? *Él no me ama. No me comprende. No le importa lo que pienso. No soy importante para él.*

Y tú, Sr. Varón Tonto, no sabes qué hacer, ¿no es cierto?

Por lo tanto, te haré una pregunta: ¿alguna vez tú y tu esposa han conversado sobre esas reglas tácitas? Sugiero que es hora de que las saquen a relucir. Ventila la ropa, por así decir, y estarás mucho mejor. Como tu esposa puede sentirse incómoda, encara el tema de la manera más amorosa posible: «Cariño, te amo de verdad. Te valoro mucho y eres muy importante para mí. Sé que no te sientes cómoda hablando acerca de la relación sexual, porque en tu casa no lo permitían, y lo entiendo. Aun así, quiero agradarte y traerte alegría. Para mí, como esposo, eso es importante. ¿Me harías el honor de decirme qué te agradaría? ¿Qué te hace sentir cómoda? ¿Qué te pone incómoda?». Tu tarea es escuchar y no importunarla; luego, también debes decirle con amabilidad las cosas que son importantes para ti.

¿Por qué no intercambiar los reglamentos? De todas maneras, ¿acaso el matrimonio no tiene como fin la comprensión mutua y crecer juntos? Si los dos sacan sus reglamentos y los abren, puedes escribir un nuevo libro con la persona que amas. Ella nunca le mostraría su libro de reglas a una persona en la que no pudiera confiar por completo.

¿Qué hay en tu reglamento?

1. ¿Qué es una noche grandiosa para ti?
2. ¿Cómo tus padres resolvían los conflictos?
3. Si tuvieras una hora para hacer algo, ¿qué harías?
4. Nombra tres cosas que las parejas casadas nunca deberían hacer.
5. ¿Qué te desilusionaría de verdad en alguien a quien amas?
6. ¿La sinceridad es el mejor método? Sí o no, ¿por qué?

A fin de tener un matrimonio saludable y duradero, tienes que estar dispuesto a crecer y madurar... juntos. Tienes que estar dispuesto de corazón a ver las cosas de manera diferente y a cambiar tu conducta para beneficiar a tu cónyuge. Es cierto, esto requiere esfuerzo, pero valdrá la pena la primera vez que la oigas decir: «Ay, esto es fabuloso. ¡Un poquito más allí!».

P: Siempre pensé que no era más que una de esas cosas absurdas que se dicen en las revistas. «Siempre te casas con alguien parecida a tu mamá». Sin embargo, ahora estoy pensando que tal vez sea verdad. Crecí en un hogar donde mi madre se hacía cargo de todo. Aunque trabajaba a tiempo completo, siempre estaba en tiempo para dejarnos en la escuela e irnos a buscar. Iba a todos nuestros partidos de fútbol y conciertos de la escuela. Papá viajaba mucho, así que supongo que ella tenía que ser independiente.

Lisa, mi esposa desde hace siete años, se parece mucho a mi mamá, es independiente de verdad. Nunca me molestó hasta este año, cuando en broma, un amigo me dijo: «Oye, ¿alguna vez te encuentras con Lisa? Parece que siempre está corriendo hacia alguna parte. ¿Alguna vez tienen tiempo para el sexo?». Y, entonces, me di cuenta. Por primera vez en la vida me di cuenta de lo solo que me había sentido cuando era niño debido a que extrañaba a mi papá. Pasaba tiempo con mi mamá, pero siempre era porque íbamos a alguna parte, no por estar juntos. Quiero que las cosas sean diferentes en mi familia cuando tengamos hijos (algo de lo cual estamos conversando), y quiero que la relación sexual sea parte de nuestra afinidad. Aun así, ¿por dónde comienzo?

R: Comienzas justo donde estás. En primer lugar, descifras tu reglamento (en tu hogar de pequeño, papá siempre estaba al margen y mamá era el chofer, pero con ninguno de los dos había lazos emocionales) y la manera en que influyó esto en tu vida. Luego, conversa con Lisa y recibe sus ideas de cómo avanzar hacia los cambios que anhelas para su vida juntos.

No obstante, anda con cuidado. Amas a la mujer con la que te casaste y nada ha cambiado con respecto a ella. Eres *tú* el que ha cambiado (es evidente que durante siete años no tuviste problema con ese estado de cosas), de modo que no puedes esperar que ella comprenda de inmediato ese cambio en tu perspectiva de la relación sexual o cualquier otra cosa. Comienza la charla con tacto, diciéndole cuánto la amas y que te encantaría hacer más cosas juntos. Al dar inicio a la conversación, dile de corazón cómo te sentiste mientras crecías: muy solitario. Asegúrale que es la persona más importante para ti en el mundo, que no le dedicarías tiempo a nadie más y que no tendrías relaciones sexuales con ninguna otra persona, y que esto es importante para ti. Explícale que cuando tengan hijos, quisieras ser un padre activo que juegue el partido, en lugar de estar fuera del equipo.

Ábrele tu corazón, con amor, y no te equivocarás.

Hablemos con franqueza

Si miras a tu cónyuge a través de la lente de tu reglamento (sin permitir que tu cónyuge sepa por qué le estás juzgando de esa manera), te predispones a tener problemas. ¿Por qué no hacer las cosas más fáciles? De una forma simple, intercambien los reglamentos. Te sorprenderás al ver lo que aprenden. Incluso una breve sesión de reglamentos mientras toman un café puede traer un cambio milagroso en la manera en que se relacionan. Entonces, ¿qué esperas?

Si en tu matrimonio hay una batalla, sería bueno que te tomaras algún tiempo para discutir tus conductas y expectativas con tu cónyuge.

5

¿Otra vez juguetón? ¿No acabamos de tener relaciones sexuales... en abril?

¿Con cuánta frecuencia debes hacerlo... y tienes que hacerlo?

Mi querida esposa, Sande, es una persona con poca energía. En más de cuarenta años de matrimonio, hemos salido a caminar alrededor de cuatro veces (la caminata más larga fue de casi cuatrocientos metros). Hace poco, se compró una bicicleta. En realidad, pidió una bicicleta para su cumpleaños y recibió una. También la montó. Una vez. Cruzó la tremenda distancia de unos trescientos metros que tiene el puente que conduce a nuestra propiedad. Ese fue un buen comienzo... para Sande. Ya han pasado varios meses desde que hizo su grandiosa primera travesía. Es probable que les ponga algo de aire a esos neumáticos antes de que lleguen por completo al piso.

Compárala con Carmen, una madre que trabaja desde su casa y que tiene el nivel más alto de energía que conozco. Lo que logra hacer en un día es sorprendente. Con solo pensarlo, me siento tan cansado que tengo que sentarme.

Uno de tus hijos come rápido, el otro come despacio. Uno necesita sus diez horas de sueño; el otro solo necesita entre cinco y ocho horas.

Algunas personas tienen relaciones sexuales treinta y seis veces al día... y, luego, mueren.

Mi yerno, Dennis, puede comerse una pizza grande él solo. Otras personas que conozco solo pueden comer un pedazo y quedan llenos para toda la noche.

Las personas son diferentes. Todos tenemos apetitos distintos. A algunos de nosotros nos produce náuseas la idea de tener una judía verde en la boca; a otros les encantan esas pequeñas bazofias. (¡Y les gustan todas las clases de judías, hasta las amarillas, las blancas, todas!). Lo cierto es que todos somos diferentes, y eso es bueno.

No tenemos problemas en comprender los diferentes gustos en cuanto a la comida y las diferencias en los niveles de energía; entonces, ¿por qué nos cuesta trabajo comprender los diferentes gustos en cuanto a la relación sexual? Algunas son personas de baja actividad. Les gusta vivir con más tranquilidad, tomarse su tiempo. Otros son hiperactivos, casi frenéticos. Y muchos de nosotros, nos encontramos en el medio.

Lo gracioso es que del mismo modo que una mujer que mide un metro cincuenta se casa con un hombre que mide un metro noventa, muchas veces, en el santo matrimonio, por su naturaleza misma, el esposo y la esposa son muy diferentes. (¿Recuerdas *vive la différence*?).

Por supuesto, damos por sentado que los hombres son los que tienen un apetito sexual más voraz. Eso no es verdad. Hay mujeres que son maestras de la Escuela Dominical, que se lanzarían al dormitorio y se balancearían en la araña si se los pidieras. (Como dije antes, mi esposa no se encuentra entre ellas).

Sin embargo, muchos de ustedes se preguntan: *¿Con cuánta frecuencia debemos hacerlo? ¿Qué es lo normal?*

P: Mi esposo y yo tenemos casi treinta años de edad y hace cinco que estamos casados. Si fuera por mí, me gustaría tener relaciones sexuales una vez al día, pero mi esposo es la clase de hombre que tiene necesidad de hacerlo dos veces al mes (si es que llega a eso). Cuando tenemos relaciones, la pasamos muy bien. Es solo que no tenemos la cantidad suficiente como para conformarme. ¿Puede ser que él tenga algún problema por el cual parece que no lo desea? ¿Qué se supone que debo hacer si yo tengo deseos y él no? Según él, como es el varón, es quien dice cuándo tenemos relaciones sexuales.

R: Aunque tú prefieras tener relaciones sexuales todos los días y tu esposo dos veces al mes, ten cuidado de no comenzar a atacarlo. ¿Quieres saber la verdad? Ustedes tienen apetitos sexuales muy diferentes, y necesitarán resolver esto juntos.

Comienza por decirle a tu esposo que te encantaría tener relaciones sexuales más que una vez cada quince días. Además, por otra parte, detestas tener que rogarle: «Por favor, cariño, ¿podemos hacerlo esta noche?». Eso te resulta degradante y le quita el romanticismo a la experiencia. Obtenerlo de mala gana, porque lo pides, no te resulta psicológicamente satisfactorio.

Lo que necesita una mujer para disfrutar de la relación sexual

1. Sentirse amada, valorada y que la tengan en alta estima.
2. Que la escuchen y la respeten.
3. Una atmósfera romántica. (A esto se debe que la relación sexual funciona en el acto en las películas, pero es poco práctico en la vida real. Una mujer desea sentirse limpia, desea prestarle atención a ciertas partes de su cuerpo antes de que la toquen. La higiene es muy importante. Todo lo que los varones necesitan es la prueba del olfato).
4. Privacidad. (¡De ninguna manera en la casa de su suegra!)
5. Que la comprendan y la abracen.

Lo que necesita un hombre para disfrutar de la relación sexual

1. Sentirse necesitado. (Que su mujer lo desee es lo que enciende al hombre de manera emocional).
2. Un lugar. (Cualquiera sirve).

Es una lista corta.

Si tu esposo te ama de verdad, no es en sí común en su sentido común, como solía decir mi abuelo, y hará un esfuerzo por complacerte más de lo que lo mueve su inclinación natural.

Entonces, solo dile cómo te sientes y, luego, retrocede. No le des una paliza. Tampoco te des tú misma una paliza. Las mujeres, en especial porque tienen muchos más problemas con la imagen del cuerpo, a menudo comienzan a pensar: *Algo malo debo tener. Ya no debo resultarle atractiva. Tal vez debería bajar unos kilos o algo así.*

Ni tú ni tu esposo tienen algún problema. Solo tienen distintos impulsos sexuales. ¿Y sabes una cosa? ¡Sé agradecida por las veces que puedes tener una buena relación sexual! ¡Hay mucha gente que desearía poder tener relaciones sexuales una vez al mes!

Además, investiga un poquito este concepto de que el hombre es el que toma la iniciativa. Si están casados, el derecho de tomar la iniciativa no le pertenece a una persona. En 1 Corintios 7:4, Pablo dice: «Tu cuerpo le pertenece a tu esposo. ¡Y la buena noticia es que el cuerpo de tu esposo te pertenece a ti!» (traducción Leman). Si aceptas la postura de que «tu esposo es el agresor», lo encasillas allí y después no se convierte en el agresor, terminarás criticándolo.

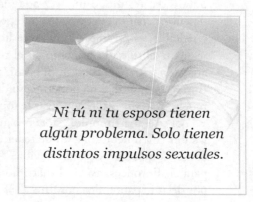

Ni tú ni tu esposo tienen algún problema. Solo tienen distintos impulsos sexuales.

En cambio, por qué no ponerte el siguiente desafío: tú, maravillosa dama, debes crear toda clase de maneras divertidas para llevar a tu marido a la cama contigo. Él quizá sea una persona con bajo apetito sexual, pero una vez que pones en marcha sus motores, no debería haber problema. Toma las cosas en tus manos... literalmente.

P: De todo corazón, deseo saber: ¿con cuánta frecuencia debería tener relaciones sexuales una pareja? He oído toda clase de respuestas, y algunas de ellas parecen muy extremas. Pregunto con sinceridad. ¡Auxilio! En los últimos tiempos, mi esposo ha estado un poquito rezongón, y me pregunto si no está teniendo suficiente acción. ¡Ay! Eso sí que fue directo.

R: Debo suponer que haces esta pregunta porque esto se ha convertido en un problema en tu matrimonio, así que al menos hay alguna escaramuza al respecto. Existen muchas «fuentes» para esta pregunta (basta con solo darle una mirada a revistas como *Redbook* y *Cosmo*). Sin embargo, ¿tienen razón? Además, ¿por qué es tan importante para ti saberlo?

Conclusión, lo normal es aquello con lo que tú y tu esposo se sienten cómodos y están de acuerdo. En la frecuencia con que una pareja tiene relaciones sexuales entran muchos factores en juego: la salud, las emociones, los cambios de la vida, el estrés, la depresión, etc. Cada persona tiene un ritmo sexual. Tu esposo puede ser uno de los que necesitan tenerlas todos los días, cada dos días, cada tres días o una vez a la semana. Tu tarea es ayudarlo a descubrir cuál es ese ritmo. Si tu esposo está un poquito rezongón e irritable, es posible que necesite liberar su testosterona. Tal vez se sienta abrumado o inepto en el trabajo y necesite un poco de atención extra en el hogar. Si es así, tú eres perfecta para la tarea. Entonces, ¿por qué no ponerte a su disposición? Te aseguro que es mucho más divertido que lavar la ropa.

Así es el matrimonio: esforzarse juntos por comprender al otro y subir la temperatura a fin de tener una relación sexual dinámica con el compañero de toda tu vida. Y tú eres la provisión perfecta para él. Entonces, así es el matrimonio, y los mejores años están por delante para todos nosotros.

Por lo tanto, observa con sumo cuidado a tu hombre. Analiza las señales que dicen que necesita algún alivio y, luego, sorpréndelo con tu atención. Después de algún tiempo, habrás logrado que él entienda las cosas. Verás, los hombres son fáciles. Ustedes, las mujeres, son las que nos desconciertan a los hombres, porque son muy hermosas y magistralmente complejas. Y nosotros las amamos por eso.

P: A decir verdad, no puedo evitarlo. Veo a mi esposa en ropa interior y ya estoy listo para entrar en acción. Algunas veces, me siento como si estuviera a punto de estallar debido a tanta energía sexual. Entonces, mi esposa me mira y me dice: «No, no. Ahora no me llevarás a la cama. De ninguna manera. Tengo cosas que hacer». ¿Cómo podemos llegar a alguna clase de acuerdo?

R: Sé a lo que te refieres, hermano. Yo siento lo mismo cuando veo a mi esposa en ropa interior, ¡y hace cuarenta y un años que estamos casados! Por tradición, los hombres han sido la parte agresiva en la relación sexual debido a que, casi siempre, tenemos en mente el sexo... bueno, ¡al menos treinta y tres veces al día! Por lo tanto, no es sorprendente que te sientas entusiasmado y listo para la acción. No obstante, si tu esposa siente que *tiene* que ser la receptora de tus avances sexuales en cualquier momento, tengo una noticia que darte. Se sentirá degradada y poco respetada.

La relación sexual no es algo que uses para suavizar la tensión sexual. Es algo que tanto el esposo como la esposa deben disfrutar. De modo que te sugiero que bajes un poquito tus expectativas. Hazle el amor a tu esposa fuera del dormitorio. (Escribí todo un libro sobre este tema, llamado *El amor comienza en la cocina*. Te servirá de ayuda). ¿Qué quiero decir?

Cada mañana de nuestra vida de casados (durante cuarenta y un años) le he traído a Sande una taza de café a la cama. He aprendido a rascarle la espalda exactamente como a ella le gusta: solo por encima del camisón, en forma de S (Sande tiene muchas pequeñas reglas). ¿Y sabes por qué? Porque disfruto complaciéndola, y sé lo importantes que son esas pequeñas cosas para ella.

De manera similar, si agradas a tu esposa fuera del dormitorio y le muestras cuánto te preocupas por ella, te responderá mucho más, don Juan.

Hablemos con franqueza

Para muchas parejas, dos veces a la semana es «normal». Sin embargo, ¿en realidad quieres ser *normal*? ¿Qué tiene eso de divertido o de único? ¿Por qué basar tu relación en lo que hacen todos los demás? ¿Acaso esta relación no se basa en ti y en tu cónyuge?

Date cuenta de que el Sr. Feliz puede ponerse feliz casi de manera instantánea. ¿Cuánto tiempo le lleva a un esposo ponerse juguetón? Es probable que no más de dos segundos. Las mujeres suelen necesitar treinta minutos para sentir un vago deseo, y hay muchísimas piezas que deben estar en su lugar para que ella esté receptiva a un interludio sexual. No es para menos que las parejas tengan problemas con el asunto de la frecuencia.

Con el paso del tiempo, tú y tu cónyuge deben llegar a un acuerdo en cuanto a la frecuencia que sea mejor para los dos. Esto es lo apropiado y lo amoroso.

6

Cosas que excitan y desencantan en el dormitorio

Lo que a tu cónyuge le importa de verdad... y lo que a ti no debería importarte.

Seamos sinceros. Nosotros, muchachos, podemos tener estrechez de mentalidad. Después de todo, cuando recibimos una señal del Sr. Feliz que nos dice que está listo, es todo lo que cuenta. No importa si no te cepillaste los dientes. No importa si te estás preparando para entrar a la ducha después de haber trabajado en el jardín todo el día. Puedes estar terriblemente sudado, pero al Sr. Feliz no le importa.

A pesar de eso, a ti sí te importa. Te preocupas. No puedes pensar en la relación sexual sin que ambos se hayan cepillado los dientes y tengan una superficie limpia para acariciar.

Hay cosas decisivas que excitan o quitan la excitación en el dormitorio, y cada cónyuge es único. Como ambas partes deben quedar satisfechas en el matrimonio, esto significa que es hora de negociar. Digamos que tu esposo te ve en ropa interior y levanta las cejas. Ya sabes lo que eso significa. Sin embargo, acabas de llegar a casa después de un largo día de trabajo y necesitas relajarte y cenar primero. Entonces, ¿qué dirías como esposa amorosa?

«Cariño, te amo, y entiendo que el Sr. Feliz esté listo para la acción. Con gusto te complaceré, pero antes tengo muchos deseos de darme una ducha para recuperarme. Además, necesito comprar algo para comer, ya que no pude almorzar debido a las reuniones que tuve. Si pudieras hacer unos espaguetis con queso mientras me ducho, te lo agradecería mucho. Después, podríamos comer enseguida y pronto estaríamos en la zona de diversión...». Y puedes devolverle el movimiento con las cejas.

Bueno, tal vez el Sr. Feliz pueda sentirse desilusionado de momento, pero te puedo garantizar que ese esposo que tienes saldrá volando hacia la cocina y esos espaguetis con queso estarán listos y esperándote sobre la mesa.

¿Habías planeado una velada diferente? Por supuesto. Habías pensado que algo un poquito más *gourmet* sería agradable. No obstante, los espaguetis con queso fueron la mejor solución, y fuiste lo bastante lista como para darte cuenta. Muy bueno de tu parte.

O bien, digamos que fuiste a ver una película con tus amigos, te llenaste de testosterona y regresaste a casa listo para poner manos a la obra. Tu esposa ya está en la cama, leyendo un libro. Con solo darle una mirada, ya estás preparado para quitarle el camisón que tiene puesto. Te casaste con una mujer sabia y ella sabe con exactitud lo que está sucediendo. Se le nota en la cara. Con todo, también ha pasado el tiempo suficiente de casados como para que tú sepas que está arrugando la nariz por alguna razón. Quiere decir que su delicado sentido del olfato está un poquito sobrecargado por tu sudor masculino. Entonces, dice: «Oye, ve a darte una ducha. ¡Te estaré esperando!». ¿Quieres apostar? Te aseguro que entrarás volando a la ducha, te bañarás enseguida y, tal vez, te pongas un poco de colonia en ese punto sensible por si acaso.

¿Podrías haber respondido de manera diferente en alguna de estas situaciones? ¡Por supuesto! Si solo pensabas en ti mismo, la experiencia quizá terminara en una discusión matrimonial en lugar de un excitante interludio sexual.

¿Sabes lo que excita a tu cónyuge? ¿Sabes lo que le quita la excitación? Puedes llegar a sorprenderte. Es probable que no sea lo que piensas.

P: Desde que era niña, he luchado con el sobrepeso. Hasta mi apodo era «Cindy la carona». Lo detestaba. Aunque me he esforzado por bajar de peso y mantenerlo, no existe manera en que pueda competir con todas las mujeres hermosas de este mundo. Algunas veces, me miro en el espejo y pienso: *¿Cómo pudo amarme? ¿Cómo podría amarme cualquier hombre?* Esto hace que no quiera estar desnuda... a menos que tengamos relaciones sexuales en la oscuridad. ¿Existe alguna ayuda para mí?

R: Muchas mujeres se castigan sin necesidad con la cuestión del peso. Leen todas las revistas para mujeres, ven los últimos modelos de ropa que exhiben modelos jóvenes y esbeltas, se miran al espejo y piensan: *¡Ay de mí!*

No obstante, piénsalo un minuto. ¿Adivina quién te escogió *tal como eres*? ¡Tu esposo! Y si en verdad te ama, seguirá amándote tal cual eres. Sin embargo, ¿acaso esto quiere decir que deberías abandonarte? ¿Deberías comer de más? ¿No sentirte orgullosa de cómo te ves? ¿No ducharte? ¿No afeitarte las piernas? ¿Significa que no debes hacer esas cosas que a tu esposo le resultan atractivas (como lucir esa prenda de color rojo ardiente que tienes en el fondo de tu guardarropa? No, esas cosas las haces porque quieres lucir de la mejor manera para tu esposo.

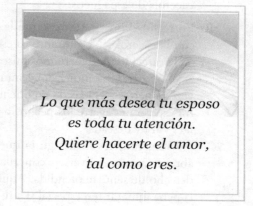

Lo que más desea tu esposo es toda tu atención. Quiere hacerte el amor, tal como eres.

¿Acaso él espera que seas perfecta? No. ¿Espera que tengas una talla diminuta? No. Él sabía que no eras perfecta cuando se casó contigo... y él tampoco es perfecto. Además, sabía que no tenías una talla diminuta cuando se casaron. En ese momento, no le importó.

Lo que más desea tu esposo es toda tu atención. Quiere hacerte el amor, tal como eres. Y quiere que le hagas el amor con absoluta libertad.

Eso es lo que lo excita.

P: Mi esposo es muy torpe algunas veces. Vuelve a casa, deja la chaqueta en la puerta, avanza con sus pies llenos de barro hacia la cocina donde estoy preparando la cena, se fija si nuestros hijos están a la vista, después me agarra un pecho y me pellizca el trasero como si fuera a caer allí en el piso de la cocina, en medio de la pasta humeante y la salsa con carne, para seguirle la corriente. ¿No puede ver que estoy haciendo la cena? Tengo a dos niños que gritan: «¡Mamá! ¿Cuándo está la cena? ¡Estamos MUERTOS DE HAMBRE!». ¡Y sus zapatos enlodados siguen dejando huellas en el piso que estuve limpiando durante una hora! Si alguna vez limpiara el piso, preparara la cena o lavara los platos, tendría una idea de cómo me siento. Parece que siempre tengo que estar a su disposición, como una prostituta, para lo que él quiera.

En cambio, él nunca piensa en mí ni en cómo ha sido mi día. ¿Cómo puedo hacerme entender sin golpearlo en la cabeza con la cacerola de espaguetis?

R: En realidad, me gusta bastante la idea de golpearlo en la cabeza con la cacerola. No obstante, si eso te llevará de tres a seis meses en la cárcel local, deberíamos buscar una alternativa.

No existe una mujer en el mundo que me haya dicho alguna vez, a puertas cerradas de mi oficina: «Dr. Leman me encanta que mi esposo me agarre los pechos o el trasero. Me hace sentir muy *sexy* y muy deseada».

A las mujeres no les gusta que las agarren. Les gusta que las abracen y que conversen con ellas. Por lo tanto, tienes todo el derecho de sentirte ofendida. Aquí tenemos algo que puede valer la pena intentar (en especial si a tu esposo le gusta tener el control de la situación): Cuando comienza con su avance cavernícola, solo míralo y dile: «Ay, *cariño*, ¡cuando me agarras el trasero de esa forma, siento deseos de quitarme la ropa y caerte encima aquí mismo, en el piso de la cocina, aunque los niños estén en la habitación contigua!». Luego, siéntate y espera a que se quede boquiabierto debido a la conmoción. Si le gusta ser el que tiene el control, esto debería ponerle fin a su costumbre de agarrarte los pechos o el trasero, puesto que lo has desplazado del asiento del conductor.

Aun así, también es probable que tu esposo sea tan zonzo emocionalmente como una piedra. Algunas veces, los hombres pueden ser así. Si este es el caso, en algún momento tienes que decirle cómo te sientes cuando te agarra así, cuando no hay romance ni abrazos, sino simples apretones.

Cada vez que tengo la oportunidad de hablar con varones adolescentes sobre las relaciones con las muchachas, a menudo hablo de «Por qué no es agradable apretarle los pechos a una muchacha». Y no es agradable. He oído a muy pocas mujeres en el curso de mi práctica privada admitir que les gusta que les toquen los pechos de cualquier otra manera que no sea del modo más delicado posible. Algunas mujeres dijeron que les gustaba que les acariciaran con suavidad la parte superior de los pechos, que eso pudiera ser placentero. Sin embargo, no les gustaba que un hombre de veinte, treinta o cuarenta años tratara de actuar como si fuera un infante que necesita tomar el pecho.

Los hombres no son buenos amantes por naturaleza, pero se les puede enseñar. Solo se necesita que estés dispuesta a enseñar (lo que quiere decir que tienes que soportar muchas payasadas durante el proceso de aprendizaje).

Es posible que pienses que la relación sexual debería ser lo más natural en el mundo, así como podrías pensar que no hay nada más natural que un bebé en el pecho de su madre. Sin embargo, estoy aquí para decirte (después de tener cinco hijos) que juntar a una madre con su bebé no siempre es algo fácil. Por eso, los hospitales hoy en día tienen amas que les ayudan a las madres y a sus bebés a funcionar juntos. Para entrar en un ritmo hacen falta dos. Lo mismo sucede con la vida sexual.

Se necesitan dos y hace falta práctica. Da la impresión de que estás casada con un tipo que es como un toro en una tienda de porcelana. Piensas (y te enfureces): *¿Qué se piensa que estoy haciendo? ¿Acaso soy una leñadora o uno de sus compinches a quien le dice «Buen partido» y chocan los cinco?*

Necesitas hablar. No tienes mucho que perder, a no ser por algunos apretones menos en tus pechos y algunas marcas de pellizcos en tu trasero.

Sé lo que estás pensando: *Ah, grandioso. Yo soy la que hago todo por aquí, ¿y ahora también tengo que enseñarle a tener relaciones sexuales?*

Y sí, tienes que hacerlo. En las buenas y en las malas, ¿recuerdas? Aun así, vale la pena esforzarse, ya que los hombres son muy fáciles de adiestrar. Tu esposo tiene un espíritu dispuesto. Es probable que tan solo no sepa lo que es mejor. Un poquito de enseñanza puede lograr muchos resultados.

Oye, será mejor que controles los espaguetis. Es probable que el agua esté hirviendo...

Las cinco mejores maneras de eliminar la excitación de tu esposa

1. Usar los mismos calzoncillos durante una semana.
2. Eructar.
3. Ventosear.
4. Ser grosero de cualquier manera.
5. Ir demasiado rápido.
6. Tratarla como si fueras su dueño.
7. Olvidar lavarte los dientes.
8. Dejar grasa del motor debajo de las uñas.
9. Darte cuenta de que tu esposa se cortó el cabello... diez días después.
10. Mirar a otras mujeres y hacer comentarios sobre ellas.

P: Trabajo tres días a la semana fuera de la oficina y otros dos días desde mi hogar para evitar el largo viaje entre el trabajo y mi casa. Sin embargo, nuestra casa está a punto de volverme loco. Está tan desorganizada y hay tanto lío que, algunas veces, me resulta difícil trabajar en el hogar. Cuando le digo cualquier cosa a mi esposa, se pone como loca. «Deja de criticarme», me dice. «Hago todo lo que puedo». Ella también trabaja, pero solo medio tiempo, así que tiene más tiempo que yo. Tendría que ocuparse un poquito más del orden, ¿no le parece? Entonces, cada vez que saco el tema a relucir, me congela y no me da nada de... ya sabe qué.

R: ¿Buscas consejo o quieres que valide tu conducta? Es claro que tienes una actitud negativa. Regresas a casa, a tu pequeño reino, y esperas que, *¡puf!*, esté en gran forma. Te haré una pregunta: ¿qué has hecho para ayudar a que las cosas estén de ese modo?

Claro, tú tienes un trabajo de tiempo completo y tu esposa uno de medio tiempo. No obstante, ¿quién hace todo el resto del trabajo en la casa? ¿Quién lava la ropa, cocina, limpia, hace las compras, corta el césped, saca la basura y le hace el cambio de aceite al auto? De acuerdo con todas las parejas que he asesorado, es muy probable que sea tu esposa la que haga todas estas tareas... y más también. Eso quiere decir que tiene un trabajo y medio, no uno como tú.

Piénsalo un momento. *Ahora bien*, ¿quién te parece que debería asumir más responsabilidad? Si el desorden te molesta, *tú* debes comenzar a organizar y a levantar las cosas (y sin una actitud negativa). No hay nada que mate con mayor rapidez una relación íntima que la crítica. Nadie querrá hacer nada por ti. Da la impresión de que tu esposa se encuentra en ese punto, y no la culpo. De seguro, yo no querría vivir con tus quejas constantes.

¿Y quién sabe? Si levantas las cosas tiradas en la sala, organizas los estantes de la cocina y limpias el baño, es probable que comiences a comprender lo que ella hace a diario, y entonces es probable que recibas un poquito de «ya sabes qué».

P: Soy nueva en esto del matrimonio. Hace apenas dos semanas que regresamos de la luna de miel. Si pudiera darme algún consejo sobre el punto más importante en el que debe concentrarse una esposa, ¿cuál sería y por qué? Esta mente curiosa quiere saber.

R: El punto más importante sería una actitud positiva hacia la vida. Esto ayuda en casi todas las situaciones, pero de manera particular en el matrimonio y, en especial, en la vida íntima con tu esposo.

Esto es lo que debes entender acerca de ese hombre que tienes a tu lado: Él quiere ser tu héroe. Desea agradarte. Y si le das el más mínimo aliento, irá hasta el fin del mundo por ti.

En cambio, si lo pones por el suelo, será como si le clavaras una daga en el corazón. Se escabullirá como un perro al que han golpeado demasiadas veces y se quedará lloriqueando a solas en su casita de perro. Si complaces a regañadientes sus necesidades sexuales, crearás a un esposo resentido que buscará el placer, la conversación y la intimidad en otra parte. Esta idea asusta, ¿verdad? Aun así, es la realidad. Les sucede todos los días en Estados Unidos a parejas como tú y tu esposo.

Las cinco mejores maneras de eliminar la excitación de tu esposo

1. Habla sin parar siquiera para tomar aire.
2. Habla con tus amigas acerca de él.
3. Critícalo, en especial delante de sus amigos.
4. No le cuentes las cosas importantes y permite que se entere de ellas por boca de otros.
5. Pregúntale: «¿Por qué?».

Por eso, una actitud positiva es el punto más importante. ¿Qué sería tener una actitud positiva? Sería abrirle los brazos a tu hombre y decirle: «Cariño, estoy tan feliz de que hayas llegado a casa. Estoy tan feliz de que seas mi hombre». Sería decir en la mayor cantidad de maneras que se te ocurra: «Te necesito en mi vida. Te quiero en mi vida. Eres sumamente importante para mí».

Esa clase de actitud impulsará un nuevo deseo en ese hombre. Subirá la temperatura de su deseo de agradarte de todas las maneras diferentes que le sea posible.

Y, señoras, ¿quién no quiere esa clase de hombre?

P: Mi esposa es muy quisquillosa respecto a la relación sexual. Dónde lo hacemos, cuándo lo hacemos, a qué hora lo hacemos. Existen tantas estipulaciones que me confundo tratando de cumplir con todas. Si a eso le añadimos su momento del mes, con mucha rapidez se nos van treinta días. No sé por qué, pero imaginaba que la relación sexual sería fácil después de once años, pero parece que se vuelve más complicada. ¿Seré yo?

R: Diste en el clavo. Las mujeres son muy exigentes, lo son en ese *particular*, con respecto a cuándo, dónde y cómo se desarrolla la relación sexual.

> *Las mujeres son muy exigentes, lo son en ese particular, con respecto a cuándo, dónde y cómo se desarrolla la relación sexual. Y tu tarea como esposo es entender cómo funciona.*

Y tu tarea como esposo es entender cómo funciona. Piénsalo como un desafío para comprender a tu esposa, para develar el misterio. No obstante, el misterio nunca se resolverá por completo, debido a que para las mujeres, las cosas cambian.

Esa mujer que tienes es una criatura mucho más compleja que tú. Tal vez le guste una de tus colonias el viernes y arrugue la nariz si te la pones el miércoles. Algunos días, puede encantarle que le des masajes en los pies y, otros, puede molestarle. Tu trabajo es estar atento a las señales y pedirle que te guíe.

No caigas en la trampa de: «Bueno, eso dio resultado durante los últimos once años, así que tiene que dar resultado ahora». Las mujeres están a merced de muchas más hormonas que nosotros los hombres, y esto en sí es complejo. Tu tarea no es leer mis palabras y, luego, hacer lo que digo, sino leer mis palabras y descubrir más tarde lo que le gusta a tu esposa. No hay nadie que pueda hacerlo por ti. Ella es tu esposa. ¿No sería hora de que llegaras a conocerla de verdad?

Hablemos con franqueza

Ha llegado el momento de conversar con tu cónyuge respecto a lo que le excita y lo que no le excita. Si les resulta difícil hablar sobre estos temas tan íntimos, intenten hacer primero una lista con «Lo que me encanta y lo que detesto». Luego, tomen una taza de café o de té e intercambien los papeles. Te sorprenderás al ver lo que aprenden. Además, descubrirás que el primer punto de la lista hace que sea más fácil conversar sobre el resto.

En parte, aprender a amar a tu cónyuge es llegar a conocerlo. Es hurgar más profundo. Cuando te casaste, decidiste amar a tu cónyuge. Eso quiere decir que decidiste ponerlo en primer lugar en tus pensamientos y acciones. Quiere decir que decidiste respetar sus pensamientos y sentimientos, y que prometieron esforzarse juntos para lograr una solución que les convenga a los dos cuando surja cualquier problema. No viste esas cosas en la letra chica de tus votos matrimoniales, pero si te fijas, están todas allí.

Si quieres elevar la temperatura de tu vida sexual, descubrirás cuáles son las cosas que provocan la excitación y cuáles las que la apagan.

Cómo acabar con la atmósfera de un interludio sexual

1. Criticarse el uno al otro.
2. Pelearse justo antes de hacer el amor.
3. Tener cuestiones sin resolver.
4. Dejar que tu madre se quede a pasar la noche.

7

Las mentes curiosas
quieren saber

La verdad acerca de las mujeres y los orgasmos.

S i alguna vez has esperado para pagar en la caja del supermercado (como yo lo he hecho muchas veces), y has leído los títulos de algunas de las revistas que se exhiben, cuando te toca el turno de pagar por las bananas y la leche descremada que llevas, te has enterado de que es posible que los hombres y las mujeres no tengan solo tres orgasmos, sino cinco, siete y hasta nueve... todos en una misma relación sexual.

Basándome en mi experiencia como psicólogo que ha ayudado a miles de parejas con su vida íntima, he descubierto que el hombre o la mujer de orgasmos múltiples son pájaros raros. Es verdad, los orgasmos múltiples pueden ocurrir, pero una vez más, son pocos y espaciados entre sí. Es más probable que la pareja casada típica tenga una clase de experiencia muy diferente: un hombre que experimenta un orgasmo y una mujer que, en un día bueno, experimente un orgasmo.

¿Por qué digo esto respecto a las mujeres? Porque existe mucha documentación en los libros sobre la diferencia entre el orgasmo para la mujer y el orgasmo para el hombre. Para el hombre, un orgasmo es algo muy simple. El Sr. Feliz solo cumple con facilidad con su tarea de proporcionar esa experiencia. En cambio, para algunas (y la mayoría) de las mujeres, se requiere mucho esfuerzo y práctica para llegar al clímax. Entonces, no te dejes engañar por lo que dicen las revistas. Si lo haces, como mujer, te pasarás tu vida sexual pensando: *¿Esto es todo lo que hay para mí? ¿Por qué no puedo lograr aquello?* Y como hombre, pasarás tu vida sexual pensando: *¿Qué le pasa a mi mujer que no puede tener múltiples orgasmos? ¿O soy yo? ¿Será que no lo estoy haciendo bien?*

Las revistas hacen declaraciones espectaculares que son rimbombantes, pero con cuánta facilidad pueden infiltrarse en tus pensamientos y obstaculizar tu *verdadera* vida sexual (y no la que pintan de manera irrealista) con el hombre al que amas. Así que toma nota de lo siguiente: Si lees la mayoría de esos artículos, verás que dicen cosas tales como: «Hazte cargo de *tu* orgasmo... de *tu* vida amorosa». Todo gira en torno a *ti*, y no veo mucho énfasis en *nosotros*, la pareja. Ay, ¿el hombre del que estás enamorada tiene algo que ver con esto?

No debe sorprendernos, entonces, que tantos matrimonios fracasen pronto, ya que creemos en todas esas falsas expectativas, salidas de Hollywood, de lo que nos dará el matrimonio. Por ejemplo: *Esta mujer con la que me caso satisfará todas mis necesidades sexuales e íntimas. Tendremos relaciones sexuales desenfrenadas todas las noches.* O: *Él será tan romántico todos los días como el día en que me pidió que nos casáramos. Conversaremos felices para siempre...*

Tengo una noticia para ti. Eso no va a suceder. Un enfoque más realista vería el cuadro de la siguiente manera: «Algunos días serán mejores que otros en nuestro matrimonio. No siempre anotaremos un tanto, pero permaneceremos firmes, juntos y nos proporcionaremos placer el uno al otro».

Muy bien, esta es la verdad.

P: Mi esposo es uno de esos hombres que considera que la relación sexual es importante de verdad. Algunas veces, estoy tan exhausta al terminar todo ese penoso esfuerzo que me siento como si hubiera realizado una clase de ejercicio aeróbico. Cuando llego a un orgasmo, parece que él se ganó la lotería. Sin embargo, algunas veces, no siento deseos de buscarlo. ¿Soy tan solo una tonta o hay algo más aquí? A decir verdad, preferiría quedarme acurrucada en sus brazos. Eso significa mucho más para mí.

R: Pienso que *todos* los hombres ven la relación sexual como algo importante en realidad, así que tu esposo es un integrante saludable de la especie masculina. Sin embargo, me preocupas tú, ya que ves este aspecto de tu relación con tu cónyuge como un «penoso esfuerzo». Eso quiere decir que terminas la relación sexual exhausta y no sintiéndote amada ni satisfecha. Tal parece como si tener relaciones con tu esposo fuera algo que soportas porque él lo desea. Esto no es bueno para ti ni para tu relación matrimonial a largo plazo.

Permíteme hacer algunas conjeturas con fundamento. Es probable que seas una persona con menos energía que tu esposo. Es posible que te sientas más feliz con el abrazo que con la penetración. Valoras la cercanía con tu esposo por encima de todo lo demás. Y cuando alcanzas un orgasmo, ya está. Cualquier otro contacto es casi doloroso.

Muy bien, bienvenida al club. Al noventa y nueve por ciento de las mujeres le resulta más satisfactoria la cercanía, el contacto físico, el abrazo y el afecto cuando hacen el amor. Prefieren esa cercanía más que la relación sexual en sí. Las que tienen orgasmos los desean. Algunas dicen: «Cuando él tiene un orgasmo, yo también quiero uno. Es lo justo, ¿no es cierto?». En cambio, la mayoría de las mujeres preferiría renunciar al orgasmo más que a la sensación de cercanía. Una mujer me admitió: «Ahora que mi esposo es impotente estoy muy feliz, porque así recibo la atención que necesito». ¿Alguna vez te pasó eso por la mente?

Eres muy normal. No eres una tonta y no tienes ningún problema. Tu esposo solo necesita entender que, algunas veces, desearás buscar un orgasmo y otras, no. De cualquier manera, está bien.

P: En alguna parte leí que la mejor experiencia sexual es cuando ambos llegan al clímax al mismo tiempo. ¿Esto es cierto? Si es así, nosotros no hemos podido lograrlo.

R: Llegar al clímax al mismo tiempo sería grandioso, pero para ser realistas, eso no sucede con mucha frecuencia. Entonces, ¿para qué buscar lo que sucede de vez en cuando? ¿Por qué no disfrutar la satisfacción de llevarse el uno al otro al orgasmo? Para un hombre, es tremendamente excitante y satisfactorio desde el punto de vista emocional satisfacer a su esposa antes que a sí mismo. Para ser franco, si eres como yo, te deleitarás más observando a tu esposa experimentar a plenitud el placer que le estás proporcionando que del pequeño e insignificante orgasmo que experimentas.

Por lo tanto, concéntrate en ser un buen amante. Sé un buen amigo. Después de todo, ella es tu esposa, la persona más especial en tu vida.

Si por casualidad llegan al clímax al mismo tiempo, ¡ aun más diversión para ti!

P: Mi esposo leyó un artículo acerca de los orgasmos múltiples, y desde entonces, está decidido a llevarme a ese punto cuando tenemos relaciones sexuales. Todo lo que hace es ponerme tensa, pues la experiencia es demasiado intensa y no me gusta. Sin embargo, llevarme al orgasmo más de una vez durante la relación sexual se ha convertido en su misión como hombre. ¡Auxilio! Necesito unas vacaciones.

R: ¡Ay, pobre niña! Necesitas unas vacaciones en Tahití para ti sola. A decir verdad, parece que tu hombre se encuentra en una misión, y esto no les da resultado a ninguno de los dos. A ti te deja exhausta y es probable que él te critique y se sienta frustrado porque no «actúas» como piensa que debes hacerlo. Como si llevarte más de una vez al orgasmo durante la relación sexual fuera parte de su prueba de hombría o algo por el estilo. Eso es una locura y tu muchacho amoroso necesita que lo despierten.

Tan solo como para aclarar las definiciones, diré que «orgasmo múltiple» significa tener más de un orgasmo en cualquier relación sexual. Que tu esposo te «lleve» a tener orgasmos múltiples veces, no significa que se gane el premio al Macho del Año. Algunas mujeres pueden, y quieren, tener múltiples orgasmos. Si es así, ¡deben buscarlos! Con todo, lo cierto es que la mayoría no puede tener múltiples orgasmos. Algunas, como tú, no los desean debido a la intensidad de la experiencia.

La mayoría de las mujeres se esfuerza para tener un orgasmo. Por lo tanto, tienes todo el derecho a sentirte tensa cuando no solo te obligan a tener uno, sino a tener más de uno. La mayoría, una vez que tiene ese único y precioso orgasmo, solo quiere descansar y deleitarse en la sensación de bienestar. Quiere relajarse y disfrutar de estar cerca de su esposo.

Lo cierto es que la mayoría de las mujeres no puede tener múltiples orgasmos. Algunas no los desean debido a la intensidad de la experiencia.

Todas desean una conexión del corazón y la intimidad emocional.

Quieren saber que las aman y las valoran de una manera que no necesariamente lleve a tener un bebé. Quieren que las reconozcan por la difícil tarea que realizan, sin temor a convertirse en el logro de algún hombre, ni siquiera el de su esposo.

Tu esposo está equivocado por completo al presionarte para que hagas algo que no deseas y que te conviertas en alguien que no quieres ser. Ha llegado el momento de que él te muestre su amor y consideración... y de transferir su impulso a tener éxito y a estar en la cima a otro aspecto de su vida: el trabajo.

P: ¿Es normal que las mujeres necesiten estimulación manual del clítoris para alcanzar el orgasmo? Mi esposa parece poder alcanzarlo solo si le estimulo el clítoris con los dedos o con la boca, no de la manera natural.

R: Cuando dices «la manera natural», ¿te refieres a penetrarla con el pene y que el Sr. Feliz haga su danza en el interior de ella? Muchos hombres y mujeres se confunden en este aspecto. Piensan que todas las mujeres deberían estar en condiciones de llegar al orgasmo solo mediante el coito. En cambio, dos de cada tres mujeres necesitan estimulación directa del clítoris para alcanzar el orgasmo. Por lo tanto, si tu esposa se encuentra en ese grupo, ¡está dentro de la mayoría! Y las cosas serán diferentes por completo según *la manera* en que toques ese delicado instrumento de tu esposa.

A muchas mujeres, les gusta la estimulación indirecta seguida por una estimulación muy directa. A algunas, les gusta que las provoquen con un toque muy ligero de esta delicada área, combinado con palabras y caricias que le digan de manera íntima cuánto la amas. El clítoris está diseñado como un instrumento muy sensible, pequeño, pero poderoso. Si vas directamente al clítoris y lo presionas, tu esposa no disfrutará de eso. Necesita que llegues a ese punto tocando con delicadeza las áreas que rodean a este maravilloso y pequeño apéndice. Con suavidad, puedes masajear el capuchón que se encuentra sobre el clítoris. Es fácil saber cuándo responde el clítoris: se pone más duro, erecto.

También puedes masajearlo con la lengua. Lo bueno de la lengua es que tiene acceso a la saliva, que es un buen lubricante. Una vez más, lo que hace que todo siga su curso es pasar la lengua, chupar y tocar con suavidad. Algunas mujeres prefieren recibir esta clase de estimulación antes del coito; es como el preludio de una obra musical magistral.

¿Lo harás «bien» la primera vez? Bueno, es como tocar la viola. La primera vez que tocas el instrumento, no te ponen en primera fila. Se necesita práctica. Y ambos se enseñan de manera mutua. Una relación sexual fabulosa implica que la pareja ha tenido mucho entrenamiento. Por lo tanto, pregúntale a tu esposa lo que le gusta y lo que no le gusta (además, comprende que el gusto de una mujer cambia día a día a medida que cambian su ciclo y el nivel de hormonas).

Para decirlo con franqueza, tu dedo índice es mucho más capaz de llevarla a ella a un orgasmo excitante que tu pequeño amigo, el Sr. Feliz, en su mejor día. Sin que el Sr. Feliz se ofenda.

P: ¿Cómo sé si él va muy rápido o yo voy muy despacio? Algunas veces, él eyacula antes de que yo esté lista. ¿Hay alguna manera de resolver este problema?

R: Como a la mujer le lleva más tiempo ponerse juguetona, por usar mi terminología, es probable que necesites alcanzar dos o tres momentos placenteros antes de llegar a un orgasmo completo. Esto sucede con más frecuencia si eres nueva en la experiencia sexual, porque los músculos PC [pubococcígeos] de una mujer no se utilizan al máximo al apretar. En este sentido, te puede ayudar la práctica de los ejercicios de Kegel (apretar y relajar los músculos PC). Esto te ayudará a llegar más rápido al orgasmo. Son los mismos músculos que contraerías si trataras de detener el flujo de orina cuando estás orinando. No obstante, lleva tiempo ejercitar esos músculos, ¿entonces qué haces mientras tanto con tu esposo que está en llamas?

Cuatro maneras de arruinar un orgasmo

1. Asegúrate de que tu objetivo sea tener un orgasmo, no hacerle el amor a tu cónyuge. Al fin y al cabo, el acto es lo que importa, ¿no es así?... ¿O tal vez será tu cónyuge?

2. Cuando no tienes éxito, ríndete. Adopta la actitud de: *Bueno, lo intentaremos, pero sé que no dará resultado.*

3. Critica los esfuerzos de tu amante en voz alta. O ten pensamientos como: *Debes estar bromeando. Este tipo es muy tonto. O: No tenía idea de que me había casado con un cubo de hielo. El polo norte es un bebé al lado de ella.*

4. Menospréciate. *Eres tremendo bruto. Nunca haces nada bien. O: No merezco este esposo.*

Durante un tiempo, puedes ayudar a tu muchacho a fin de que aprenda a eyacular en el momento preciso. Se llama la técnica del apretón, y deben trabajar juntos en ella. Cuando él siente deseos de eyacular, retira el pene de la vagina y tú le aprietas la parte de abajo del pene. Esto detiene la eyaculación y le da a él la oportunidad de desacelerarse; entonces, vuelve a penetrarte.

Lo más importante es la comunicación, que conversen y se digan el uno al otro lo que sucede. Hay muchas parejas que no se comunican durante la relación sexual y eso es malo.

Sin embargo, ahora, permíteme referirme al engaño «él va muy rápido, yo voy muy despacio». La mayoría de las parejas no tiene orgasmos simultáneos. Lo que sucede la mayor parte del tiempo es que un hombre trata de agradar a su esposa llevándola al clímax, y cuando ella está comenzando a disfrutar de ese momento, algunas veces, la penetración a esta altura aumenta la intensidad del clímax para ella. Entonces, ella experimenta su orgasmo y, luego, él experimenta el suyo.

El orgasmo de tu esposo es pan comido. El tuyo es el que necesita toda la dedicación.

¿En pocas palabras? La gente tiene toda clase de expectativas irrazonables respecto a su vida sexual. Para llevar a una mujer a disfrutar de un placer pleno, se necesitan sofisticación y esfuerzo, pero existen muchos niveles de placer. No es necesario que las mujeres tengan orgasmos todas las veces; las parejas no necesitan tener orgasmos simultáneos para estar satisfechos de manera sexual.

Por lo tanto, tira las expectativas por la ventana y solo diviértete.

P: Hace dos años que estoy casada con un hombre maravilloso, pero está comenzando a ponerme los pelos de punta. A mí me lleva muchísimo tiempo sentirme interesada en la relación sexual, y para entonces, Mark se siente frustrado sexualmente. No es que le reste interés; es solo que me lleva mucho tiempo entrar en calor o algo por el estilo. ¿Qué problema tengo?

El orgasmo de tu esposo es pan comido. El tuyo es el que necesita toda la dedicación.

R: No tienes ningún problema. Eres una mujer normal desde el punto de vista absoluto y positivo. Es verdad que tu esposo puede estar listo para ir al grano. El simple sonido de la ducha que corre hace que el Sr. Feliz se ponga feliz. Aun así, quisiera preguntarte algo: ¿Qué clase de amante es tu esposo *fuera* del dormitorio? ¿Cómo te trata? ¿Puede ser que su falta de atención, su crítica o su falta de ayuda tengan algo que ver con cuánto tiempo necesitas para estar interesada en la relación sexual?

Apuesto a que sí. Lo cierto es que tu disposición para tener relaciones sexuales y tu satisfacción sexual tiene tanto que ver con tu relación fuera del dormitorio como con lo que sucede dentro de él.

Entonces, ¿qué tal se comporta tu amante fuera del dormitorio? ¿Hay algo que necesites decirle (por supuesto, de buena manera) que te resultaría de ayuda? ¿Y qué me dices de ti? ¿Habrá formas en las que puedas mostrarle a tu hombre cuánto lo amas al ahorrar tiempo y energía para él, y al ser creativa en cuanto a cómo agradarlo?

P: Algunas veces, mi esposo es un poquito brusco durante la relación sexual. En realidad, aunque estamos casados, me siento un poco maltratada. Esto hace que desee evadir la relación sexual cada vez que puedo. Y admito que hasta he fingido tener un orgasmo de vez en cuando, tan solo para poder irme a dormir. Detesto pensar en que la vida será así durante los próximos veinte años. ¿Debo soportar esta situación sin hacer ni decir nada?

R: No, en absoluto. No hay excusa para que un hombre trate *jamás* a su mujer de manera ruda. Ese punto mágico especial que tiene la mujer debe tocarse con mucha suavidad. Y algunas veces, directamente la mujer no quiere que se lo toque. Hay ocasiones en las que prefieres que te dejen sola y tu esposo, si de verdad tiene en mente lo que más te conviene a ti y no tan solo a sí mismo, necesita entenderlo.

Tener que fingir un orgasmo puede dar resultado en las películas (¿recuerdas cuando la actriz Meg Ryan finge un orgasmo en *Cuando Harry encontró a Sally*, y todos en el restaurante quieren uno de esos?). Parecía bueno, pero era falso. A la larga, ninguno de los dos saldrá ganando con ese enfoque.

Tú necesitas y mereces suavidad: un toque suave, palabras suaves. Para que experimentes un orgasmo real, uno que sea un verdadero deleite (si es que te interesa tenerlo), necesitas un líder suave que pueda llevarte a ese punto de euforia sexual. Un hombre en el cual confías.

En este momento, la rudeza de tu esposo está rompiendo la confianza en la relación. Esto debe terminar. Si hablas con él al respecto y no entiende por qué te lastima, los dos necesitarán recibir ayuda de un consejero calificado. Ninguna mujer debe soportar la rudeza.

Para que las mujeres puedan disfrutar de la relación sexual y llegar a tener un orgasmo poderoso que las envuelva, necesitan a un hombre con una mano lenta, un toque suave y un corazón amable, amoroso y leal. Un hombre que conozca a su esposa tan bien como para percibir cuándo ha llegado el momento de un poquito más de presión, un poquito más de firmeza, pero nunca de rudeza. Ustedes son los que deben guiar a un hombre así a afinar el pequeño y delicado instrumento que tiene en las manos.

Debes entrenar a tu esposo para que sea esta clase de hombre. Si no puede serlo, necesita ayuda.

Hablemos con franqueza

Si para tu esposa es placentero que la lleves a un orgasmo, ¡adelante! Y mientras disfrutas observándola, puedes pensar: *Esto se lo estoy haciendo yo. ¡Bravo por mí!* Sin embargo, ten en cuenta que un día ella puede estar dispuesta a buscarlo, pero que otro día quizá no esté interesada. Y no hay problema si es así. No debes ir por el oro todas las noches; debes ser sensible a las necesidades de tu esposa. Por lo tanto, no puedes pensar en sus orgasmos como otra insignia (o la falta de ella) en tu pechera de testosterona masculina. Si lo haces, tu esposa comenzará a sentir la presión, si no es que la ha sentido ya. Las noches en que no está de humor, ella es más feliz dándote algo de placer a ti, abrazándote y quedándose dormida. Se trata de comprender sus necesidades *en el momento*. Las mujeres son un universo sujeto a permanentes cambios.

Si eres una mujer, es muy probable que lo que te resulta cómodo cambie de un día para el otro. Tal vez desees esa oleada de placer que trae el orgasmo. A lo mejor seas una de esas escasas mujeres que pueden, y quieren, tener más de uno a la vez. Si es así, ¡adelante! Diviértete en el proceso. No obstante, también habrá veces en que estarás demasiado cansada como para pasar por todo ese esfuerzo y no desearás que te presionen.

Lo más importante es que los dos se comuniquen durante la relación sexual de modo que ambos salgan satisfechos sexualmente en algún nivel.

Con orgasmo... o sin él.

8

Los hombres no piensan solo en el sexo

También piensan en la comida y en el canal de deportes.

Los hombres tenemos una mentalidad mucho más abierta que las que nos adjudican ustedes las mujeres. No siempre pensamos en el sexo. Pensamos en el sexo, la comida *y* los deportes.

En promedio, los hombres tienen treinta y tres pensamientos relacionados con el sexo en el día. Cuando se lo dije a mi esposa, ella respondió: «Eso es enfermizo».

Sin embargo, piénsalo un momento. ¿Sabes cuántos pechos, muslos y traseros ha visto tu esposo en el día de hoy? Todos los días, cuando va hacia el trabajo, recibe el bombardeo de los carteles publicitarios y los anuncios en las revistas que venden cualquier cosa, desde comida para perros hasta filtros de aceite para los autos, y todos tienen algo en común: una mujer sonriente, *sexy* y con muy poca ropa. Tu esposo ni siquiera puede ir a cortarse el cabello sin que lo inunden mujeres atractivas que se encuentran en las revistas de peinados más recientes. No lo dudes: la carne vende. La avenida *Madison* lo sabe muy bien.

Y como el Todopoderoso ha diseñado a los hombres para que el cuerpo femenino los estimule, miran.

La esposa que piensa: *¡Ay! ¿Cómo pudiste mirar a otra mujer?*, no entiende este punto.

La mujer que se dice: *¿Así que te llaman la atención las mujeres que usan seda para vestirse? Ah, ¡veamos qué tengo!*, entonces, esa esposa comprende a su hombre.

Y sí, ella mira a los hombres guapos que tienen la barba crecida justo hasta donde resulta atractiva.

Al hombre le resulta estimulante la relación sexual. Le aumenta la confianza y le fomenta su sentido global de bienestar. Si tiene un trabajo frustrante, saca fuerzas para seguir adelante con lo que hace, porque sabe que su trabajo tiene un propósito... y porque hay una esposa dispuesta que lo espera como recompensa al final de su largo día.

La relación sexual es el gran ecualizador en la vida de un hombre. Es asombroso todo lo que puede curar una buena relación sexual en el hombre: desde virus, infecciones bacterianas, impétigo, varicela y gripe, hasta una mala crítica en el trabajo, no tener suficientes fondos para los impuestos y, lo más importante de todo, cualquier problema en el matrimonio.

Si eres la persona que eligió este hombre y siempre le parece poca toda la relación sexual que pueda tener contigo, eres una mujer afortunada. Aun cuando, algunas veces, actúe como un niño de cuatro años que se afeita.

P: Estoy felizmente casada. Amo mucho a mi esposo, pero me vuelve loca cuando mira a otras mujeres que pasan por la calle o que están en el restaurante. ¿No debería mirarme solo a mí? ¿Qué problema tiene?

R: El problema de tu esposo es que nació hombre. A los hombres les atrae lo físico. Se excitan por la vista. Cuando una mujer joven bien dotada pasa junto a un hombre en un restaurante, él no piensa: *Me pregunto si le gustará la literatura rusa*; solo se siente atraído por su naturaleza física.

Si tu padre, tu pastor y la persona de la especie masculina a la que más admires estuvieran juntos parados en la misma esquina, y pasara caminando una mujer de veintinueve años, con buena contextura física, te garantizo que estos tres pilares de la sociedad masculina seguirían a esta mujer joven con la mirada al pasar. Llamemos al pan, pan y al vino, vino. Los hombres se fijan en cosas como estas. Aun así, el solo hecho de fijarse en otras mujeres no quiere decir que no te ame a ti.

Sin embargo, permíteme decirte de entrada que existe una diferencia entre solo mirar a alguien del sexo opuesto y quedarse embobado con intenciones lujuriosas frente a esa mujer. Todos nosotros, los hombres y las mujeres, miramos a las personas del sexo opuesto cada día. Si te encuentras en el mundo de los negocios, te verás inundado de imágenes.

Es importante que tu esposo sepa cómo te sientes. Puesto que es evidente que este es un aspecto sensible en ti, debe ser respetuoso y restringirse lo más posible de mirar a otras mujeres.

Aquí tenemos un ejemplo: Carla tiene una sensibilidad extrema ante esto, ya que su primer esposo era un mujeriego. Entonces, le dijo a Pablo, su segundo esposo: «Cariño, sé que puedo parecer un poquito chiflada, pero sabes que Mike me engañaba. Era un verdadero mujeriego. Debido a esto, me molesta mucho cuando te veo mirando a otras mujeres cuando cenamos en un restaurante. ¿Podemos buscar juntos una solución?». Entonces, ella y Pablo llegaron a un acuerdo. Ahora, cuando van a un restaurante, ella se sienta en la mesa junto a la pared y él se sienta frente a ella. De ese modo, durante la cena, él la mira a ella y no al constante desfile de gente que entra y sale del restaurante. Lo hace porque ama a Carla y comprende los temores

En el matrimonio, nunca se trata de «su problema». No es 90/10. Se trata de «nuestro problema».

que ella acarrea de su primer matrimonio. Además, tienen un incentivo extra: dicen que su comunicación ha mejorado, porque ahora se concentran directamente el uno en el otro cuando salen a cenar. ¡Así se resuelve un problema en equipo! En el matrimonio, nunca se trata de «su problema». No es 90/10. Se trata de «nuestro problema». Si ambos se esfuerzan juntos, lo resolverán.

P: Sé que la relación sexual es importante en el matrimonio, pero debo admitir que para mí, como mujer, no es tan importante (bueno, con excepción de haber tenido a mi hija gracias a esa relación). Pienso que es mucho más importante para mi esposo. Me encanta tratar y ejercitarme en el gimnasio (me ayuda a minimizar el estrés que me producen las cosas con las que tengo que lidiar en la vida), pero no le veo mucho sentido a tener relaciones sexuales, a menos que deseemos otro hijo. Es más bien otra cosa más para la que hay que encontrar tiempo en la agenda.

R: Entiendo tu situación. Las mujeres tienen suficiente estrés en sus vidas como para hundir a un elefante. Tienes que lidiar con el batallón de los pequeños malmandados, con el irrespetuoso grupo de hormonales, una profesión y, muchas veces, un esposo exigente. Estás ocupada y nadie puede discutirlo. Además, es cierto que mereces y *necesitas* un poco de tiempo libre para hacer las cosas que te gustan, como trotar y hacer ejercicio.

Sin embargo, la relación sexual tiene más beneficios de los que puedes imaginar. ¿Sabías que los beneficios extras de una vida sexual saludable se igualan a los que recibirías si corrieras cuarenta y dos kilómetros? En efecto, es verdad. Al aconsejar a parejas a lo largo de los años, he descubierto algo asombroso: la mujer que tiene una buena vida sexual experimenta menos estrés en su vida. ¿Por qué?

Si satisfaces sexualmente a tu esposo, estarás en buenas manos. Tendrás a un marido feliz y satisfecho que está dispuesto a acomodar su agenda para que tengas tiempo para ir al gimnasio. ¿Quién sabe? Hasta es probable que comience a trotar contigo.

Cinco cosas que un hombre puede hacer por su mujer

1. Usar palabras, oraciones y pensamientos completos, y contar lo que siente.
2. Alcanzarle agua, leerle, prepararle un té.
3. Escribir un poema y dejárselo en su auto. Escribirle un mensaje de amor en el espejo (luego tú limpias el espejo).
4. Encender velas aromáticas en el dormitorio.
5. Decirle lo maravillosa que se ve cuando sale de la ducha (ya que casi todas las mujeres que conozco tienen luchas de alguna clase con su imagen corporal).

Y si tú estás satisfecha sexualmente, ¿a quién apreciarás más? A tu esposo. También apreciarás más la vida, sonreirás más, serás una mejor madre y hasta trotarás mejor.

P: Hace tres años que intentamos concebir un bebé y estoy a punto de darme por vencido. Para mi esposa, la relación sexual se ha convertido por completo en «hacer un bebé». Ya no tiene nada de placentero. No puedo soportar otros tres años escuchando sobre la temperatura corporal y la posición o, en especial, escucharla cuando se entristece al descubrir que *otra vez no ha quedado embarazada.* Amo a mi esposa de verdad, pero en algunas ocasiones, todo esto es más de lo que puede soportar un hombre. Quiero ser más para ella que un simple donante de esperma.

R: Sé de lo que estás hablando. Nosotros esperamos cinco años hasta intentar de verdad tener un bebé, y entonces, Sande tuvo un aborto. A partir de allí, mi querida esposa se tomaba la temperatura todos los días. Íbamos a comprar provisiones, veíamos una madre joven con un bebé y mi esposa comenzaba a llorar (y de paso, no estaba ni cerca de las cebollas).

Cinco cosas que una mujer puede hacer por su hombre

1. Dile: «Me encanta cuando estás dentro de mí. Es muy agradable».
2. Gime, jadea y respira hondo mientras hacen el amor; esto es música agradable para sus oídos.
3. Dile cosas como: «Más adentro, más fuerte... justo allí» para ayudar a satisfacer a tu esposo y dejarlo agotado, ya que por más que quede agotado, nunca habrá disfrutado tanto de un ejercicio.
4. Tómale la mano, la cabeza o la boca y colócala donde más te guste.
5. Explora su cuerpo... y descubre qué es lo que lo excita.

Este es un momento emotivo en extremo para tu esposa. Tienes que comprender que desea con toda su alma tener un bebé y ser mamá, y por eso hace lo que hace. Te puedo asegurar que no te ve como un simple donante de esperma. Solo que tiene muchos deseos de tener un bebé.

Es un momento en el que debes acompañarla y no criticarla. Ayúdala, sé amoroso y bríndale tu apoyo. Pregúntale: «¿Qué puedo hacer para ayudarte?». Se me ocurre toda clase de cosas que puedes hacer para ayudar. Entonces, pon una cara feliz y no te comportes como un niño de cuatro años cuando tu esposa necesita un hombre. No protestes porque se toma la temperatura. Créeme, tu esposa ha leído todo lo que se ha escrito en el planeta acerca de cómo quedar embarazada. Yo también pasé por eso e hice lo mismo.

Para que conste, después de aquel aborto, Sande y yo tuvimos a nuestra hija Holly. En realidad, «dejamos» de tener hijos tres veces. Ahora, tenemos cinco.

P: Mi esposa usa la relación sexual como una zanahoria que puedo obtener cuando me porto bien y que me quita de manera brusca cuando está enojada conmigo. ¿Cómo puedo decirle que esto me lastima mucho?

R: La relación sexual es un regalo demasiado especial para manejarlo como una zanahoria o una recompensa que se da por buen comportamiento y se quita como castigo por mala conducta.

El comportamiento de tu esposa es irrespetuoso. Es un desprecio, y por eso te duele tanto. Es el modelo de una sociedad democrática.

En el matrimonio, funciona de la siguiente manera: «Si tú tienes derecho a menospreciarme, yo tengo derecho a menospreciarte». Pronto se genera un círculo vicioso que los llevará a agarrarse del cuello (si no es que ya han llegado a esto). Esta conducta no puede tolerarse en el matrimonio.

Debes hablar de inmediato con tu esposa. Dile cuánto te duele que te prive de la relación sexual (de qué manera te hace sentir como un niñito que pide una recompensa y no está seguro de si a cambio le darán una bofetada por haberla pedido). Dile con franqueza que te hace sentir devaluado y rechazado como hombre, y que debido a esto, no quieres complacerla en otros aspectos de tu matrimonio. Dile que estás más que dispuesto a ayudarla con los quehaceres de la casa, pero que si te priva de la relación sexual, no sentirás deseo de hacer nada.

Conversa con ella acerca de las cosas que harían que te sientas amado y dispuesto a hacer cualquier cosa por complacerla, por ejemplo, recibir un mensaje electrónico de ella que diga: «No veo la hora de que llegues a casa. Me compré una ropa interior muy *sexy* y quiero desfilar con ella delante de ti esta noche». O escuchar sin querer que le diga a alguien que eres el mejor esposo del mundo. Estas cosas atraerían tu atención, ¿no es así?

¿Quieres tener una relación sexual fabulosa?

Aquí tienes una pista: Como dice mi amigo de toda la vida, el cabezón: «Oye, Leman, pon algunos billetes de cien dólares debajo de su almohada para que salga de compras. Eso servirá de ayuda.

El concepto de «Bueno, si eres un buen muchacho, limpias el garaje y cortas el césped, te daré una recompensa», casi nunca da resultado con los niños y jamás con los esposos.

Por el bien de tu matrimonio, debes ser directo y arriesgarte a que tu esposa se enoje. Las parejas que funcionan según el principio de «Si tú tienes derecho a menospreciarme, yo tengo derecho a menospreciarte», terminan en divorcio al cabo de siete años de haberse casado. La salud y la longevidad de tu matrimonio están en riesgo. No dejes pasar esto por alto.

P: Mi esposo desea que, con mayor frecuencia, inicie la relación sexual. Yo quiero hacerlo, pero me da vergüenza. ¿Qué consejo puede darme?

R: Me dejas admirado. Dijiste «con mayor frecuencia». Eso quiere decir que ya lo haces algunas veces. ¡Muy bueno de tu parte! Tantas mujeres han crecido con la idea de que los muchachos son quienes persiguen a las muchachas y no al revés que no les resulta nada agradable iniciar la relación sexual, ni siquiera dentro del matrimonio. No eres la única.

Piénsalo de esta manera: Durante las primeras veces, cualquier cosa que hagas resultará rara. Todavía no tienes destreza. No estás del todo segura de qué hacer ni de cómo lo tomará tu esposo.

Sin embargo, esto es lo importante que debemos recordar: el hombre al que amas acaba de pedirte que hagas algo que le encantaría a él. Ese hombre te desea, y todo lo que dice es que quiere ser deseado. ¡Cuánto amor y cuánta seguridad te proporciona esta petición! Entre todas las mujeres del mundo que él hubiera podido escoger, te eligió *a ti.*

Entonces, ¿por qué no conversar acerca de lo que él quiere decir con «iniciar»? Muchas veces, el hombre puede tener la fantasía de que una mujer desnuda lo agarre de la corbata, le quite la ropa y haga el amor con él sobre el piso de madera. Algunas mujeres en las películas pueden hacerlo, ¿pero te sentirías bien haciéndolo? No es necesario que tengas sentimientos ardientes para iniciar la relación sexual ni que tengan relaciones en un lugar incómodo. Encuentren maneras que a ustedes les den resultado.

Lo importante es que él te desea. Por lo tanto, sé creativa. Arriésgate un poquito. Hazlo por el hombre que amas.

P: Hace tres años que estamos casados y estoy preocupada. Es probable que mi esposo tenga la sexualidad exacerbada, porque a cada momento tiene la palabra «hagámoslo» en el cerebro. Pensé que tenía normas altas, que era un muchacho con moral. Creció en la iglesia y asistimos a la iglesia. Sin embargo, ahora, no estoy tan segura. ¿Será posible que tenga algún problema?

R: Estimada dama, tu esposo es el modelo de la especie masculina.

Lo que digo es lo siguiente: Si te preguntara quién piensa más en la relación sexual en el matrimonio, el hombre o la mujer, ¿qué responderías?

Si dices: «El hombre», tienes razón. Ahora bien, aquí tenemos la segunda parte de la pregunta (debes elegir una respuesta): ¿Cuántas veces más que la mujer piensa el hombre en la relación sexual?

a. El doble
b. Cinco veces más
c. Diez veces más
d. Treinta y tres veces más

¿Y cuál es la respuesta? ¡Treinta y tres veces más! Los hombres piensan todo el día en la relación sexual.

Entonces, la pregunta no es *si* piensa en la relación sexual, sino *qué* piensa respecto a la misma. ¿Puede tener pensamientos puros sobre la relación sexual? Por supuesto; si piensa en ti, su esposa. Si piensa en irse a la cama contigo y en algunas maneras creativas de hacerlo más divertido, eso es puro, santo y bueno. Eres su esposa; tu cuerpo le pertenece y el suyo te pertenece a ti.

Entonces, ¿por qué no darse la gran vida? ¿Por qué no utilizar la energía sexual de tu esposo de una manera divertida? Trae a ese hombre de regreso a casa del trabajo, con algún mensaje difícil de descifrar y *sexy*. Sorpréndelo. Manda a los niños a la casa de la vecina durante una hora. Ráptalo durante la hora que tienes para almorzar. ¿Sabías que un ligero toque en el ascensor rumbo a un restaurante puede enviar el mensaje: *Te deseo. Volvamos pronto a casa?*

Así es, la relación sexual está en el cerebro de tu esposo. Por lo tanto, ¿no sería bueno que hicieras que piense en ti? Esa es una esposa astuta.

Hablemos con franqueza
Si eres un hombre, ¿qué es más divertido que pensar en tener relaciones sexuales con la persona que has escogido para el resto de tu vida? Si eres una mujer y a tu esposo siempre le parece poca toda la relación sexual que pueda tener contigo, ¡eres una dama afortunada! ¿Sabes a cuántas mujeres les encantaría estar en tus zapatos? (Muchas de las mujeres que leen este libro dicen: «¡Tiene toda la razón!»).

¿Cuántas veces más que la mujer piensa el hombre en la relación sexual?

a. El doble
b. Cinco veces más
c. Diez veces más
d. Treinta y tres veces más

¿Y cuál es la respuesta?
¡Treinta y tres veces más!

Señoras, recuerden la canción del viejo capitán y Tennille que dice: «Hazme eso una vez más. Una vez nunca es suficiente con un hombre como tú». Eso es lo que tu esposo anhela oírte decir. Es el lenguaje de sus sueños, porque pone primero sus necesidades.

Además, ¿sabías que la anticipación es tan buena como la participación o mejor que ella? La mujer sabia es la que incluye una nota en el almuerzo de su esposo o le manda un mensaje electrónico que dice: «Tengo una idea. Llega a casa tan pronto como puedas esta noche y cierra las puertas con llave, y te mostraré un nuevo conjunto que tengo». ¿Te parece que ese hombre llegará tarde a la revelación? Lo dudo. ¿Qué dicen tus acciones? «Cariño, sabes que te amo muchísimo. Ha sido una semana larga y sé justo lo que necesitas».

Muy bien, si fuéramos a dar calificaciones en el matrimonio, te daría la nota máxima. Y tu hombre haría cualquier cosa con tal de complacerte, porque él es el héroe en tu vida.

Un hombre que recibe este trato es capaz de derribar una pared por ti. Irá a la farmacia para comprarte tampones durante tus «períodos especiales». Paseará al bebé a las dos de la mañana, para que puedas dormir.

Entonces, ¿no vale la pena dedicar un poco de tu tiempo, de tu humor y de tu creatividad?

9

Ahh, el puro deleite de un encuentro rápido

Algunas veces se trata solo de lo que tú, o tu cónyuge, necesitan.

Puedes leer todos los libros que quieras a fin de prepararte para el matrimonio y una vida sexual saludable. Sin embargo, ¿qué sucede cuando se trata de la vida real? ¿Qué me dices de las veces que, como esposo, estás listo para un interludio sexual, pero tu esposa se está vistiendo para ir al trabajo y ni soñando se desarreglaría toda? ¿Qué sucede cuando tú, como esposa, deseas complacer a tu esposo, pero tienes esos períodos demasiado abundantes que duran nueve días todos los meses y él te mira con esos ojos de «No doy más»? ¿Qué sucede cuando tienen pequeños que corren por toda la casa y un bebé (o un adolescente) que te mantiene levantado toda la noche, y los dos están demasiado cansados para una experiencia sexual completa?

Aquí es cuando sugiero que sean creativos. Algunas veces, lo que tú o tu cónyuge necesitan es solo un encuentro rápido. ¿El matrimonio siempre es satisfactorio para los dos? No. Tengo una noticia para ti. Cuando tu esposo o esposa están con gripe, la satisfacción no es 100 y 100. Hay momentos en el matrimonio en que uno de los dos recibe la satisfacción física y el otro recibe la satisfacción emocional al hacerte sentir bien.

A decir verdad, los encuentros rápidos pueden ayudar a un matrimonio a estar feliz incluso en épocas de estrés. Pueden ser un alivio para algunas esposas, en especial para las madres jóvenes, que están exhaustas por completo y no tienen energía para un encuentro sexual total. Estos encuentros rápidos pueden mejorar las situaciones cuando te encuentras en la casa de un pariente donde los dos tienen que dormir en el sofá de la sala durante una semana, sin ninguna privacidad. ¿Acaso te gustaría estar a toda vela mientras tus suegros se encuentran al otro lado de tu lecho del amor separados por una delgada pared? Es probable que no. Este podría ser el momento perfecto para tener otra variedad de relación sexual.

P: Llámeme tonta (soy nueva en esto de la relación sexual), ¿pero qué es un encuentro rápido?

R: Buena pregunta. Un encuentro rápido es una muestra rápida y satisfactoria de la relación sexual. Es un recurso para cuando no puedes servirte una tortilla completa por diversas razones (tiempo, cansancio extremo, etc.). Hablemos en serio sobre lo que es un encuentro rápido. Puede ser manual (el término común que se refiere a frotar el pene de tu esposo y la región del escroto hasta llevarlo a la eyaculación, o frotar el clítoris de tu esposa para llevarla al orgasmo), puede referirse a la masturbación (tu cónyuge te puede ayudar y está permitido si los dos están de acuerdo), o una rápida relación sexual con el uso de un preservativo lubricado (que puedes conseguir en cualquier supermercado) a fin de evitar todo el lío de la higiene posterior. ¿Ves la diferencia? En uno solo de estos ejemplos existe la penetración.

Debido a la manera en que están diseñados fisiológicamente los hombres y las mujeres, es más común que las esposas les den a sus esposos un encuentro rápido. Como casi siempre las mujeres necesitan al menos treinta minutos para estar de humor, no escucho muy a menudo de mujeres que quieran un encuentro rápido de tres minutos. Ahora bien, en el caso de los esposos, es otra historia muy diferente.

P: Dr. Leman, me estoy volviendo loca por completo. Ayer entré al baño y encontré a mi esposo masturbándose en la ducha. ¿Qué debo hacer? ¡Mi esposo es un pervertido sexual!

R: ¿Qué haces? La próxima vez que encuentres a tu esposo masturbándose en la ducha (o en cualquier parte) quítate la ropa y pregúntale: «Cariño, ¿puedo ayudarte en algo?».

Masturbarse no es el fin del mundo. No te crecerán pelos entre los dedos. No te pondrás senil. Todas esas cosas son redomadas mentiras.

Cerca del noventa y cuatro por ciento de los hombres admite que se masturba. El otro seis por ciento miente en lo absoluto. Muchas mujeres se masturban. La masturbación no tiene nada de malo como acto físico. Es un alivio para la tensión sexual.

Sin embargo, como la imaginación está conectada con la masturbación, puede convertirse en un problema mayor. Míralo desde esta perspectiva. Digamos que tu esposo está listo para la acción, pero puede adivinar que tú no lo estás. Entonces, se ayuda con la mano en la ducha. Si piensa en ti y en lo que le gustaría hacer contigo en el próximo interludio sexual, no hay problema con sus pensamientos. En cambio, si en lugar de pensar en ti, piensa en esa jovencita que acaba de comenzar a trabajar en su oficina, eso es un problema. Además, si tu esposo usa el alivio

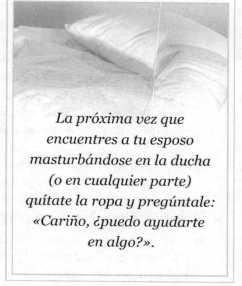

La próxima vez que encuentres a tu esposo masturbándose en la ducha (o en cualquier parte) quítate la ropa y pregúntale: «Cariño, ¿puedo ayudarte en algo?».

sexual de la masturbación para suplir sus necesidades sexuales y luego está demasiado agotado como para chillar contigo, eso es un problema.

Mantén feliz a tu hombre... en cinco minutos o menos

1. Dale un oportuno alivio manual.
2. Dile qué gran esposo o padre es.
3. Haz alarde de él frente a otros.
4. Dile que llegue a casa cuanto antes esta noche, porque tienes algo nuevo que mostrarle.

No eres un simple órgano sexual. Eres un ser humano que puede relacionarse, que tiene corazón, emociones e imaginación. Por lo general, verás que cuando estos aspectos de la relación con tu cónyuge se manejan bien, el impulso a masturbarse se va perdiendo. Si la masturbación se convierte para tu esposo en una sustitución de la relación contigo, puede ser peligroso para tu matrimonio.

Entonces, lo que importa de verdad es en quién y en qué está pensando tu esposo cuando se masturba. ¿Piensa en ti o en lo que le gustaría hacer contigo o en alguna otra cosa, en una fantasía o un deseo que no debería llevarse a cabo? ¿Su masturbación sube la apuesta de desear tener más relación sexual contigo o le quita el deseo sexual para tener juntos las relaciones? ¿De qué manera afecta la masturbación la relación entre ustedes? Estas son las preguntas clave que necesitan resolver como pareja.

P: ¿Está mal que tengamos relaciones sexuales cuando mi esposa tiene la menstruación? ¿Existe alguna razón médica para no hacerlo? ¿Acaso soy demasiado entusiasta o tengo una libido demasiado fuerte por lo cual no soporto esperar?

R: Cada pareja es diferente, y sí, conozco parejas que han tenido relaciones sexuales durante el período menstrual de la esposa. Sin embargo, ¿esto es algo que *de verdad* necesitas o deseas hacer? Los desafío a ti y a tu esposa a pensar en otras maneras de disfrutar la intimidad de la vida matrimonial durante esos momentos. En realidad, muchas de ellas son más placenteras para un hombre que la relación sexual. Si eres uno de esos hombres que siente que la única manera en que puede tener relaciones sexuales es en la posición misionera, entonces debes leer un poco más para ampliar tus expresiones de amor en el matrimonio.

Cinco cosas rápidas que un hombre puede hacer por su mujer

1. Limpia los dos baños y ordena la sala... sin que te lo pidan.
2. Dale un masaje en los pies con su loción perfumada favorita.
3. Prepara a tu pequeñito para ir a preescolar.
4. Llámala para preguntarle si necesita algo del supermercado.
5. Déjale una nota por la mañana para decirle cuánto la amas y la aprecias.

¿Has conversado con tu esposa al respecto? La mayoría de las mujeres no se siente cómoda al tener relaciones sexuales mientras están sangrando. Ese es el momento en la vida de una mujer en la que te dice: «Acurrúcate conmigo, tráeme chocolate, pero no me toques sexualmente».

La mayoría de las mujeres que conozco tiene períodos que duran cinco días. Algunas tienen períodos que duran entre nueve y diez días.

Sé que como hombre te pones juguetón de todas maneras. Lo comprendo. Aun así, en lugar de trepar por las paredes y obligar a tu esposa a participar de algo con lo cual no se siente cómoda, debes amarla y respetarla lo suficiente como para encontrar nuevas maneras de hacer el amor. No te las recetaré.

P: Nunca falla. Mi esposo siempre se levanta «de humor» por la mañana, cuando yo me estoy alistando para ir a trabajar. Entonces, si lo dejo hacer las cosas a su manera, llegaría tarde al trabajo varias veces a la semana. ¿Tiene alguna sugerencia?

R: Debes sentirte afortunada por tener un esposo que te desea de ese modo y que no se cansa de ti. Aliéntalo a ser un amante con el dedo y con la lengua. De este modo, no te ensuciarás ni necesitarás otra ducha, y pueden tener un encuentro rápido que los satisfará a ambos por el momento, hará que piensen el uno en el otro durante el día y que anticipen una sesión amorosa más larga en otro momento.

Los encuentros rápidos están diseñados sobre todo para satisfacer a un marido que está tan juguetón como una urraca en primavera, con poco esfuerzo de tu parte, el enfoque sensato sin suciedad ni desorden para amar a tu esposo y satisfacer sus necesidades. Digamos que sales desnuda de la ducha y te diriges hacia el guardarropa. De repente, te das cuenta de que el Sr. Feliz está bien parado hacia arriba, cantando como una urraca en un abeto. Sin embargo, tienes que alistarte para ir al trabajo, levantar a los niños y llevarlos a la escuela. Entonces, ¿qué haces con este marido deseoso que tienes? Le proporcionas un encuentro rápido. ¿Qué le dices con esto? «Cariño, entiendo tus necesidades. Ahora no podemos hacerlo todo, pero quiero darte algo especial para que aguantes».

Al hacerlo, haces que este hombre aterrice definitivamente en tu cancha. Será tu héroe, tu protector y tu ayuda. ¿No vale la pena un poco de esfuerzo de tu parte?

P: Acabo de dar a luz hace un par de semanas y me hicieron cesárea. Todavía estoy muy dolorida como para tener relaciones sexuales, pero mi esposo se *muere* por algo de acción. Tuve un embarazo difícil, así que no pudimos tener relaciones durante el último mes. ¿Puede darme algunas ideas para hacer feliz al hombre que amo ya que ha tenido tanta paciencia?

R: En momentos como estos, tienes que volverte un poquito creativa. Los dos fueron muy sabios al poner en primer lugar la seguridad de ese pequeño que todavía no había nacido. Además, felicitaciones a tu esposo por ser un hombre tan paciente. El embarazo, el parto y tu menstruación son momentos en los que necesitas un poquito de creatividad para mantener feliz al Sr. Feliz y también satisfacerte a ti misma.

Estos son los momentos en los que debes tener la bondad de darle a tu esposo amorosas expresiones manuales. Aprende a estimularlo con la mano, está muy permitido en el matrimonio, cuando necesita un encuentro rápido para liberar la tensión sexual. Tan solo algo para mantener feliz y satisfecho a tu hombre en el nidito que los dos han construido juntos. Es para estos momentos en los que estás demasiado agotada como para chillar o demasiado dolorida (como ahora).

En el matrimonio, todo apunta a conocer lo que tu amado necesita y a satisfacer esa necesidad de un modo creativo y amoroso. Ahora, ya lo sabes, así que estás lista para un gran comienzo.

Hablemos con franqueza

Seamos sinceros. Hay momentos en el matrimonio en que uno de los dos necesita más satisfacción sexual que el otro. Momentos en que uno de los dos está demasiado exhausto o incapacitado de manera física o emocional para tener un interludio sexual completo. Un esposo y una esposa que estén en sintonía el uno con el otro interpretarán estas señales y subirán la temperatura de maneras creativas. No tengas temor de arriesgarte a intentar cosas nuevas, todo por el bien de la persona a quien amas.

¿Qué nombre le pones a estos juegos rápidos? Usa tu creatividad. Si eres una mujer muy pulcra y necesitas salir para ir a trabajar, ¿por qué no usar un preservativo junto con la estimulación manual para hacer feliz a tu hombre? Él estará eternamente agradecido... y apuesto a que hasta te preparará la cena esa noche.

Si como hombre sabes que tu mujer tiene un interés sexual mayor que el tuyo, reserva algo de energía para un interludio sexual. Complácela y llévala al orgasmo (si eso es lo que quiere ella) con tus dedos amorosos. Colócate junto a ella, encima de ella... usa tu imaginación. Si los dos están de acuerdo, ¡adelante!

10

¿Qué tienes en el menú?

Chispeantes aperitivos y deliciosos postres para tu paladar matrimonial.

Sin duda, estamos de acuerdo en que sobre gustos no hay nada escrito. Como psicólogo que he seguido muchas vidas sexuales durante los últimos cuarenta años, he visto que los apetitos sexuales de un sinnúmero de parejas cambian a lo largo del matrimonio. Muchas parejas que pensaban que nunca pondrían en práctica el acto sexual oral han llegado a un punto en el que se sienten tan cómodos el uno con el otro que este acto sexual es una parte satisfactoria de su relación. No quiero jugar con las palabras, pero pienso que es un gusto que se adquiere.

Luego, tenemos lo que está bien y lo que está mal.

Como me hacen muchas preguntas sobre el acto sexual oral y el acto sexual anal, muchas veces al mismo tiempo, hablaré de ambas cosas en este mismo capítulo, pero ni remotamente se encuentran cerca el uno del otro... por así decirlo. Para algunos de ustedes, la simple idea del sexo oral y el sexo anal es repugnante. Si ese es tu caso, mi sugerencia sería que vayas directamente al siguiente capítulo. No obstante, si eres como la mayoría de la gente y tienes algunas tendencias de voyeurismo, sigue leyendo.

La sociedad de hoy dice que todo es permisible, pero no es así. Existe un punto en el que trazo una línea en la arena y digo que ciertas cosas no son adecuadas. Es el caso del acto sexual anal. No es natural y no es saludable. No pertenece a la preciada relación entre un esposo y su esposa.

Muchas veces, me han atacado por tener esta postura, pero mantengo la línea. Por lo general, el marido es el que lo pide, y la esposa se reprocha en su interior y, luego, consiente como manera de calmar la tormenta. Sin embargo, a ella no le gusta.

Les sugeriría a todas las mujeres que también tracen la línea y se mantengan firmes. En especial, porque ella es la que más tiene que perder. ¿Por qué? En primer lugar, el pene está diseñado para entrar en la vagina, no en el recto. Existe una alta probabilidad de que se produzcan daños en el recto de la mujer debido a los tejidos sensibles que hay allí, y también existe la posibilidad de infecciones bacterianas.

Y por sobre todas las cosas, existe el asunto del respeto. Si esto es algo que no te hace sentir cómoda, ¿por qué tu esposo, que se supone que te ama y que procura lo mejor para ti, te obligará a someterte a esta expresión sexual?

En resumidas cuentas, todo se remonta a lo siguiente: el amor no exige que se hagan las cosas a su manera; de lo contrario, no es amor.

P: Soy una maestra de Escuela Dominical de cincuenta y un años que ha estado fielmente casada durante veintisiete años. Nuestra vida sexual ha estado muy librada al azar, pero leí su maravilloso libro *Música entre las sábanas* con mi esposo, Harvey, y por fin entiende cómo son las cosas. Encontró mi «punto» luego de varios años de búsqueda, así que le debo mi enorme gratitud. Me pone un poco incómoda escribir esto, pero ahora *no veo la hora* de que llegue nuestro próximo encuentro sexual. Y esta primavera seré abuela.

Mi pregunta es la siguiente. Me encantaría practicarle sexo oral a mi esposo, pero no tengo la menor idea de cuál es la forma adecuada de hacerlo. Una vez más, no puedo creer que esté haciendo esta pregunta, pero confío en su juicio. Hasta aquí, usted ha sido de gran ayuda para nuestro matrimonio y nuestra vida sexual. Es la única persona a la que se me ocurriría hacerle una pregunta tan delicada. Si existe alguna manera en que me pueda responder, se lo agradecería mucho.

R: En primer lugar, no existe una manera adecuada de hacer el amor con tu esposo siempre y cuando no se fuerce nada. Sugiero que comiencen solo con palabras cariñosas, besos y abrazos, frente a frente, en cualquier posición en la que se sientan cómodos. Luego, a medida que te sientas motivada, desciende besándole el cuello o el pecho, ráscale los brazos y la espalda y acaríciale el rostro. Desciende hacia la zona genital lo más lento que puedas. Tómate tiempo para hacer pequeñas paradas en algunos hoyos mientras te aventuras hacia el sur. Explora su cuerpo musculoso. (Es probable que no estemos hablando de Brad Pitt aquí, ¿pero a quién le importa? ¡Él es todo tuyo!).

Tenlo presente: esta es solo una manera de hacerlo. Existe toda clase de variedades en esta receta sexual, para los hombres y para las mujeres. Puedes comenzar desde los pies o desde la cabeza. Puedes comenzar frente a frente, desde atrás o desde el costado.

Cuando sea el momento oportuno, acaricia con suavidad al Sr. Feliz, asegurándote que tú eres la que hace los movimientos a esta altura. Este no es el momento en que tu esposo deba entrar y salir, ya que puede extraerte un premolar. Este es el momento para que uses tus delicados dedos, tus labios y tu lengua, no los dientes.

Cuando quieras llevar a ese hombre al clímax, todo lo que tienes que hacer es acariciarle la zona del escroto con una mano, mientras sostienes el pene con la otra y haces suaves movimientos hacia arriba y hacia abajo. Apuesto a que no pasará mucho tiempo hasta que esté sonriente como el gato del callejón que acaba de comerse al canario.

Por supuesto, esta es tan solo una idea para que comiences. Después de todo, es tu esposo, el hombre que Dios te ha dado como compañero para toda la vida. Han criado juntos a los hijos; incluso, pronto serán abuelos. Conoces a este hombre. Entonces, hazle el amor de la manera que más te guste. Si a él no le gusta, te lo dirá. Sin embargo, creo que no le oirás decir ni pío; solo escucharás algunos gemidos y gruñidos de placer.

¡Bon appetite!

P: Mi esposa y yo acabamos de celebrar nuestro trigésimo aniversario. En realidad, el S.O. nunca ha formado parte de nuestra relación, pero me gustaría mucho que ella lo probara conmigo. Cuando se lo sugerí, me miró conmocionada y me dijo que eso no era natural, y que deberíamos seguir haciéndolo como siempre. ¿Pedí algo que está mal? ¿El S.O. está bien o no? Si está bien, ¿cómo puedo hacer que mi esposa se interese en probarlo?

R: Me llamó la atención que llames «S.O.» al sexo oral, para no tener que decirlo con todas las letras; esto me da la pauta de que provienes de un entorno más conservador.

¿El sexo oral está bien?

¿Bien? ¿Estás bromeando? Es fabuloso. Puede ser una de las mejores cosas del matrimonio.

Ahora te daré la mala noticia. No es fabuloso si tu esposa no está de acuerdo. Verás, el sexo oral es un gusto adquirido, y algunas personas no se sienten cómodas practicándolo (tal vez no ahora, tal vez nunca).

Sin embargo, a la vez, he trabajado con cientos de parejas a lo largo de los años que nunca hubieran imaginado, en el día de su boda, que diez, veinte o treinta años más tarde practicarían el sexo oral.

Es muy bueno de tu parte que hayas pensado en mantener fresco el amor entre tú y tu esposa. En cambio, si tu esposa no se siente cómoda con el sexo oral, debes respetar su posición. El amor no exige que se hagan las cosas a su manera. Actuar como un niño de cuatro años y montar un berrinche (aunque dudo que ese sea tu caso, ya que pareces un hombre amable) no te conducirá a ninguna parte. Te sugiero que hagas lo siguiente. Toma a tu esposa de la mano y dile: «Cariño, te amo muchísimo. No puedo creer que hayamos celebrado treinta años juntos. Quiero que nuestro amor siempre permanezca fresco y nuevo. ¿Estarías dispuesta a experimentar conmigo y probar algo nuevo? ¿Podrías tenerlo en

El amor no exige que las cosas se hagan a su manera.

cuenta por amor a mí? Si en cualquier momento te sientes incómoda, podemos detenernos».

Alguien sabio dijo una vez: «La limpieza está cercana a la devoción», y cabe mencionarlo en el sexo oral. Muchas mujeres (y hombres) estarán felices de experimentar algo nuevo si saben que ambos estarán limpios (la clase de limpieza que incluye agua y jabón). Tal vez, tu esposa piense: *Huy, ¿no hacemos pipí por allí?* Entonces, ¿por qué no quitar ese obstáculo en tu experimentación?

Para una mujer es de suma importancia la preparación para la relación sexual: la anticipación, el proceso, la preparación del ambiente. Entonces, ¿por qué no ducharse juntos? Esto puede hacer que el sexo oral sea más agradable al paladar para ambos... y puede conducirlos a algún juego amoroso interesante que les acelere los motores a los dos. De ese modo, ella puede estar segura de que el Sr. Feliz y la pequeña Srta. Encantadora están tan limpios como ella desea.

¿Quién sabe? Tu esposa de hace treinta años puede llevarse la sorpresa de su vida, y puede llegar a encantarle. Y tú puedes llegar a tener la sorpresa de tu vida cuando, algún día, ¡ella misma inicie la acción!

P: Hace veinte años que estamos casados y mi esposo quiere que tengamos sexo anal. Nunca antes lo mencionó, pero ahora, me molesta a cada momento con este asunto. A mí, la idea me pone *incomodísima*. Me parece que es un poco... bueno, rara y hasta pervertida. Sin embargo, ¿qué hago? Es mi esposo. ¿Acaso no tengo que agradarlo?

¿El sexo oral es para ti?

A continuación, responde Verdadero o Falso para descubrirlo.

_____ 1. Estoy ansioso por probarlo.

_____ 2. Mi cónyuge está ansioso por probarlo.

_____ 3. Estoy dispuesto a considerarlo.

_____ 4. Mi cónyuge está dispuesto a considerarlo.

_____ 5. No quiero firmar en la línea de puntos y así quedar comprometido para siempre con el sexo oral, pero desde luego que lo probaré.

_____ 6. Mi cónyuge no quiere firmar en la línea de puntos para compro meterse para siempre con el sexo oral, pero es evidente que está dispuesto a probar.

_____ 7. De ninguna manera probaré el sexo oral.

_____ 8. De ninguna manera mi cónyuge probará el sexo oral.

Entonces, ¿el sexo oral es para ti? A menos que uno de los dos haya escrito una «V» de verdadero en los números 7 y 8, da la impresión de que pueden probarlo. Recuerda: lo importante es que los dos estén de acuerdo en cuanto a lo que sucede en el dormitorio.

R: Me resulta sospechoso que tu esposo tenga este gran deseo después de todos estos años de casados. ¿Ha estado mirando pornografía? ¿De dónde sacó, de repente, la idea del sexo anal?

Creo firmemente que existe un momento en el que hay que trazar la línea entre el sexo bueno y saludable, y el sexo algo pervertido, y el sexo anal cae en esta última categoría (junto con los látigos, el cuero negro, las cadenas, las cuerdas y otros tipos de desviaciones de conductas sexuales).

El sexo anal no solo es contranatural, sino que también puede ser muy perjudicial para el cuerpo de la mujer. Aquí tienes un curso breve de fisiología. ¿Por qué te parece que el clítoris está ubicado en la zona vaginal y no en la del recto? El recto no se diseñó para ser el receptor del pene. El recto y el pene juntos tocan una nota discordante en cualquier orquesta. Por lo tanto, la pequeña zona

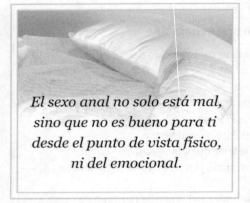

El sexo anal no solo está mal, sino que no es bueno para ti desde el punto de vista físico, ni del emocional.

al norte del recto se diseñó de una forma tan magnífica que cuando el pene y la vagina se unen pueden crear una música hermosa.

Entonces, dicho a boca de jarro, el sexo anal no solo está mal, sino que no es bueno para ti desde el punto de vista físico, ni del emocional. Si tu esposo vuelve a pedirte que practiquen el sexo anal, dile sin rodeos y con sencillez: «No, no tendré sexo anal contigo».

Como parece que le gusta mucho la idea, es probable que no se quede contento ni satisfecho con esa respuesta. Entonces, explícale el porqué.

Si aun así no lo entiende, pregúntale qué es el sexo para él.

Si descubres que tiene toda clase de ideas pervertidas respecto al sexo, es muy probable que esté mirando pornografía, que la haya visto en el pasado o que provenga de un hogar donde estaba expuesto a la pornografía, al sexo pervertido o a actitudes pervertidas.

Es interesante que muchos de los hombres que le exigen el sexo anal a las esposas aprendieran pronto en la vida que el sexo es algo malo y sucio. En ese entonces, mirar a escondidas una revista pornográfica con un compañero le traía gran deleite.

Tal vez, el esposo sienta placer solo en situaciones donde el sexo produce una sensación sucia y mala. ¿No es una vergüenza? Si es así, tu esposo necesita más ayuda de la que tú puedes darle.

Debes decir que no, por tu bien y el de tu esposo. Nunca retrocedas en este aspecto.

P: Mi esposo quiere que trague una vez que tengamos el sexo oral. La simple idea de tragar todo lo que él eyaculó me da deseos de vomitar. Sin embargo, él dice que si lo amo, debo hacerlo... aunque me haga sentir incómoda. Entonces, ¿y qué hay de lo que siento yo?

R: Vaya, vaya, un momento. Tu esposo necesita un curso básico de amor. El verdadero amor nunca exige que las cosas se hagan a su manera. Piensa *primero* en la otra persona y pone *primero* las necesidades del otro. Todas las mujeres son diferentes. A algunas les encanta el sexo oral. Otras lo detestan. ¿Cuál eres tú? ¿Solo participas en la relación sexual oral porque él te obliga a hacerlo o te gusta de verdad?

Y aunque te guste participar en el sexo oral, a ninguna mujer le agrada que la obliguen a hacer algo. A decir verdad, eso es abuso, y debe cesar. La idea de que tu esposo te menosprecie tanto como para presionarte para que tragues lo que eyaculó está completamente fuera de los límites de lo que es el amor. Debes mantenerte firme en este aspecto y decir que no. Explícale con exactitud cómo te hace sentir. Explícale que si ese es el resultado final, ni siquiera tienes deseos de tener más interludios sexuales con él.

Tu marido necesita que se le pongan los puntos sobre las íes. No eres una posesión suya que puede usar como una esclava a su antojo. Eres su esposa, y las decisiones en cuanto a lo que harán o no en la relación sexual tienen que tomarse de común acuerdo.

P: Hace poco, descubrí que a mi esposa le encanta el sexo oral... y a mí me encanta proporcionárselo. El problema es que, cuando yo se lo pido, está demasiado ocupada o no está de humor. Si yo se lo doy a ella, ¿no debería dármelo a mí? ¿Cómo es el asunto?

R: Dicho en pocas palabras, tu esposa es egoísta. Y tú también. En el matrimonio, no se trata de pensar: «Oye, yo te hago esto, entonces, tú debes hacérmelo a mí». Eso es una competencia, ojo por ojo. Eso es béisbol matrimonial, donde cada uno de ustedes juega y lleva la cuenta de todos los tantos en el partido de siete días al que llaman vida. Si piensas que el matrimonio es eso, buena suerte. Terminarás perdiendo.

Aunque para una mujer es más fácil aceptar el sexo oral que darlo, ella también puede aprender a dártelo. Los dos necesitan crecer y aprender a solucionar las aristas competitivas en otras esferas de la vida, además de la relación sexual. Deben encontrar la manera de amarse de modo tal que ambos sientan satisfacción sexual. ¿Eso quiere decir que los dos practicarán el sexo oral en el mismo día? Tal vez sí, tal vez no. A pesar de todo, deben dejar de competir. Ahora mismo. El matrimonio no es un deporte de competencia.

P: Hace nueve años que mi esposo y yo estamos casados, y hace poco, decidimos que queríamos experimentar un poquito más. Nos gustaría intentar con el sexo oral. ¿Cómo comenzamos y qué hacemos?

R: ¿Recuerdas cuando no te gustaban las judías verdes y tu madre te dijo: «Oye, prueba solo una»? También es un buen consejo para este aspecto de la vida. Muy pocas veces he hablado con una pareja que me dijera: «Verá, la primera vez que tuvimos sexo oral nos encantó por completo». Sin embargo, ¿por qué no probar algo nuevo y ver?

Pueden comenzar acariciándose y besando las áreas generales que son especiales para cada uno de ustedes. Para muchas parejas, en especial para las mujeres que tienen más conciencia de su cuerpo, les lleva algo de tiempo habituarse a esto. El hombre puede acariciar el vientre y las caderas hasta llegar al clítoris, para comenzar a producirle placer a la mujer. Cuando a una mujer se le toca, frota, lame o chupa el clítoris en forma suave y delicada, se le puede llevar a un nuevo éxtasis de placer sexual. (Presta atención a la palabra clave: *suave*). La mujer puede cubrir el pene del hombre con su boca, puede soplarlo, lubricarlo con las manos o ponerle un preservativo. Estas son tan solo algunas ideas para principiantes. Sé que pueden ser creativos.

Lo importante es tomarse su tiempo. No se apresuren. Para llegar a ser un gran amante se necesita práctica, mucha confianza y algo de ingenuidad. Además, piensa que tienen el resto de su vida de casados para experimentar. ¡Esto implica bastante diversión!

Hablemos con franqueza

Aquí quiero citar al viejo San Pablo, porque él lo dice de una manera insuperable:

El amor es paciente, es bondadoso. El amor no es envidioso ni jactancioso ni orgulloso. No se comporta con rudeza, no es egoísta, no se enoja fácilmente, no guarda rencor. El amor no se deleita en la maldad sino que se regocija con la verdad. Todo lo disculpa, todo lo cree, todo lo espera, todo lo soporta. El amor jamás se extingue.

1 Corintios 13:4-8

¿Qué quieren decir estas antiguas palabras? ¿Palabras que han soportado la prueba del tiempo durante generaciones y generaciones de matrimonios? El amor no exige que se hagan las cosas a su manera. ¿Tú exiges que se hagan a la tuya?

11

Y, entonces, tuvimos hijos

Cómo mantienes feliz al Sr. Feliz, mantienes a raya al batallón de los pequeños malmandados y permites que la mujer de velcro tenga todavía una buena noche de sueño.

No cabe duda alguna. Los hijos cambian la dinámica de una familia. Por eso, siempre les digo a las parejas que si uno de los dos no está listo todavía para tener hijos, no los tengan. Ambos deben estar de acuerdo y unidos para agarrarse fuerte como padres.

Cuando los hijos entran en escena, hay menos tiempo como pareja, menos horas de sueño, más actividad, más estrés. En la mujer se producen cambios físicos debidos al embarazo, la lactancia y el agotamiento. (¿Sabes cuánto juega en contra el agotamiento en el interés por la relación sexual de una madre joven?) Por esta razón, un padre joven debe ser consciente de la cuota que le cobra todo este caos y este agotamiento a su mujer, a fin de brindarle ayuda adicional. Por su parte, la madre joven debe reservar algo de energía para su esposo. Los dos deben ser creativos para encontrar tiempo para el otro y mantener su relación como prioridad (a pesar de todas las necesidades de tu pequeño perturbador).

Después de todo, cuando terminen de criar a los hijos y ellos se vayan de tu casa, ¿quiénes quedan? Ustedes dos, mirándose el uno al otro.

P: Mi esposo y yo no nos ponemos de acuerdo en cuanto a tener hijos. Él está listo y dice que quiere tener cuatro (en su hogar eran cinco hijos; dice que eso es demasiado, pero que uno menos estaría bien). Yo preferiría esperar algunos años más y tener dos hijos (yo soy hija única y siempre quise tener un hermano). ¿Cómo podemos llegar a un acuerdo?

R: Este es un asunto muy importante que merece mucha discusión antes de que cualquiera de los dos tome una decisión. Como ya sabes, hay algunas discrepancias muy grandes entre la manera de pensar del uno y del otro. Tener hijos es un cambio tan grande que ambos deben estar de acuerdo antes de avanzar en esa dirección. Como madre, tu compromiso será mucho más integral que el de tu esposo cuando los niños sean pequeños. Él no tiene senos, así que no puede ayudar en el departamento de amamantamiento. Tú serás la que esté de turno durante largas horas del día o de la noche, solo porque eres la que tiene el equipo. Sin embargo, esto no quiere decir que él no deba ayudar con todo lo que pueda.

¿El padre de tu esposo ayudaba en su hogar? ¿Su madre era la que hacía la mayor parte del trabajo en la casa? Esto te dará mucha información en cuanto a lo que puedes esperar cuando tengas hijos. Los viejos hábitos (en especial, los que se viven en el hogar de la niñez) son difíciles de cambiar.

Permíteme ser franco. Los hijos, en particular el batallón de los pequeños malmandados, agotan por completo la energía de la mujer más fuerte de todos los tiempos. Cuando tienes hijos, el mayor enemigo que tendrás de la vida sexual con tu esposo será el agotamiento. ¿Tu esposo entiende que algunas veces estarás demasiado cansada como para tener *cualquier clase* de interludio sexual?

Para una madre joven, el día y la noche es lo mismo. No terminan... durante años. Los niños no tienen conciencia social. No

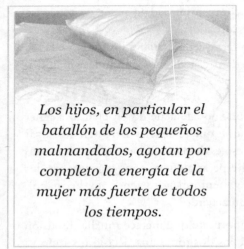

Los hijos, en particular el batallón de los pequeños malmandados, agotan por completo la energía de la mujer más fuerte de todos los tiempos.

les importas tú; solo importan ellos. Salen de la matriz siendo hedonistas. Quieren que los alimenten, que los tengan en brazos y que les cambien los pañales... ahora. Si a esto le añades un bebé con cólicos, estarás al borde de un ataque de nervios.

No me entiendas mal. Los hijos son maravillosos. Tengo cinco y viví para contarlo. No cambiaría a ninguno de ellos por nada del mundo. Aunque, también, representan mucho trabajo.

Tanto tú como tu esposo deben estar listos para asumir esa clase de compromiso.

P: Hace un mes, mi esposa dio a luz y no tiene ni el más mínimo interés en la relación sexual. ¿Esto es normal? ¿Debo preocuparme?

R: Te lo diré sin rodeos. Por muchas razones, los médicos aconsejan esperar al menos entre seis y ocho semanas para tener relaciones sexuales. Tu esposa acaba de atravesar un suceso increíble: una de las experiencias más traumáticas y felices de su vida. Luego de haber estado exhausta (y es muy probable que con náuseas y vómitos matutinos) durante los últimos nueve meses, experimentó lo que es dar a luz, y ese pequeñito de unos cincuenta centímetros de largo, que no cesaba de patear en su vientre, ahora está sobre su pecho.

¡Bienvenido al mundo de la maternidad! Llegar a término con un bebé en el vientre y pujar durante todas esas horas es agotador por completo. (He oído que se compara con correr un maratón de veinticuatro horas durante nueve meses, y toda mujer que conozco está de acuerdo con esto). Sin embargo, ¿sabes una cosa? Los próximos dieciocho años serán extenuantes. Los niños son pequeños hedonistas chupa sangre, y agotarán hasta la última gota de tiempo y energía de tu esposa. Así son los niños.

Apuesto a que si tienes paciencia alrededor de un mes más (a las mujeres les lleva al menos entre seis y ocho semanas recuperarse de un parto natural; cuando hay una cesárea, la recuperación puede llevar más tiempo), es probable que veas algo de acción. Con todo, hay una amplia gama de períodos entre una pareja y otra, después que tienen un hijo. Algunas parejas vuelven al ritmo habitual al cabo de las siete semanas; otras no tienen relaciones sexuales durante siete meses después del nacimiento de su bebé. Lo importante es que juntos se pongan de acuerdo al respecto, porque hay muchas variables: la clase de experiencia que tuvo tu esposa con el nacimiento, la salud del bebé, cómo se alimenta el bebé, cuán grande es tu sensación de haber quedado fuera, etc.

No obstante, déjame darte un consejo como esposo. Este es un momento clave en tu matrimonio. Si tu esposa sufre de depresión posparto (como les sucede a muchas mujeres después de la increíble caída de hormonas), esto puede poner a prueba la relación entre ustedes. El embarazo fue un tiempo en el que los dos se acercaron más; ahora, tu esposa está abrumada por completo. Es probable que le hayan practicado una episiotomía o una cesárea. En cualquiera de los casos, se está recuperando de una cirugía, ¿y tú estás pensando en el sexo? ¿Te das cuenta de lo que quiero decir?

Debes entender que con este cambio en tu familia, tu esposa estará agotada por completo, no de vez en cuando, sino la mayor parte del tiempo. Mientras ese pequeñín de cincuenta centímetros crece para convertirse en párvulo, demandará mucha atención y consumirá la energía que tu esposa solía reservar solo para ti.

Ahora, más que nunca, es tu oportunidad de ser su caballero con brillante armadura. Asegúrate de que tu esposa descanse mucho. Dile: «Cariño, yo me ocupo del bebé. ¿Por qué no te recuestas y duermes una siesta?». Dale tiempo para ducharse en paz, sin preocuparse si uno de los niños se cae por la escalera. Sácale un turno para que vaya a cortarse el cabello y a arreglarse las uñas, mientras tú te quedas en casa con los niños.

El Sr. Feliz también tendrá un beneficio. Estará más feliz si eres amable y compasivo con tu esposa. Entonces, en lugar de molestarla para que tenga relaciones sexuales, ayúdala y atiéndela. Déjala descansar, dale tiempo para sí misma. Las cosas no serán iguales a partir de este momento. Serán diferentes. Hay más miembros en tu familia.

El objetivo es hacer que tu esposa piense cada día: *¡Vaya! Soy muy feliz por haberme casado con este hombre. ¡Qué tipo tan grandioso!*

P: No estoy muy segura de lo que debo hacer. Estoy exhausta después de quedarme despierta casi todas las noches con nuestra bebita que tiene cólicos desde que nació, hace cinco meses. Lo único que tengo en mente es dormir, en los pocos minutos que puedo hacerlo. Mi esposo se está volviendo malhumorado y quejoso. Dice que nunca le doy nada (se refiere al sexo) y que tampoco le presto atención. ¿Es que no puede ver lo agotada que estoy? ¿Siempre tengo que ser yo la que le dé todo a esta relación?

R: Permíteme comenzar con una historia. Imagina un salmón de costado en el agua río arriba, jadeando y a punto de dar su último suspiro. Seis extraños se reúnen alrededor del salmón exhausto y le dicen: «Puja tan solo una vez más, cariño. ¡Ya casi terminamos!». Hace cinco meses, te parecías mucho a ese salmón al dar a luz a ese precioso paquetito que ahora te demanda tanto tiempo.

A decir verdad, no necesitas un segundo hijo (tu esposo). Él tiene que entrar a la cancha y ser un hombre, no un bebé. Eso quiere decir que debe ser una ayuda para ti; debe ayudar con el bebé, hacer las tareas del hogar, preparar comidas, estar atento a tus necesidades y tomar conciencia de tu nivel de agotamiento.

Sin embargo, no creas que tú te sales con la tuya. Debes ser muy lista y debes darte cuenta de que tu esposo necesita y anhela tu atención. No puedes postergarlo para siempre.

A fin de tener algo de energía para él y mostrarle que es importante en tu mundo, encuentra una persona que te apoye. La abuela es fabulosa, si vive cerca; las buenas amigas y las niñeras de confianza también pueden ayudar. Cuando tu bebé se duerme, *vete* a dormir. Créeme, las tareas del hogar, los platos y las llamadas telefónicas siempre estarán. La relación con tu esposo debe estar en primer lugar.

P: Sé que la relación sexual es importante, pero siempre hay tantos quehaceres, que cuando termino con todo, estoy tan cansada que lo único que quiero es dormir. Y no soy la única. Mi esposo admite que se siente de la misma manera. Su trabajo es muy demandante en este momento. Entonces, ¿habría algún problema si dejáramos la relación sexual en espera por algún tiempo? ¿Al menos, hasta que crezcan los niños?

R: Admito que hay noches en el matrimonio Leman cuando mi cabeza toca la almohada y digo: «Sexo». La cabeza de mi esposa toca la almohada y dice: «Sexo». Y entonces, como ya «tuvimos sexo», nos vamos a dormir.

Seamos sinceros. La vida tiene mucho ajetreo. Con la agenda de él, la de ella y las múltiples actividades de los niños, las parejas no se toman el tiempo que debieran para estar juntos.

No obstante, si tu matrimonio te importa (y así es, o de lo contrario no estarías leyendo este libro), debes luchar por él. Esto quiere decir que debes hacerte tiempo. Busca una niñera y salgan tú y tu esposo una vez a la semana. Incluso, de vez en cuando deben gastarse unos pesos en un hotel.

«Ay, por favor, Dr. Leman, qué recomendación tan extravagante es esa», podrán decir algunos. ¿Sabes lo que les diría? «Oigan, ustedes tienen un televisor de plasma con todo su equipo. Gastan dinero en todo lo que existe bajo el sol. ¿Por qué no invierten en la relación con su esposo o su esposa?».

Y de paso, muchos de ustedes, padres, parecen sentir el impulso de asegurarse que sus hijos sientan que son el centro del universo. Por eso los llenan hasta el tope de actividades que los mantienen a ustedes corriendo para que ellos puedan «tener éxito». Permíteme hacerte una pregunta: si tus hijos son el centro del universo, ¿qué lugar queda para el Dios todopoderoso? ¿Y dónde queda lugar para que ustedes tengan una vida sexual saludable como pareja? Esos hijos van a dejar el nidito algún día; pero antes, pueden despedazarte.

Años atrás, acuñé la expresión: «Hemos visto al enemigo y son pequeños». Los niños pueden consumir cada partícula de energía que sale de tu cuerpo. Hazte tiempo, tómate tu tiempo para cuidar el territorio de tu pareja; ponlo como una prioridad. Esta es la que durará para toda la vida.

Admito que hay noches en el matrimonio Leman cuando mi cabeza toca la almohada y digo: «Sexo». La cabeza de mi esposa toca la almohada y dice: «Sexo». Y, entonces, como ya «tuvimos sexo», nos vamos a dormir.

P: Soy una madre que no trabaja fuera de su casa. Hago todas las tareas que mantienen en funcionamiento una casa... tareas que, sin duda alguna, son invisibles para mi esposo. Cuando regresa a casa del trabajo, espera que yo caiga sobre mis rodillas para adorarlo como a un dios (está bien, esto es una exageración, pero algunas veces parece que es así), que esté vestida como una diosa (después de un día en el que he estado doblando ropa, limpiando baños y vómitos), y que esté lista para el amor. ¿Cómo puedo hacerle entender que soy una persona valiosa y que tengo un trabajo REAL, uno de veinticuatro horas y que, algunas veces, como le sucede a él también, estoy demasiado cansada como para estar juguetona?

R: Seamos francos. Una de las tareas más difíciles para las mujeres, que tienen tanta tendencia a relacionarlo todo y a ver el cuadro completo, es priorizar. Hay algunas cosas que no pueden dejar de hacerse y otras que sí (o que no tienen tanta prioridad como tú les das). Entonces, ¿qué tal si se acumula un poquito de tierra en los rincones de tu casa o si te ayudas con hamburguesas con pepinillos para la cena en lugar de hacer la sopa casera que habías planeado? ¿Alguien se morirá? (Bueno, tal vez sería una posibilidad si todo el tiempo consumen el sodio y los conservantes que traen las hamburguesas). Debes dejar de sentirte culpable por lo que no puedes hacer y debes concentrarte en lo que puedes hacer.

Ahora, permíteme hablarle a ese marido tuyo, de hombre a hombre. Señor, si tu esposa no está feliz, es por tu culpa. Debes entrar a la cancha y ser un verdadero hombre. Un líder. Ponte en el lugar de tu esposa para ver cómo mira la vida y qué necesita a diario. Por un día, no vayas a trabajar y quédate en casa para hacerte cargo de todo, de los niños, del teléfono, de las compras y de cualquier otra cosa que se encuentre en su lista, mientras que ella va a relajarse al balneario, sin tener el celular a mano. Apuesto a que a eso de las once de la noche, cuando por fin ella llegue a tu casa radiante, tú estarás arrellanado en tu tumbona exhausto por completo, la sala estará toda desordenada y habrá platos por todas partes en la cocina.

¿Qué clase de ayuda necesita tu esposa? ¿Qué puedes hacer que no estás haciendo? ¿Tendrías que contratar a una niñera una vez a la semana o una persona que limpie la casa? Sé lo que estás pensando. Después de todo, yo también soy un tipo ahorrativo: «Pero Dr. Leman, eso cuesta dinero». Bueno, también costó dinero tu tumbona y el televisor. ¿Y cuánto aportan esas cosas a tu matrimonio? Si quiere hablar contigo, ¡tu esposa tiene que esconder el control remoto!

Si le ayudas a priorizar, si te ocupas de algunas de las cosas que hay que hacer en la casa y que casi nunca las haces, y logras que se sienta especial con algún cuidado amoroso extra, ten cuidado. Es probable que en cualquier momento te baje los pantalones.

P: Antes de ser madre, todas las otras madres que conocía me decían (riendo) que era un trabajo de veinticuatro horas, sin fines de semana, ni descansos a la vista. No les creía del todo. Ahora, hace cinco años que entré en el mundo de la maternidad y tengo dos hijos de tres y cuatro años. Incluso trabajo medio día, mientras ellos están en el preescolar. Cuando llego a la noche, preparo la cena y la pongo sobre la mesa, me encuentro en un estado de estupor tal que ni siquiera puedo comer. Entonces, entra mi esposo y me mira con ese gesto de «ven aquí». ¿Es egoísta que quiera tener algo de tiempo para *mí*, como un baño caliente... a solas?

R: Vaya, tú sí que tienes demasiadas cosas en la agenda. Niños pequeños y aparte un trabajo de medio tiempo. No es para menos que estés cansada. ¿No hay manera de que dejes tu trabajo para tener algo de tiempo para ti cuando los niños estén en el preescolar?

Quiero que esto quede muy claro: toda mujer necesita tiempo para sí misma. A las mujeres como tú las llamo «Mujer Velcro», debido a que todo se te pega a ti y todos quieren una parte de ti. No es para menos que, algunas veces, te sientas hecha polvo. Ninguna persona puede estar de turno día tras día, las veinticuatro horas del día, sin volverse un poquito chiflada. Al fin y al cabo, tu esposo dedica unas ocho o diez horas al trabajo, ¿y después qué? ¡Regresa a casa! Tú también mereces un descanso.

El truco es que tendrás que hacerte cargo de esa responsabilidad, porque nadie más lo hará. Para ti es muy fácil hacerte cargo de todo. Entonces, confecciona un plan. Pregúntale a algunas amigas o vecinas de confianza si quieren crear una cooperativa de cuidado de niños: «Oye, yo te cuido los niños los martes y tú cuidas los míos los jueves». Comienza a repartir listas de cosas que los miembros de tu familia pueden hacer. Hasta los niños pequeños pueden asumir responsabilidades por algunas cosas.

Para los esposos que tienen esposas que no trabajan fuera de la casa

Sabes que fue un mal día cuando...

- llegas a casa y te encuentras con que los niños encerraron a mamá en el sótano.
- no hay olor a comida en el aire.
- tu esposa todavía tiene puesto el pijama a las cinco y media de la tarde.
- no reconoces la sala de estar.
- te das cuenta de que el perro hizo sus necesidades sobre la alfombra y nadie se ha molestado en limpiar.
- los niños gritan: «¡Llegó papá» y mamá grita desde la cocina: «¡Gracias, Señor Jesús!».
- te das cuenta de que en tu palo de golf número siete hay mantequilla de maní y que se te perdió el *putter*.
- encuentras una nota sin terminar dirigida a ti que comienza: «No podía soportarlo más...».
- le preguntas a tu esposa: «Cariño, ¿qué hay para cenar?» y ella dice: «Fíjate entre los almohadones del sofá».

Dedica tiempo para hacer algo *a solas*, ya sea trotar por el vecindario, pintar un escritorio antiguo o mirar los pajaritos. Todos en la familia cosecharán los beneficios a través de una diferencia en tu actitud... y eso incluye a tu esposo, que estará encantado con el nuevo camisón transparente que acabas de comprarte solo para él.

P: Seré muy sincero. Espero no meterme en problemas (así que voy a enviar esto antes de que lo vea mi esposa). Desde que mi esposa y yo adoptamos a nuestro bebé, ella no tiene tiempo para mí. Siempre es el bebé, el bebé, el bebé. Es como si esta pequeñita hubiera entrado en nuestras vidas y hubiera tomado el control. No hay relación sexual ni nada. ¿Estoy loco? También es mi bebé, pero admito que estoy un poquito celoso.

R: Como varón, puedo entender lo que dices. Hasta ahora, has estado sentado en el asiento delantero, el del conductor, de tu relación. De repente, te encuentras en el asiento trasero, solo en lo absoluto, y tu bebé se encuentra en el asiento delantero, acurrucada con tu esposa.

Eres sincero. Nadie te puede reprochar por esto. Lo que dices es que necesitas algo de atención. ¿Y sabes una cosa? No hay problema si lo admites. ¿Le has dicho a tu esposa cómo te sientes y que la extrañas? «Cariño, estoy muy feliz de que Nadia haya entrado en nuestras vidas. Esperamos mucho tiempo, y es muy, pero muy especial. La amo mucho y sé que tú también la amas. A pesar de eso, debo decir que te extraño. Extraño el tiempo que pasábamos juntos. Algunas veces, me siento solo y, por más extraño que parezca, estoy un poquito celoso por todo el tiempo que ella pasa contigo. ¿Podemos pensar cómo dedicar un tiempo para nosotros? ¿De qué manera te puedo ayudar para que esto sea posible? ¿Qué puedo hacer para que tu trabajo sea más fácil?».

Cuando una mujer está agotada por el cuidado que debe brindarle a un bebé (o a cualquier niño), la última cosa que quiere en la noche es ese ligero roce en el pie para enterarse de que el Sr. Feliz ahora está erecto y listo para el despegue del cohete. Lo único que quiere oír una mujer en medio de la noche es: «Cariño, yo me levanto y me ocupo del bebé».

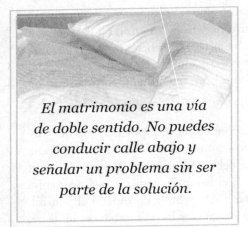

El matrimonio es una vía de doble sentido. No puedes conducir calle abajo y señalar un problema sin ser parte de la solución.

¿Estás dispuesto a hacerlo? Si quieres que tu esposa esté lo más fresca posible y deseosa de meterse en la cama contigo, estarás dispuesto.

Además, toma nota: ¿Hay algún momento en el día en que tu esposa parezca más interesada en la relación sexual? ¿Hay un día de la semana en que esté más interesada que los demás? ¿Podrías estar en casa para el almuerzo para retozar un poco? ¿Y por la tarde? ¿Podrías disponer de una hora para ir a tu casa durante la siesta del bebé?

El esposo inteligente sabe que el enemigo número uno de la vida sexual de él y de su esposa es el agotamiento. El esposo inteligente es el que habla con su jefe y después le dice a su esposa: «Me tomaré el viernes libre para que puedas ir de compras y puedas salir a almorzar con tu hermana. Ya arreglé todo. Te mereces un descanso de la bebé y no veo la hora de estar un rato con ella».

¿Qué le dices a tu esposa al hacer esto? «Cariño, te amo tanto que estaría dispuesto a hacer cualquier cosa por ti».

Como puedes ver, todos los días tu esposa te pregunta: «¿Me amas de verdad? ¿Te importa mi vida?». ¿Y cómo te parece que se recibe la respuesta a estas preguntas? Mediante tus acciones. Estas hablan más fuerte que las palabras.

Las pequeñas cosas significan mucho. Las mujeres necesitan y merecen tiempo libre. Tal como sucede con los hombres.

El matrimonio es una vía de doble sentido. No puedes conducir calle abajo y señalar un problema sin ser parte de la solución. El esfuerzo conjunto por encontrar tiempo para los dos edificará la intimidad y la unión en la relación matrimonial. Puedes recuperar tu relación sexual llena de vida. Al fin y al cabo, no había desaparecido; solo estuvo de vacaciones durante algún tiempo.

Hablemos con franqueza

Habrá momentos en los que estés a punto de caerte muerto de cansancio como padre. Sin embargo, no puedes perder el tiempo que pasas con tu cónyuge. Si duda, la calidad y la cantidad de ese tiempo puede ser diferente a lo que era antes, cuando estaban los dos solos y se tomaban de la mano durante una cena romántica. Es probable

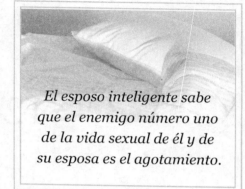

El esposo inteligente sabe que el enemigo número uno de la vida sexual de él y de su esposa es el agotamiento.

que ahora tengan más encuentros rápidos, deban hacerse una escapadita de una noche a un hotel (de modo que no haya nadie golpeando la puerta para pedir agua), y es probable que tengan que soñar con los días en los que podían tomarse su tiempo para tener relaciones sexuales sin apuro. Vale la pena mantener fuerte la relación sexual, tanto por ti *como* por tus hijos.

¿Sabes cuánto les afecta tu vida sexual a los hijos? Puedes engañar a los adultos, pero no a tus niños. Ellos tienen un radar incorporado. Saben que las cosas no andan bien entre mamá y papá, presienten esa desconexión. Ven el enojo en el rostro de mamá cuando papá viene por la espalda para darle un abrazo y ella gruñe: «Ahora no. ¡Estoy ocupada!». Presentirán la frialdad de papá hacia mamá. Se darán cuenta de todas estas pequeñas cosas y se las tomarán a pecho. Entonces, los hijos comenzarán a sentirse inseguros, incómodos. Se preguntarán, aunque no lo expresen en voz alta: *¿Cuánta estabilidad tiene nuestra familia? ¿Mamá o papá siempre estarán aquí conmigo?*

Lo mejor que puedes hacer por tus hijos, al proporcionarles un ambiente familiar amoroso y estable, es tener una vida sexual saludable con tu cónyuge. Es bueno para todos en la familia.

12

¡Chitón! ¡Es un secreto!

Por qué los buenos comunicadores tienen una mejor vida
sexual.

¿**S**abías que, en promedio, las mujeres usan tres veces y media
más palabras que los hombres? ¿Sabes lo que esto quiere
decir? Cuando los esposos llegamos al final de nuestro día
de trabajo, ya hemos agotado nuestra cuota de palabras... y tener una
relación con el control remoto parece increíblemente bueno. No nos
hace preguntas, no se enoja si no hemos realizado una tarea o no
contestamos una pregunta de determinada manera.

Por eso, cuando ustedes las esposas nos hablan de algo, no es que
no las escuchemos ni que no deseemos escucharlas. Por lo general, es
que no estamos equipados para *responderles* al instante. Es probable
que nos lleve algún tiempo procesar la información. Y ustedes son tan
verbales que ya están tres párrafos adelante antes de que nosotros nos
enganchemos.

Entonces, no es para menos que, a mitad del proceso, escuchemos un gran suspiro de irritación y luego: «¿Me estás escuchando?». Sí, claro que estamos escuchando... más o menos... pero también nos estamos relajando después del trabajo.

Lo interesante es que los estudios científicos prueban que una mujer tiende más a la relación y es mejor en la comunicación que su equivalente masculino. En realidad, tiene más fibras conectivas que un hombre entre el hemisferio verbal y el emocional en su cerebro. Esto quiere decir que los sentimientos y los pensamientos de una mujer se desenvuelven con rapidez, como si estuviera en un carril rápido, pero el hombre tiende a ir a paso de tortuga, como si arrastrara los pies por un camino de tierra. A la larga, sus pensamientos alcanzarán a los de la mujer, pero esto puede suceder después de varios kilómetros.

> *Los sentimientos y los pensamientos de una mujer se desenvuelven con rapidez, como si estuviera en un carril rápido, pero el hombre tiende a ir a paso de tortuga, como si arrastrara los pies por un camino de tierra.*

Durante los kilómetros que están en el medio es donde ustedes las mujeres tienden a exasperarse. En resumidas cuentas, son muy excelentes para expresar sus sentimientos y saltar de un tema al otro, ¿quién puede culparlas por poner los ojos en blanco cuando todo lo que reciben de su hombre es «un gruñido»?

Como el flujo de palabras de una mujer es mucho mayor que el del hombre, nosotros también (para ser sincero) algunas veces cambiamos de sintonía cuando nos sentimos abrumados. Los hombres queremos los hechos, no la información con pelos y señales (a menos, por supuesto, que se trate de cómo montar el último motor de autos o cómo resolver los problemas para cargar el videojuego *Battlefield 2142*).

Como ya lo he dicho, los hombres y las mujeres son diferentes. Tal vez ayude saber que las necesidades más importantes de una mujer son:

1. Afecto (que traducido es: abrazos, besos, tomarse de la mano, que le froten la espalda; sin relación sexual)
2. Comunicación abierta y sincera
3. Compromiso con la familia

Ah, entonces no debemos asombrarnos de que las esposas se molesten tanto cuando los esposos no podemos seguirles el tren verbal. A los hombres nos resulta difícil hablar, no estamos acostumbrados a hacerlo. Cuando uno de nosotros intercambia un gruñido con otro hombre, hemos tenido toda una conversación. Sin embargo, ¿esto quiere decir que no podemos tenerla? No, solo necesitamos una buena maestra. Y ustedes, mujeres, son las mejores en lo que saben hacer.

No obstante, ¿sabías que la mayoría de las parejas pasa el uno por ciento de su relación sexual conversando y el otro noventa y nueve por ciento haciendo el amor? ¡Se lo están perdiendo! Creo que la división ideal sería el noventa por ciento conversando sobre la relación sexual y el diez por ciento participando en una actividad sensual e íntima. Si quieres saber por qué, sigue leyendo.

> *La mayoría de las parejas pasa el uno por ciento de su relación sexual conversando y el otro noventa y nueve por ciento haciendo el amor.*

P: En los últimos tiempos, mi esposa no ha estado de humor para las relaciones sexuales y no puedo imaginar qué le sucede. Me siento rechazado de verdad. Aun así, me da mucha vergüenza preguntarle directamente qué le sucede.

R: Aunque algunas parejas lo hacen, a muchas parece resultarles difícil conversar. Por más que esto parezca una locura cuando se ve escrito con claridad, sabes a qué me refiero, porque lo vives. Sin embargo, necesitas hablar esto con tu esposa.

Para comenzar, puedes decirle a tu esposa: «Cariño, he notado que de un tiempo para acá no pareces estar de humor para tener relaciones sexuales. Puedo equivocarme, pero tengo la impresión de que no estás tan interesada en mí como solías antes. ¿Hay algo de lo que quieras conversar?». Un enfoque así suaviza la acusación y el enojo.

No puedes suponer de inmediato que tú seas el del problema. Es probable que tu esposa esté estresada, abrumada por su trabajo o por los niños y sus actividades, que esté atravesando una depresión o que tenga cambios hormonales. También existe la posibilidad de que esté molesta contigo y sienta que no puede decir nada. Cualquiera que sea la razón, ¿no es hora de que te enteres para que puedas enfrentar la situación antes de que se convierta en algo más serio?

Este es el momento para ser el esposo que tu esposa necesita y para dejar de lado tu vergüenza y hablar con tu esposa.

P: Solíamos conversar muy a menudo. Solíamos tener relaciones sexuales varias veces a la semana. Ahora, tenemos tres hijos de nueve, doce y catorce años de edad. Nunca conversamos, al menos los dos solos, y tampoco tenemos relaciones sexuales. En realidad, extraño ambas cosas. ¿Puede darme algunas ideas para recuperarlas?

R: Si extrañas la conversación y la relación sexual, ¡búscalas! Mejor aun, combínalas. El tiempo que dediquen para ustedes como pareja es mucho más importante que correr detrás de las múltiples actividades de tus hijos. Pueden mejorar la vida sexual si comienzan mejorando la comunicación.

Pongan como prioridad todas las noches sentarse juntos y conversar durante algunos minutos, ustedes dos solos. Y al decir esto, no me refiero a que hablen los dos *al mismo tiempo*. Quiero decir que *conversen*. Los dos deben ponerse de acuerdo en que mientras habla uno de los dos, el otro no interrumpirá. Por ejemplo, tú hablas y tu esposo te presta toda su atención (como lo haría si estuviera tratando de cortejarte durante el proceso del noviazgo). Luego, una vez que terminas de decir lo que tenías que decir, él dice lo que te escuchó decir.

Es posible que acierte. Tal vez esté equivocado. Si no lo entendió bien, tú se lo aclaras cuando él termine de hablar: «Eso no es lo que quise decir con exactitud. Lo que quise decir fue...».

La clave es que hable una persona a la vez, mientras la otra esté comprometida por completo a escuchar.

De paso, uno de los mejores lugares para conversar es la tina del baño, sin barreras entre ustedes dos. Ahora bien, si eres igual que yo, como un sapo junto al estanque, o si tienes algunos dólares en el bolsillo y puedes tener un *jacuzzi*, mucho mejor. Pueden relajarse con comodidad mientras conversan. El agua tibia tiene algo que erosiona los filos de una discusión. Además, puede conducir a otras cosas también...

No hay razón por la que ustedes dos no puedan tomarse algún tiempo para ustedes mismos, en especial cuando los hijos ya tienen edad suficiente como para servirse solos del refrigerador. Lo mejor que pueden hacer es poner un buen cerrojo en las puertas del dormitorio y del baño. Ninguno de los dos estará de humor para tener relaciones sexuales si tiene temor de que su adolescente entre y los descubra en plena gloria en cualquier momento.

La cuestión es encontrar un lugar en el que puedan conversar cara a cara, sin interferencias y de una manera respetuosa. Si lo hacen, podrán aprender lo que muchas parejas jamás aprenden: a comunicarse de manera respetuosa y amorosa.

La buena comunicación es una de las claves para abrir el camino a una buena relación sexual en el matrimonio. En realidad, no se puede tener una, al menos a largo plazo, si no se tiene la otra. En cambio, si las combinan, se encontrarán detrás de esa cerradura recién instalada en la puerta del dormitorio con mayor frecuencia de la que soñaran jamás.

P: Somos una pareja dedicada a nuestras profesiones y siempre hemos estado felices viviendo de esa manera. Sin embargo, en los últimos tiempos, me he sentido vacío. Extraño a mi esposa y extraño la diversión de nuestra vida sexual desde que un ascenso la ha enviado a viajar por todo el país. La respeto y no quiero que retroceda de lo que ha logrado, pero me siento solo. ¿Cómo puedo decírselo sin hacerla sentir culpable (ya que no lo merece)?

R: Piensa en tu esposa que trabaja fuera de la casa y que viaja, como si fuera una madre que se queda en casa con tres pequeños. Sin embargo, en cambio, la gente con la que trata tu esposa son vicepresidentes, gerentes y otras personas del mundo de los negocios en las firmas donde trabaja. Así como esos enanitos perturbadores pueden succionar la energía de una madre, la increíble presión de alguien con una posición encumbrada (tanto hombres como mujeres) puede tener el mismo efecto sobre la energía, la libido y el comportamiento en general.

Entonces, ¿por qué no planear algo de espontaneidad durante los momentos en que tu esposa está en casa? Llévala a cenar y después a un bonito hotel para pasar la noche (empaca su maleta, así no tiene que hacerlo ella, que ya bastante lo hace). O, como está tanto tiempo fuera, ármale su propio balneario en el hogar. Velas, aceites para baño, toallas limpias recién sacadas de la secadora, todos estos elementos son maravillosos para crear un ambiente y hacer que una mujer diga: *En realidad, él me ama.*

Como tienes suficiente tiempo para estar solo, tienes suficiente tiempo para planear algunas cosas. Programa un masaje que le quite algo del estrés de su vida agitada. Luego, paga el masaje por adelantado, así ella solo tiene que relajarse.

El mundo de hoy es ajetreado y muchas parejas ejercen sus profesiones a la par. Leslie y Brian, una pareja que conozco, viajan los dos. Ella pasa dos semanas al mes en Hong Kong; él está una semana en Londres todos los meses. Sin embargo, se las arreglaron para conseguir que sus agendas coincidieran de modo tal que puedan estar fuera las mismas semanas. Durante las dos semanas que están juntos, se concentran en el tiempo como pareja y hacen cosas divertidas cuatro noches en la semana, ellos dos solos. Las otras noches, las dejan como tiempo para sociabilizar con sus amigos.

Te puedo asegurar que tu esposa ya se siente culpable por el cargamento de cosas que no puede llegar a hacer. No necesita una dosis extra de tu parte. Por lo tanto, la manera en que te acerques a ella será de suma importancia.

Tal vez podrías comenzar con algo así: «Queridísima señora, te amo con todo mi corazón y hay algo que quiero decirte. No te lo digo para que te sientas culpable, así que si aparece algo de culpa, vamos a liberarnos de ella. Algunas veces, me siento como un niño perdido. Como yo disparo en una dirección, tú disparas en otra y ambos tenemos trabajos desafiantes, extraño los momentos en los que nos sentábamos juntos a conversar y a hacer el amor. Parece que esos momentos se dan con cada vez menos frecuencia, y eso no me gusta. Quiero que esto cambie. ¿Cómo te sientes al respecto?».

Al usar estas palabras, te concentras de plano en la situación, le aseguras a ella que la amas y le sugieres que ambos deben buscar alguna clase de compromiso que sea posible de cumplir por parte de los dos.

Existen muchas opciones. Si ella tiene un trabajo fenomenal y le encanta, y tu trabajo no es tan fabuloso o no sientes tanta pasión por él, tal vez *tú* podrías considerar la posibilidad de cambiar de trabajo o de quedarte en casa. En estos tiempos, hay muchos mariditos o papitos que se quedan en casa.

A la larga, ¿qué es más importante, las cosas o la gente, la profesión o el matrimonio?

Es triste, pero puedo responder esta pregunta por la mayoría de los estadounidenses: la profesión es lo primero. Y mira la tasa de divorcio.

Si quieres seguir casado y ser feliz en tu matrimonio, harás todo lo que sea necesario para mejorar la comunicación profunda con tu cónyuge y para compartir la vida.

P: Mi esposo es un adicto al trabajo. Su naturaleza autoexigente le ha quitado la chispa a nuestra relación y ha convertido nuestra casa en un lugar de tensión (si no llega a entregar un trabajo a término, toda la familia en pleno siente su frustración). Cuando se toma tiempo para la relación sexual, parece que eso también es una meta a alcanzar y carece del afecto, la espontaneidad y el amor que solíamos tener. ¿Cómo puedo decirle a mi esposo, sin ofenderlo, que quiero volver a tener al hombre del que me enamoré?

R: Como la cultura de hoy impulsa tanto al hombre a tener éxito, y esa es también la manera en que nos hizo el Dios todopoderoso (proveedores de la familia), es fácil que él caiga en la adicción al trabajo. Sin embargo, esta adicción puede destruir el cimiento mismo del matrimonio que están esforzándose por construir. Algunas veces, los esposos trabajan en exceso, porque eso les trae seguridad (temen no tener nada que hacer), o porque necesitan el aliento que proporciona un aumento o una palmada en la espalda por un trabajo bien hecho. A menudo, los esposos trabajan en exceso, porque sienten que en la casa nadie los necesita (y en ciertos casos, nadie los quiere). Entonces, ¿para qué molestarse en estar aquí? ¿Por qué no sumergirse en una profesión donde recibes recompensas visibles?

En primer lugar, debes entender por qué tu esposo trabaja en exceso. La mayoría de las veces, los hombres no tienen idea del impacto que produce en su matrimonio y en su familia la adicción al trabajo. Si eres una mujer de fe, ora para que Dios cambie el corazón de tu esposo. Lo difícil es que a esta altura, no hay casi nada que puedas decir que no parezca antagónico.

Lo que *puedes* comunicar, no obstante, es cuánto lo necesitan y lo desean en el hogar. Puedes crear una atmósfera de bienvenida, afecto, amabilidad y ternura. Puedes hacer preguntas que te ayuden a comprender su mundo. Por mucho que quieras darle un sermón, no lo hagas. Eres su esposa, no su mamá. Estas son funciones diferentes por completo.

En cambio, sé su amante. Haz de tu hogar el lugar donde él anhele estar y donde se sienta más cómodo. Deja que tu amor y tus palabras suaves de bienvenida atraigan su corazón hacia el hogar.

P: Trabajo diez horas al día en la construcción y me cuesta mucho cambiar de sintonía cuando regreso a casa. Mi esposa se queja diciendo que soy un desaparecido en acción cuando llego a casa, que mi cerebro está en algún otro lugar allí en el sitio de trabajo y que no sintonizo hasta que comienzo a pensar con «mi otro cerebro» cuando quiero irme a la cama con ella. No puedo discutírselo. Tiene razón. Sé que soy un hombre al que le cuesta trabajo cambiar de sintonía, ¿pero cómo puedo lograrlo? Ella se pone muy molesta y esto afecta de verdad nuestra vida sexual.

Cómo se capta la atención

Si quieres captar la atención de un hombre, tócalo.
Si quieres captar la atención de una mujer, susúrrale al oído.

R: ¡Vaya! Parece que tienes días bastante intensos y largos. Cuando llegas a casa, de seguro que estás cansado de manera física y mental. No es para menos que algunas veces estés desaparecido en acción. Sin embargo, eso es lo que sucede en verdad. Tu esposa, con toda su sensibilidad, capta que tú estás ausente mentalmente y que no estás sintonizándola a ella ni a sus necesidades. Es como todas las mujeres del mundo: quiere ser la número uno en la vida de su hombre. Por eso le molesta tanto que no participes de la vida en el hogar. Además, como tú no participas de su vida, es probable que piense: *¿Por qué yo tengo que molestarme en satisfacerlo?*

La relación sexual no es tan solo un acto, es una relación. La manera en que interactúas con tu esposa, los toques amorosos y las palabras de apoyo, la predispondrán en forma emocional no solo para disfrutar, sino también para buscar la relación sexual contigo.

Por lo tanto, te haré una pregunta: ¿cuánto tiempo tienes de regreso a casa? Cuando te vas del trabajo, debes dejarlo desde el punto de vista emocional y mental. ¿Qué me dices de poner alguna música relajante o de detenerte en un parque para sentarte unos minutos en un banco y reorientar tu pensamiento?

Existen muchas maneras de desconectarse del centro de trabajo y enfocar los pensamientos hacia el hogar. Una abogada que conozco no recibe clientes después de las cuatro de la tarde. Usa el tiempo entre las cuatro y las cinco para despejar la cabeza de regreso a casa. Otra pareja se puso de acuerdo en que el esposo necesitaba veinte minutos en una cafetería de la localidad, antes de aparecer por la puerta del frente de su casa. Luego, era todo de su esposa.

Por lo tanto, conversa con tu esposa y lleguen a algunas soluciones prácticas y creativas.

Una pareja que conozco estableció una gran tradición cuando sus hijos eran pequeños, y todavía siguen haciéndolo quince años después. Al final del día, cuando los niños están en la cama, se sientan uno frente al otro en la cocina, con una taza de café delante y, durante veinte minutos, conversan acerca de *ellos*. No de los niños. No de lo que sucederá al día siguiente; sino de *su relación*. De lo que sucede en sus corazones. Se han tomado a pecho la sabia amonestación de no dejar que el sol se ponga sobre nuestro enojo. Entonces, conversan acerca de todo. Y quiero decir *todo*. Así, su matrimonio, incluyendo su ardiente vida sexual, se ve beneficiada.

P: Los dos crecimos en hogares donde no se hablaba sobre la relación sexual. En realidad, nos resulta muy incómodo. ¿Cómo podemos avanzar en este aspecto?

R: Ustedes no son los únicos. Muchos hombres y mujeres, en especial los que tienen trasfondos conservadores, les da vergüenza hablar sobre la relación sexual. Y es verdad que tiene algo que ver con la crianza. Sin embargo, por el bien de tu matrimonio, debes superar esa vergüenza. Te reto a que leas Proverbios 5:19 en la Biblia. Dime lo que tiene que decirte esa gacelita. Lo cierto es que eres como una rosa delicada que debes abrir cada pétalo para tu esposo que quiere amarte y ser parte de tu vida. Si esto es un problema que sigue separándolos, busca a alguien con quien puedas hablar. No, no una amiga, sino un profesional. Y lleva a tu esposo contigo. Juntos pueden superar esta situación embarazosa. Es demasiado importante como para no hacerlo.

P: Los otros días, mi esposa dijo que piensa que no nos comunicamos bien. No lo entiendo. Tenemos relaciones sexuales un par de veces al mes y yo le digo que la amo, pero ella me dice que la relación sexual no la satisface, que necesita más de nuestra relación. Entonces, intentamos tener relaciones sexuales una vez a la semana, pero esto tampoco da resultado. Dice que todavía seguimos sin conversar. No entiendo. Hablamos todo el tiempo acerca de lo que los niños hacen en la escuela, del lugar al que queremos ir de vacaciones, etc. ¿Eso no es comunicación?

R: Por supuesto, se están comunicando, pero a juzgar por la insatisfacción de tu esposa, pareciera que no se están comunicando en todos los niveles. Lo que tu esposa anhela es una comunicación íntima, no solo el acto sexual, y queda claro que en ese sentido no estás haciendo lo que te corresponde.

En uno de los mejores libros que he leído sobre comunicación, *¿Por qué temo decirte quién soy?*, el autor John Powell habla de cinco niveles de comunicación de los que me gustaría hacer un breve análisis[1].

El quinto nivel: la conversación cliché. Estas frases estándar son ejemplos de este nivel de conversación: «Se te ve bien». «¿Te mantienes ocupado?» «¿Cómo está la familia?»

El cuarto nivel: informar incidentes acerca de otras personas. ¡Ah, eso es fácil! Estas son palabras y conversaciones que están diseñadas para mantenernos distantes y apartados de los demás. Hablamos sobre otros, pero se evita que participemos en la conversación de una manera personal.

El tercer nivel: ideas y juicios. Aquí comenzamos a abordar un aspecto de verdadera comunicación. En este nivel, empezamos a hablar sobre nuestras ideas, nuestros pensamientos y nuestras opiniones. Todavía tendemos a tener un poco de temor y a estar en guardia, y si nos encontramos con la desaprobación, podemos modificar nuestras opiniones de modo que sean más del agrado de los demás. En este nivel, estamos muy ansiosos por evitar el conflicto y la crítica.

El segundo nivel: sentimientos y emociones. Como esposo y esposa comenzamos a declarar los sentimientos que se encuentran debajo de las ideas y las opiniones que expresamos. Hay muchas parejas que muy pocas veces llegan a este nivel. Por ejemplo, piensa en el esposo que se levanta y se va de la mesa todas las noches sin decirle a su esposa una palabra respecto a la comida o al aprecio que siente por el esfuerzo que ella hizo al prepararla.

El primer nivel: completa veracidad emocional y personal en la comunicación. Para que sobrevivamos en el matrimonio, esto es imprescindible. Debemos desarrollar una franqueza y una sinceridad dentro de la relación que diga: «Puedo decirte cómo me siento en verdad sin que me juzgues». Este nivel de comunicación es muy difícil, debido a la posibilidad de que le rechacen.

Sin embargo, también en este nivel es donde las parejas ansían estar juntas; donde anhelan conocerse el uno al otro en todo sentido y no pueden recibir lo suficiente el uno del otro en el aspecto sexual. Al pasar a este nivel, dices: «Me fascinas. Quiero conocerte. No puedo imaginar lo que sería la vida sin ti. Tu corazón es uno con el mío».

En este nivel, tu esposa yace contigo en la cama y piensa: *Este es el hombre más increíble. Y me escogió a mí. ¡Vaya! No veo la hora de que llegue nuestro próximo interludio sexual. Tengo algunas sorpresas que mostrarle...*

¿Ves lo que puede hacer un poquito de comunicación?

P: Mi cónyuge tiene un problema con el enojo. Es difícil hablar con ella sobre cualquier cosa, porque se pone furiosa por todo. Si cometo un error o me olvido de hacer algo de lo que me pidió, se enoja muchísimo. (Y sabe cómo desquitarse con un hombre).

Sin duda alguna, ya no existe la relación sexual, porque no hay manera en que pueda complacerla. Lo sé porque lo he intentado. Aun así, nunca hago nada bien, según ella, de modo que he dejado de intentarlo.

Cinco preguntas que debes hacer para elevar tu cercanía emocional

1. Si tuvieras una varita mágica y pudieras cambiar cualquier cosa en nuestra relación, ¿qué cambiarías?
2. ¿Cuáles son las tres cosas que te gustaría que considerara hacer de manera diferente en el dormitorio?
3. ¿Hay algunas cosas en tu vida que no se las has contado a nadie? ¿Te sentirías cómodo si me contaras alguna de ellas?
4. ¿Cuáles te parecen las tres cosas más importantes en la vida?
5. ¿Cómo sería tu vida si yo no estuviera en ella? ¿Qué cosas hubieras hecho y cuáles no?

No puedo pensar en vivir otro mes, y mucho menos un año o varios años, de esta manera. Por primera vez en la vida, estoy comenzando a pensar en divorciarme de ella. (Y no puedo creer que lo esté escribiendo, pero ahí lo tiene). ¿Me puede ayudar? ¿Puede ayudarnos?

R: Da la impresión de que el enojo de tu esposa te tiene prisionero, y no solo en el aspecto sexual de tu relación. En los primeros lugares de la lista de personas con las que no desearías casarte se encuentran: (1) el asesino del hacha, (2) una persona enojada o crítica. El enojo de tu esposa afectará toda tu vida, y a menos que se lidie con esto, seguirá desarrollándose en tu relación y destruirá a la larga el amor del uno hacia el otro.

Tú y tu esposa se encuentran en este punto crítico ahora. Tu esposa necesita algo de ayuda... pero tú también la necesitas. Y la necesitas pronto, ya que tu relación está lo bastante tensa como para que la idea del divorcio haya entrado en tu cabeza.

Tanto los hombres como las mujeres pueden enojarse. Pero existe una manera de ser bueno y de estar enojado, sin destrozar a los demás. Lo que digo es lo siguiente: (Usaré la ilustración de un globo).

1. Tu cónyuge hace algo para molestarte. Te dices: *No importa. Ya se le pasará. Ya se detendrá.* Sin embargo, su enojo sigue subiendo de tono. (Soplas aire dentro del globo).
2. Ella continúa con esa conducta, entonces por fin le dices algo. Aun así, ella no te tiene en cuenta. (Soplas más aire dentro del globo).
3. Tú te enojas cada vez más. (Soplas más aire dentro del globo). A esta altura, tienes las venas hinchadas. (Soplas más aire dentro del globo).
4. ¿Qué sucede, entonces? *¡Pum!* Se produce una explosión. Se parece a cuando estás enfermo con gripe y dices: «¡Ah, cuánto quisiera vomitar! Si pudiera hacerlo, sé que me sentiría mejor».

Por supuesto, es probable que te sientas mejor si vomitas, pero mira la asquerosidad que provocas. Es verdad, te sentirás mejor, pero después tendrás que seguir viviendo con la gente sobre la que acabas de vomitarle encima de manera psicológica, emocional y hasta física. Además, a la larga, ¿qué ganarías? El enojo es una emoción muy natural. Todos sentimos enojo. Hasta Jesucristo se enojó cuando caminaba por esta tierra. Fíjate que cuando vio a los que cambiaban dinero en el templo, no les dijo: «Ah, hola, amigos. Que tengan un buen día». Los echó fuera. Usó la acción, no las palabras[2].

¿Recuerdas ese terrible sonido que solías hacer cuando dejabas salir el aire poco a poco de un globo: *fiiiuz, fiiiuz*? A tu hermano, tu hermana y a tus padres les ponía los pelos de punta. (Divertido, ¿no?).

¿Qué sucede cuando haces eso ahora con tu globo? El globo se vuelve cada vez más suave, más flexible, ¿no es así? ¿Tiene probabilidades de explotar? No.

He aquí la analogía: Si tu esposa tiene sentimientos de enojo, lo mejor que puedes hacer por ella es ayudarla a que aprenda a expresar ese enojo. Y lo que es mejor aun, ayudarla a que aprenda a expresar su desilusión y su fastidio *antes* de que se conviertan en enojo. Trata cada problema a medida que surja. Y aunque pienses que las cosas no cambiarán, lo harán, con lentitud, de un *fiiiuz* en *fiiiuz*.

¿Sucederá de la noche a la mañana? Roma no se construyó en un día, y tampoco tu matrimonio. Si tu esposa no responde cuando le dices con suavidad: «Cariño, te amo, pero este es un problema que debemos resolver juntos», tendrás que insistir en que ambos busquen ayuda de un consejero profesional que les ayude a resolver los problemas. Hay algo que le provoca el enojo a tu esposa, ya sean los problemas del pasado sin resolver o el resultado de algo que has hecho de verdad, o que ella cree que has hecho. ¿No es hora ya de descubrir de dónde proviene ese enojo para que puedas hacer algo al respecto? Esta es la única manera de ayudarla a que comience a dejar salir el aire del globo. Y es la única manera de comenzar a reconstruir la confianza y el amor en tu matrimonio.

P: Cada vez que tenemos una pelea, mi cónyuge da marcha atrás cuando quiero hablar al respecto. Y lo que recibo es que me dé la espalda en la cama durante una semana. Bien podría colgar un cartel: *Aquí no hay sexo*. ¿Cómo podemos aprender a pelear de modo que logremos algo?

R: Una buena pregunta, y una que hacen muchas parejas. Como te casaste con alguien diferente a ti (y esto también es bueno), casi siempre los estilos de pelea son opuestos por completo. Uno quiere hablar; el otro quiere retraerse. No obstante, si van a pelear, deben hacerlo de manera justa.

Jugar al escondite en medio de una pelea nunca da resultado, porque en algún momento tu cónyuge tendrá que salir del escondite. Entonces, ¿tu cónyuge se esconde para darte tiempo a bajar los decibeles y a ser razonable? ¿Se esconde porque le seguirás hasta ese escondite y tratarás de hacer las paces? ¿Acaso se esconde para reagruparse y pensar (por lo general, los hombres son los que se vuelven silenciosos y se retraen)? ¿Cuál es el motivo por el que uno se esconde?

Tal vez sea hora de considerar la manera en que respondes a una pelea. ¿Habrá algún modo diferente en el que puedas responderle a tu cónyuge para que no se encierre en un caparazón?

Y, para empezar, ¿cuál es el propósito de tu pelea? ¿Acaso es ventilar tu opinión para que se sepa que no cambiarás de ningún modo? ¿Lo haces para pensar y escuchar lo que dice la otra persona, aunque no estés de acuerdo? Si ninguna de las partes está dispuesta a escuchar, no puede haber solución.

Cuando discutes, no solo es importante oír lo que dice la otra persona, sino también escuchar de verdad. Esto quiere decir mirar el meollo del problema más allá de las emociones. Aunque no estén de acuerdo, debes validar lo que dice la otra persona y considerarlo tan importante como lo que piensas y sientes tú.

No permitas que las emociones te dirijan. Nunca te vayas a dormir enojado. Esto construirá un muro que no es fácil derribar, en especial cuando las capas se van acumulando y se convierten en cemento duro. Entonces, conversa sobre el problema antes de irte a dormir, ya sea que te lleve veinte minutos, treinta o dos horas. Algunas veces, no podrás resolver el asunto por completo; pero al menos debes llegar a la decisión en que dices: «Sabemos que no hemos resuelto el problema aún. Entonces, establezcamos un lugar y una hora para tratarlo de nuevo». De ese modo, tienen un plan de acción.

Después de una discusión, es muy importante volver a conectar ambas vidas y ambos corazones. La relación sexual es el mejor pegamento para las parejas casadas. Los dos deben saber que todo está bien, que la vida puede continuar. En las peleas, deben pelear de manera justa. Si hay un ganador y un perdedor, los dos perdieron en lo que concierne a tu matrimonio. El matrimonio es un juego en equipo, no de uno solo.

Reglas para una discusión justa

1. Contén las manos. Jamás permitas irte a las manos.
2. Mírale a los ojos a la otra persona.
3. Hablen uno a uno. No interrumpas. Cuando una persona termina, la otra puede pedir que se le aclaren los conceptos. Continúen con este ciclo hasta que ambas partes comprendan el problema y puedan llegar a una solución para los dos.
4. No usen las palabras *siempre* y *nunca*.
5. No usen el tú, sino el yo. (Por ejemplo: «Cuando eso sucede, yo me siento...», en lugar de «Tú me haces enojar mucho cuando...»).
6. No se permiten excavaciones (no vayas al pasado para desenterrar problemas que ya se trataron).

P: Una vez le escuché decir que la relación sexual tiene más que ver con la comunicación y la relación en general que con la técnica. ¿Esto es cierto? Admito que mi cónyuge y yo tenemos luchas en cuanto a la comunicación. Nuestra vida sexual tampoco va muy bien. ¿Algún consejo?

R: La relación sexual no tiene que ver con el punto G, ni con el punto I, ni el X, ni cualquier otro punto. Tiene que ver con la relación. La comunicación es una parte integral de esa relación. Si sufres en tu vida sexual, es probable que se deba a que hay problemas sin resolver, heridas del pasado, entre tú y tu cónyuge. A decir verdad, sería extraño que una pareja tuviera una vida sexual fabulosa, pero una comunicación y una relación pésimas. En realidad, las dos cosas no van juntas.

Si tú y tu cónyuge tienen luchas en este aspecto, ¿por qué no se quitan las máscaras? ¿Por qué no desnudan sus corazones? El matrimonio es una unión demasiado preciosa como para perderla y no luchar por ella. Si el auto no anda en sus ocho cilindros, lo llevas al mecánico, ¿no es así? Si tu matrimonio no anda en ocho cilindros, es probable que necesites recibir algo de ayuda de afuera. Si lo necesitan, busquen a alguien que esté casado y que valore el matrimonio. O busca un consejero profesional que quiera llegar al fondo del asunto en varias sesiones, no uno que quiera sentarse con ustedes durante dos años.

En el corazón de la relación matrimonial se encuentra la capacidad para comunicarse en amor, teniendo en mente lo que es mejor para ambos. Por supuesto, algunos problemas quizá sean más difíciles de conversar que otros, ¿pero qué tienes que perder? Te encuentras en esta relación para toda la vida. ¿Por qué no hacerla funcionar lo mejor que se puede?

Hablemos con franqueza

La comunicación debe ser una prioridad en tu matrimonio, pero puedes ser creativo e inteligente en cuanto a cómo la abordas.

Si eres una mujer: La conversación es algo natural para ti, así que no hay problema. En cambio, si quieres conversar con tu hombre, escoge el momento con sabiduría. No desearías elegir el domingo por la tarde, durante la etapa final de su competencia deportiva favorita, para tratar de comenzar una conversación.

¿Quieres obtener la atención de tu querido maridito? Prueba de estas dos maneras:

1. Observa lo que está haciendo (como construir algo de madera en el garaje) y dile: «¡Vaya! Eso se ve interesante. Cuéntame más». Ahora tienes su atención. Le mostraste interés en uno de sus proyectos y a todos los muchachos, pequeños y grandes, eso les *encanta*. Estará más feliz de hablar contigo. Además, te abrirá su corazón y estará dispuesto a escucharte cuando abras el tuyo.

2. Tócalo. El contacto físico es poderoso para los hombres y puede abrir maravillosas vías de comunicación entre ustedes. Mientras lo tocas, dile: «Cariño, tengo que hacerte una pregunta importante de verdad. Parece que ahora estás absorto en pensamientos profundos, así que es probable que este no sea el mejor momento. Si es así, dímelo y esperaré hasta que sea el momento oportuno». No obstante, al tocarlo, ya obtuviste su atención. Al dirigirte a él con respeto, te aseguraste su atención. Y al decirle que estás dispuesta a esperar para hablar, ¡casi te has garantizado a un oidor cautivo!

Si eres un hombre: Lo más importante que debes hacer es conservar algo de energía (¡y hacer un conteo de palabras!) durante el día, para no quedarte vacío cuando veas a tu esposa por la noche. Tal vez esto implique hacer llamadas telefónicas y ver a la gente a horas más tempranas en el día y planear actividades más tranquilas, que no requieran palabras, para el final del día.

Además, cuando salgas de la oficina, enfoca tus pensamientos hacia tu hogar. Despréndete del trabajo y de las presiones del día. Piensa en tu esposa y en por qué te casaste con ella (en todas las cosas que te encantan de ella). Ponla en primer lugar en tu mente.

Recuerda que las tres cosas más importantes para una mujer son (1) el afecto (esto significa unión, pero *sin* sexo), (2) la comunicación, y (3) el compromiso con la familia. Si dominas estas tres cosas, tendrás una esposa feliz.

13

Ahora no, cariño, despertaremos a los niños...
(¡Pero todavía no tenemos niños!)

Cuál es el verdadero significado de esas excusas... y qué hacer al respecto.

«Esta noche estoy muy cansada. En realidad, no tengo ganas».
«¿Y si alguien nos oye?»
«Está bien, si a ti en verdad te parece que tenemos que hacerlo».

Las excusas pueden tener muchos significados. Y, en su mayoría, no son buenos. Por supuesto, puedes estar cansada de verdad. Aun así, se sabe que incluso hasta los cónyuges cansados pueden darle a su pareja un encuentro rápido.

Por lo general, en el fondo de estas excusas existen uno o más de estos verdaderos significados:

1. La vida me ha herido y me cuesta mucho la intimidad con cualquiera, incluso contigo. (Hablaremos más de esto en los capítulos 20, 21 y 23).
2. Eres un pésimo amante, así que la relación sexual no es placentera. No es para menos que no esté motivada.
3. Nunca he tenido éxito en este asunto y no quiero volver a fracasar.
4. Eres muy previsible: comienzas por la A, sigues con la B y terminas con la C.
5. Estoy enojado contigo y llegó la hora de hacértelas pagar.

¿Sabes quiénes ofrecen estas excusas con mayor frecuencia (el ochenta y cinco por ciento de las veces)? Las mujeres. «¿Por qué es así, Dr. Leman?», me preguntas. «Sin duda, está hablando de un estereotipo». Fíjate que dije el ochenta y cinco por ciento. Eso se debe a que los hombres solo necesitan un lugar. Las mujeres necesitan una razón y un buen ambiente para desear formar parte de una sinfonía sexual.

A muchos hombres les resulta difícil el juego amoroso. Es un arte que a los hombres no les resulta fácil. Después de todo, no tiene que frotar un clítoris como el lanzador de las ligas mayores frotaría la pelota de béisbol antes del primer lanzamiento del partido. Los hombres podrían hacer el amor en un cubo de basura si fuera el único lugar disponible. *Ambiente* no es una palabra que usan... ni siquiera la conocen.

Sin embargo, para una mujer, el juego amoroso es algo muy diferente. Es sacar la basura; llevar a los niños al parque durante un par de horas por la tarde; juntar los periódicos y las migas del piso de la cocina y pasar la aspiradora al piso de la sala, donde los niños han desparramado basura. Y lo importante es que no esperes a que ella te lo pida. ¿Entendido, caballeros? Para ella, el juego amoroso es que seas consciente de su mundo y la ayudes. Cuando entras a su mundo, lo miras a través de sus ojos y satisfaces sus necesidades, te asombrarás al ver cómo desaparecen las excusas.

Lo mismo sucede, damas, con el hombre de sus vidas. No rechaces a tu marido cuando quiere tener relaciones sexuales contigo. Se ofenderá y se desquitará contigo. (Aunque te hayas casado con un «hombre bueno», el rechazo sexual hace impacto en el corazón masculino). Por lo tanto, encuentra una manera... usa tu creatividad. Sé que la tienes. Al fin y al cabo, eres una mujer. He aprendido mucho de mi Sande acerca de la creatividad. Esa mujer es asombrosa. Apuesto a que tu esposo dirá lo mismo de ti también. Entonces, deja a un lado las excusas y entra en el mundo de tu hombre. Te alegrarás si lo haces.

P: Mi esposo y yo hemos usado el método natural de planificación familiar. Hasta este momento, nos ha dado buen resultado. Tenemos tres niños de nueve años hacia abajo. Sin embargo, después que nació nuestra última hija hace seis meses, Rob ha dejado de tener relaciones conmigo. Ha encontrado las formas de esquivar estar a solas conmigo en el dormitorio quedándose a trabajar hasta tarde o regresando a casa cuando yo ya estoy dormida. Por fin ayer, tuve el valor para preguntarle qué sucede y lo único que hizo fue gritar: «Bueno, tener relaciones sexuales es igual a tener hijos, y si miras un poquito a tu alrededor, te darás cuenta de que aquí no se necesitan más niños». ¿Qué hago en esta situación?

R: Tu esposo tiene razón. No hay vueltas que darle. Tus tres hijos son la prueba. Debes hablar con un ginecólogo y considerar tus opciones... pronto.

P: Mi esposo piensa que no trabajo, porque me quedo todo el día en casa. Me ocupo de los platos, de la basura y de todo lo demás por aquí... Estoy cansada. ¿Le parece que cuando termino con todo esto puedo estar interesada en la relación sexual? ¿Está bromeando? ¿Cómo puedo hacer para que me ayude?

R: Deberías estar molesta. Tu esposo es un tonto y yo sería el primero en decírselo. Si has tomado la difícil decisión de quedarte en casa y ocuparte de los pequeños malmandados, tu esposo es un tipo con suerte. Su comportamiento es muy irrespetuoso, por no decir machista, al tratarte como si fueras su sirvienta personal y su máquina expendedora. Te sientes ofendida y con justa razón. Tienes que hacer valer tus derechos. Escríbele una carta o un correo electrónico y no andes con rodeos. Búscate algunas actividades para el sábado cuando él esté en casa. Luego, dile: «Bueno, cariño, no estaré en casa. Buena suerte con los niños. Regresaré en dos horas. Recuerda que el bebé tiene que dormir una siesta a la una de la tarde». Entonces, márchate a realizar otra actividad; tú sola, ¡sin los niños! Y veamos cómo le va, ¿qué te parece?

Nunca olvidaré la vez en que mi esposa se fue, durante un fin de semana, a una conferencia con un grupo de mujeres de la iglesia. Oí que estaba haciendo arreglos para que su madre viniera a cuidar a las niñas. En esa época, nuestras hijas tenían tres años una y dieciocho meses la otra. Así que, como soy un marido maravilloso, dije: «Ay, cariño, llama a tu madre de nuevo. No quiero que te preocupes por esto. Oye, yo me ocuparé de las niñas. No te preocupes por nada. Solo ve y pásala muy bien».

Incluso ahora, después de todos estos años, recuerdo cada momento de aquel día. Cuando Sande llegó a casa el sábado a las cinco de la tarde, yo, con cara de sueño, la vi entrar por la puerta y pensé: *¡Alabado sea Dios!*

—¡Llegaste! ¿Cuántos días te fuiste? —le pregunté.

—¿Días? —me miró como si estuviera loco—. ¿De qué estás hablando?

Solo se había ido desde la mañana. Luego, miró a su alrededor en la sala.

—¿Qué pasó aquí? —preguntó con ese tono de voz conmocionado propio de Sande.

—No me mires así con tono de reproche. ¡Limpié tres veces esta habitación hoy! —le dije.

Te cuento que un niño entró por la puerta trasera con un pequeño triciclo que tenía las ruedas llenas de barro y yo ni siquiera sabía quién era. ¡Creo que ni nuestras hijas sabían quién era! Solo pasó como un rayo hacia la puerta del frente. Hacerse cargo de esas niñas toda la tarde fue una locura.

Tu hombre necesita que lo disciplines con un poquito de realidad. Necesita ponerse un poco en tus zapatos para valorar el trabajo que haces. Una vez que lo haga, las cosas en tu casa cambiarán. De repente, descubrirás que tienes un esposo que te ayuda... y tú estarás más dispuesta a tener esa aventura amorosa en el dormitorio.

P: ¿Qué pasa con los hombres? Mi esposo piensa que puede responderme con gruñidos a lo que le pregunto durante la cena, pedirme que cambie el aceite del auto durante el postre y, luego, en cuanto llega la hora de ir a la cama, hacerme ese gesto cómplice con las cejas que, al parecer, debe seducirme para tener una aventura amorosa con él. Sí, claro. Sin duda, los gruñidos y los cambios de aceite son charlas románticas. Después se pregunta por qué, de repente, encuentro un libro que es muy interesante. Este es el mismo hombre que *siempre* me compraba flores o chocolates cada vez que salíamos. Es como si hubiera terminado con lo del «matrimonio» y después me hubiera eliminado de su lista de quehaceres... y supongo que la relación sexual se encuentra al final de su lista de actividades para el día ahora que estamos casados. ¿Cómo es posible?

R: Digamos que, algunas veces, la manera en que un hombre *piensa* que comunica el amor y la amabilidad no es la manera en que se percibe. Por eso, la comunicación entre un esposo y su esposa es tan importante.

Las mujeres poseen el deseo inherente de establecer una conexión de corazón. Tienen que percibir intimidad emocional antes de que puedan sentirse cómodas con la intimidad física. Si tu esposo no se comunica (más allá de emitir gruñidos, que para ti no significan nada, pero para la especie masculina lo significan todo, y darte una lista de cosas para hacer al día siguiente), ¿por qué habrías de sentirte lo bastante cerca de él como para entregarle tu cuerpo? Además, si no reconoce el trabajo que haces, es un tonto de remate. (Perdón, algunas veces, los hombres son solo tontos como los acusan).

Primeras palabras

«¡Rayos y centellas, mira eso!»
–*Primeras palabras de Adán cuando vio a Eva.*
«Lo siento, yo paso. Tengo dolor de cabeza».
–*Primeras palabras que Eva le dijo a Adán.*

Tienes que ser muy directa con tu torpe esposo. Dile con franqueza que te sientes usada cuando te trata de ese modo, y hace que no te intereses mucho en tener relaciones sexuales con él. No obstante, lo que *sí* te interesaría mucho es que él demostrara durante el día que le importas y, además, que hiciera algo para mostrarte que pensó en ti y que tiene en mente lo mejor para ti.

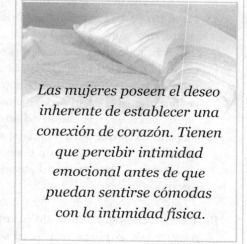

Las mujeres poseen el deseo inherente de establecer una conexión de corazón. Tienen que percibir intimidad emocional antes de que puedan sentirse cómodas con la intimidad física.

Buena suerte. Los hombres pueden ser tontos, pero si los educas (como me dijo una vez un viejo abuelo de Iowa), pueden aprender rápido.

P: En los últimos tiempos, mi esposa se siente muy cansada y abrumada. No hemos tenido mucha intimidad sexual y no puedo culparla. Tiene demasiadas cosas que hacer. Aun así, por supuesto, echo de menos la relación sexual. ¿Alguna sugerencia para ayudarnos hasta que la vida se acomode?

R: Me alegra que preguntes. ¿Alguna vez oíste la frase «El amor comienza en la cocina»? Es una que acuñé años atrás en mi libro que lleva el mismo nombre. Apuesto a que sus ideas serán justo lo que estás buscando.

En ese libro, digo que el hombre es sabio si le hace el amor a su esposa *fuera* del dormitorio. ¿Qué quiere decir? Quiere decir que presta ayuda. Cambia los pañales, lava la ropa, ayuda con las tareas escolares y lleva a los niños a la cama. Conoce a todas las mujeres que se turnan para llevar los niños a la escuela y, algunas veces, él mismo se ocupa de esa tarea. Es un buen padre y un esposo atento. Escucha a su mujer cuando le habla de su día, porque sabe que para ella es importante y porque tienen un mismo corazón.

Le cuenta detalles de su día, porque sabe que ella necesita conocerlos para estar cerca de su corazón. Usa su autoridad para proteger, servir y complacer a su esposa.

Verás, todos los días, tu esposa toma nota mental y emocional de cómo tratas a tus hijos (si los tienen) y a ella. Esos sentimientos son de suma importancia para determinar lo deseosa que esté de encontrarte en el dormitorio, incluso para un encuentro rápido.

¿Cómo te va en el asunto del sexo fuera del dormitorio? ¿Habrá maneras en las que puedas quitarle algo de la carga a tu esposa para que ella pueda reservar algún tiempo para ti?

De eso se trata cuando hablamos de amor, compañerismo y matrimonio.

P: Tenemos tres hijos, todos adolescentes. Mi esposa parece no poder relajarse por la noche para tener relaciones sexuales. Siempre se pregunta qué estarán tramando. ¿Alguna idea que no sea esperar hasta que los chicos vayan a la universidad?

R: ¿Tu esposa tiene alguna razón para estar preocupada por tus hijos? Si es así, esa es otra historia. Y será mejor que la remedies de inmediato. No obstante, tienes razón... esperar hasta que vayan a la universidad no es una opción.

Los hijos de cualquier edad pueden ser grandes obstáculos para la relación sexual. Al fin y al cabo, lo único que les importa es ellos mismos. Siempre los llamo «pequeños hedonistas chupa sangre», y la mayoría de las veces, demuestran que esto es verdad. Por lo tanto, es hora de crear algunas reglas básicas y algunas medidas preventivas.

Ponle una buena cerradura a la puerta de tu dormitorio de modo que no tengas que preocuparte pensando que pueden pescarte *in fraganti*.

Toma el toro por los cuernos y contrata una niñera si estás preocupado. Lo sé, tus hijos se pondrán furiosos, pero tal vez si se ponen lo bastante furiosos, aprenderán a comportarse.

Lleva a tu esposa a cenar y después salgan para tener una aventura amorosa libre de estrés.

Reserva una habitación en un hotel. Pídele a una vecina que se quede en tu casa y, luego, devuélvele el favor en otro momento.

Haz algo creativo que la sorprenda lo suficiente como para quitarle los nervios de tener a cada momento a esos hijos en el medio. Algún día, esos hijos se irán a la universidad, conseguirán trabajos y se mudarán a otro lado (es de esperar). Y, entonces, ¿quiénes se quedarán? Ustedes dos. Ah, ahora, eso lo pone todo en perspectiva.

P: Mi esposa dice que ya no tiene «el impulso» para tener relaciones sexuales. Cuando oigo eso, casi me entra el pánico. No puedo imaginar el resto de mi vida sin tener relaciones sexuales. ¿Existe alguna clase de Viagra que puedan tomar las mujeres?

R: Claro que la hay. Aun así, las mujeres no lo toman. Tú se lo das. El Viagra para una mujer es que la abracen con ternura, que la escuchen, que te comuniques, que le expreses tus sentimientos y que la ayudes a ganar una discusión a la vez que ella te ayuda a ganar una discusión a fin de poder vivir en armonía. Eso es el Viagra para una mujer. Eso es lo que en verdad hará que tu esposa responda en el dormitorio. ¿Cómo te va en estos aspectos?

Y aquí tienes la otra cara de la moneda. Si te preocupas por servirla y complacerla, ella deseará complacerte a ti en todos los aspectos. Se convertirá en tu mejor amiga y confidente. Se excitará y te hará excitar.

¿Alguien quiere sexo esta noche?

Hay dos periquitos posados en un alambre.

Uno le dice al otro: «No me importa si somos periquitos. Aun así, me duele la cabeza».

Además, es hora de volver a cortejar a tu esposa. Para ponerte a tono, haz una lista con cuarenta de sus mejores cualidades. Pégala donde puedas verla todos los días. Escríbele notitas. Bésala (sin que eso los lleve a tener relaciones sexuales). Trátala con amabilidad y dulzura. Piensa en ella de día y de noche. Al hacerlo, tu propia actitud y tus emociones cambiarán (es curioso, pero las emociones siguen a tus pensamientos). Luego, observa cómo va tu vida sexual. Puede llevar tiempo, pero es el Viagra que necesita tu esposa.

Romance elemental en el hogar (para hombres)

1. Enciende un fuego (ah, solo si tienes una chimenea).
2. Ten lista la cena cuando ella llegue a casa (algo que no sea pizza).
3. Pon la mesa, usa servilletas de verdad y copas.
4. Limpia el baño.
5. Apaga la televisión y pon su CD favorito.
6. Ponles un sello postal a los niños y envíalos a la casa de la abuela.

Si tu esposa sigue teniendo problemas con su falta de interés en la relación sexual, debería ver a un médico. Es probable que tenga otras clases de problemas también.

Hablemos con franqueza

¿Cuál es el verdadero significado de las excusas?

En resumidas cuentas, quieren decir: «No me siento amada». «No me siento conectada contigo». «No siento que te importo de verdad. Todo lo que te interesa es lo que puedo hacer por ti».

La relación sexual es demasiado importante como para renunciar a ella. Siempre he dicho: «El estado de la relación sexual en tu matrimonio reflejará el estado de tu matrimonio», y cada palabra es verdad.

Dedicarse tiempo el uno al otro tiene que ver con las prioridades, con el respeto mutuo y con entregarse por completo el uno al otro para convertirse en uno. Tu matrimonio es demasiado importante... no seas injusto contigo mismo.

14

La Sra. Aburrida se encuentra con el Sr. Previsible en el dormitorio

Rompamos la rutina de lo previsible.

Hay personas que comen siempre lo mismo, se cepillan los dientes de la misma manera y viven todo el tiempo del mismo modo. Muchos de ellos son primogénitos, perfeccionistas, personas que quieren lograr cosas. Así son. Yo debería saberlo, porque estoy casado con una de ellas.

Entonces, ¿qué sucede cuando dos personas de estas se casan? Son «La Sra. Aburrida conoce al Sr. Previsible», y los resultados son (bostezo) aburridos y previsibles. Si este es tu caso, no es para menos que tú y tu cónyuge no se vayan juntos al saco. Se han aburrido a muerte los dos juntos.

En cambio, ¿qué pasaría si las cosas pudieran ser diferentes? ¿Qué pasaría si tú, como esposa, le tomaras las manos a tu marido y se las pusieras donde quieres que estén? ¿Temblaría la tierra? ¿Sería el fin del mundo? No, pero tal vez, tu lecho matrimonial se estremecería un poquito. ¿Y sabes una cosa? Sería divertido.

Entonces, ¿por qué no tratar de hacer que las cosas sean un poquito más excitantes? Por qué no decir: «Cariño, ¿estarías dispuesto a probar algo? Solo, acuéstate boca arriba. Quiero mostrarte algo». Si tu cónyuge no está dispuesto a romper la rutina, ¿por qué no tomas la iniciativa? Literalmente, toma su cuerpo en tus manos.

¿Y si te deshaces de los niños y lo recibes cuando regresa del trabajo con algo muy inusual en ti, solo para mostrarle que las cosas se pueden hacer de manera diferente? Te garantizo que a ese hombre se le caerá la mandíbula, y la computadora portátil, allí mismo en la puerta. Y no tendrás que preocuparte mucho más por el resto del interludio sexual. Él estará en estado de conmoción, así que podrás llevarlo a donde quieras.

¿Por qué no probarlo alguna vez? Es probable que te guste... y es probable que a tu esposo le encante.

P: La primera vez que tuvimos relaciones sexuales, todo fue muy espontáneo. Fue hermoso. Desde entonces, pareciera que mi esposo se ha convertido en un robot sexual que sigue paso por paso y hace lo mismo todo el tiempo. Lo detesto, pero no quiero herir sus sentimientos. Lo que resulta bueno un día, no resulta bueno al día siguiente. Aun así, sé que no lo entenderá.

R: ¿Estás segura de que no lo entenderá? ¿Has intentado hablar con él? Ya sabes, los esposos no leen la mente. Para comprender lo que piensas y sientes, la mayoría de los hombres necesita recibir información clara y directa en oraciones cortas.

Por ejemplo: «Cariño, necesito hablar contigo acerca de algo. Verás, el sábado pasado, cuando tuvimos relaciones sexuales, fue maravilloso. Me sentí especial y muy cerca de ti. Fue increíble. Luego, la próxima vez que tuvimos relaciones sexuales, parecía que tratabas de repetir lo que sucedió el sábado. No sé si es por mi forma de ser o si les ocurre lo mismo a todas las mujeres, pero lo que me gusta de verdad es cuando cambias las cosas y las haces de manera diferente».

Y, luego, guía a tu esposo hacia lo que te gusta. «Sorpréndeme. No comiences siempre por aquí. ¿Qué sucedería si comenzaras aquí?» (Guíñale el ojo). «Y mientras lo haces, ¿qué te gustaría que *yo* hiciera de manera diferente? Me encantaría complacerte».

De este modo, al abordar a tu esposo, no lo criticas. La mayoría de los hombres no exterioriza el enojo cuando los critican, solo se quedan en silencio y se cierran. Son como submarinos. Si los lastimas, se irán debajo del agua y no saldrán.

Ten cuidado con los sentimientos de tu hombre. En su interior, se esconde un corazón de niño. Un corazón que te ama mucho, incluso cuando no sea bueno para expresarlo con palabras.

Entonces, ten cuidado con los sentimientos de tu hombre. En su interior, se esconde un corazón de niño. Un corazón que te ama mucho, incluso cuando no sea bueno para expresarlo con palabras.

P: Admito que nuestra vida sexual es tan rutinaria y aburrida que casi nos quedamos dormidos mientras tenemos relaciones. ¿Alguna sugerencia para eliminar el aburrimiento?

R: Si estás tan aburrida, ¿qué *has* hecho para animar las cosas? Es fácil darse por vencido, acostarse boca arriba y decir que tu vida sexual es aburrida. Sin embargo, señalar al otro nunca da resultado. Debes reconocer tu parte en la ecuación. El matrimonio está formado por dos y tú eres uno de esos dos.

Entonces, ¿por qué no intentar algo divertido? Envíale a tu esposo al trabajo un correo electrónico con una foto tuya vestida en forma provocativa. Váyanse a acampar y lleva toallas de más para tener sexo salvaje en terreno salvaje. Sé creativa. ¡Sé que puedes hacerlo!

Lo más importante es tu actitud con respecto a la relación sexual y que se vuelva una prioridad en tu vida como pareja. Es demasiado fácil relegar la relación sexual y guardarla en el maletero, por así decirlo. Los hijos y el trabajo se vuelven demasiado importantes y ocupan todo el lugar. No permitas que te suceda esto.

P: Me demanda demasiada energía pensar en ideas creativas que mantengan feliz a mi esposo. Algunas veces, debo preguntarme: *¿Vale la pena? ¿Mi esposo echará de menos la relación sexual si yo me olvido de ella?*

R: Seré bien directo. Si tú no estás interesada en tu esposo en el aspecto sexual, él se ofenderá.

Por supuesto, habrá veces en las que no estés interesada en absoluto (por ejemplo, cuando estás en el día previo a menstruar y te sientes dolorida e inflamada). Sin embargo, tu esposo sigue teniendo necesidades. ¿Sería mucho pedir que le dedicaras tres minutos de tu tiempo al hombre que tanto amas? Aquí es donde entra en escena un encuentro rápido, un oportuno alivio manual. Puedes complacer a tu esposo en menos de lo que canta un gallo, sin el esfuerzo de correr toda la carrera. ¿Y quién sabe? Tal vez, al verlo feliz, a lo mejor tú también te pongas de humor.

Ciertas mujeres, al leer esto me escribirían como la encarnación de Hitler por sugerir que, como mujer, puedes complacer a tu esposo de esa manera, sin obtener nada para ti. No obstante, si quieren funcionar bien como equipo, deben darse cuenta de que las diferencias fisiológicas entre los hombres y las mujeres requieren de esta clase de pensamiento.

Algunas de ustedes piensan que en el matrimonio todo debe ser cincuenta y cincuenta. Bueno, el objetivo es que todo sea cien y cien, pero en la práctica, hay veces en las que esto no es así por diversas razones. Durante esas veces, tu tarea es ser creativa. En tres a diez minutos, puedes tener a un tipo feliz en tus manos. Y un tipo feliz se desempeñará bien en muchas otras esferas también. Espera y verás.

P: Tengo verdaderas luchas sexuales en mi matrimonio. Mi esposo es tan... *previsible*. Si me durmiera durante cinco minutos, aun así podría describir lo que sucedió, porque parece que él se sabe el guión de memoria. Mi mejor amiga me dice: «Oye, no cambiará. ¿Recuerdas cuando la otra vez me contaste que te dijo: "Bueno, solía gustarte de esta manera; no sé qué ha cambiado"? Mujer, ese hombre no tiene ni idea...». ¿Tengo alguna esperanza?

R: ¿Cómo te sentirías si tu esposo les contara a sus compañeros de trabajo cuánto pesas, el tamaño que tienen tus pechos y tus caderas, y la talla de tu ropa? Bueno, eso es exactamente lo que tú le estás haciendo a él. ¿Hablas con tu *amiga* sobre tu vida sexual? Eso es una violación de los votos matrimoniales. Como diría tu esposo: «Oye, cariño, lo que sucede entre tú y yo en este matrimonio queda, ya sabes, entre tú y yo». Y allí debería quedar, a menos que los dos estén recibiendo terapia profesional.

Existe una diferencia entre conversar juntos con un mentor o consejero de confianza y chismear con una amiga acerca de tu esposo. Si quieres alejar a tu esposo y ponerlo en tu contra, esta es una excelente manera de hacerlo. Entonces, ¿eso es lo que quieres en realidad?

Quiero que hagas una prueba. Cuenta el número de amigas que tienes. Ahora, cuenta con los dedos de una mano los amigos íntimos que tiene tu esposo. Digo «una mano» como una broma. Ni siquiera te hace falta una mano. Te alcanzará con el dedo índice. Si es una muestra representativa de muchos de nosotros los hombres, no tiene amigos con los cuales pueda hablar. Para ti, cuantas más relaciones tengas mejor, pero él, por naturaleza, mantiene a las personas a una distancia prudencial. Quiere decir que eres el conducto para todas las relaciones emocionales de tu esposo. Eso dice mucho acerca de ti y de la confianza que él te tiene, ¿no es cierto?

Fuiste lo bastante afortunada si conseguiste acercarte a tu esposo y convertirte en su prioridad número uno. Entonces, ahora, muéstrale el mismo respeto a él. Háblale con delicadeza, no de manera exigente. Dile cuánto lo amas y lo valoras. Dile que te gustaría probar algo nuevo... y que estás de humor ahora mismo. Completa esa oración con una mirada sugestiva y esto debería hacer que tu hombre de sangre caliente intente algo un poquito diferente. ¡Diviértete!

P: Ahora que nos hemos afianzado como matrimonio a lo largo de los años, se nos han acabado las ideas divertidas. ¡Auxilio!

R: Si eres un hombre, ¿cuándo fue la última vez que sorprendiste a tu esposa e hiciste todos los arreglos para llevarla a algún lugar especial? ¿Cuándo fue la última vez que le enviaste una tarjeta con una nota tierna, de corazón a corazón? ¿Cuándo fue la última vez que tomaste un jabón e hiciste un gran corazón en el espejo cerca de donde ella se viste por la mañana, con una pequeña nota diciendo cuánto aprecias lo que hace por tu familia?

Piénsalo de esta manera: en la vida, recibes aquello por lo que pagas. En el aspecto sexual y con tu cónyuge sucede lo mismo. Recibes aquello por lo que pagas (en tiempo, dinero y energía). Si hay una cosa que debiera ser una prioridad en tu vida, es la relación sexual. Entonces, ¿por qué no hacer algo excitante? Vuelve a tratar una vez más a tu esposa como a una novia. Si lo haces, tu mujer, que funciona como una de esas ollas que se calientan poco a poco, puede convertirse en un microondas. Y ten cuidado: comenzará a perseguirte.

Cinco maneras de romper la rutina previsible

1. Hazle el amor a los pies de tu cónyuge (a cualquiera le encanta un buen masaje).
2. Frótale la cabeza (ahh...).
3. Dúchense juntos.
4. Váyanse a la cama vestidos por completo, con la expectativa de que el otro sabrá cómo quitar esa ropa.
5. Frótense el uno al otro el cuerpo con aceite perfumado (y no me refiero al aceite para autos).

Si eres una mujer, qué me dices de un breve mensaje pegado en el maletín de tu esposo que diga: «¡Buenas noticias! Esta noche los hijos no están. Se van a casa de los abuelos. Tengo algunos entremeses para darte (cositas que planeo ponerme). Te veré enseguida después del trabajo». Muy bien, si eres un hombre y recibes ese mensaje a las diez de la mañana, ¿en qué pensarás el resto del día? Te aseguro que los engranajes sacarán chispas. Esa mujer que tienes estará en tu mente sin importar los plazos de entrega que tengas. No importa si tu jefe es un bruto, si detestas el trabajo que tienes, porque no tiene futuro o si tienes migraña. Todas esas cosas desaparecerán de repente ante el resplandor dorado de la expectativa. ¡Y vaya si querrás complacer a esa esposa! Como dice mi mejor amigo, el cabezón: «Si no tienes que darte una ducha después de tener relaciones sexuales, no has tenido una relación fabulosa».

Con poca idea y poca planificación, se sorprenderán de lo felices que pueden ponerse el Sr. Feliz y la pequeña Srta. Encantadora, y cuánto tiempo durará este recuerdo.

P: A partir del primer año de nuestro matrimonio, nuestra vida sexual se ha ido por la cañería. Mi esposa nunca inicia la relación sexual y casi nunca me besa. Estoy cansado de sentirme rechazado. Me deprime por completo pensar en vivir los próximos cincuenta años de esa manera.

R: Entonces, es hora de ir donde no te sientes cómodo. De lo contrario, tendrás la tendencia a repetir el mismo modelo de relación que vives ahora. Existen muchas cosas que puedes hacer para que tu matrimonio sea más excitante, para que tu vida sexual sea más importante. Aun así, sabes que todo se reduce a las relaciones y a la clase de sacrificios que están dispuestos a hacer el uno por el otro. Por tanto, comienza con algo que no te resulte cómodo. De todos modos, no tienes mucho que perder si tu vida no está llena de sorpresas en la actualidad.

Permíteme darte un ejemplo de mi experiencia personal. Digamos que mi esposa es pudorosa. Cuando estamos en la habitación de un hotel y ella sale de la ducha, ¿la veo a ella? No, veo una toalla con el logotipo del Holiday Inn que la envuelve. Así es la mujer. Se viste en el vestidor. Es tan conservadora como puede serlo.

Ahora bien, siempre hemos celebrado nuestros aniversarios de lo mejor. (Pienso que vale la pena celebrar el matrimonio). Una vez al año, el 5 de agosto, hago un esfuerzo extra y especial para asegurarme de que Sande comprenda lo satisfecho y feliz que estoy de llamarla mi esposa.

En época de verano, vivimos al oeste del estado de Nueva York, que no está muy lejos de Toronto, Canadá. Toronto es un lugar apasionante para visitar. Y, una vez más, a mi esposa le encantan los restaurantes de cinco cubiertos. Los que son elegantes de verdad. Yo los detesto con toda el alma. Sin embargo, ¿sabes una cosa? Quiero complacerla, ¿así que adónde la llevo? ¡A los cinco tenedores!

Un año, hice los arreglos para llevarla a ver *El Fantasma de la Ópera* en el teatro Pantages. Para la noche siguiente hice una reserva para las siete y media en un restaurante de cinco tenedores. (A mí me gusta cenar a las cinco, y cuanto menos utensilios, mejor. ¿Te das una idea de lo que estoy diciendo? Todo fue para que mi esposa estuviera feliz).

Volvamos a esa noche. Son las siete y media, la hora en que se suponía que debíamos estar en el restaurante, y Sande todavía está en el baño alistándose. Entonces, grito:

—Oye, cariño, ¡vamos! No nos guardarán la reserva.

—Enseguida voy, mi amor.

Sí, claro. Conozco a Sande lo suficiente.

Al cabo de diez minutos, todavía estoy yendo de un lado para el otro, con un saco deportivo y la corbata puestos. (Cabe destacar que la única otra oportunidad en que me verás con un saco deportivo y con corbata es en los funerales).

Por fin, sale... en camisón, un camisón transparente. ¡Mi esposa! ¡La bautista!

Me quedo mirándola fijo y balbuceo:

—No com... prendo.

De repente, llaman a la puerta. Sande regresa al baño y cierra la puerta enseguida. Yo estoy allí parado como un ciervo encandilado en medio del camino. De algún modo, debo habérmelas arreglado para llegar hasta la puerta y abrirla.

Allí parado se encontraba un muchacho. No sé qué fue lo primero que dijo. A juzgar por la mirada en su rostro, debe de haber pensado que yo estaba descompuesto o algo por el estilo. Al final, sus palabras se abrieron paso en mi ofuscado cerebro.

—Señor, tengo su cena. ¿Puedo traerla?

—Por supuesto.

Entonces, la trae. Todavía pasmado, firmo sobre una cosita de cuero.

Cuando se va, Sande regresa... todavía con ese camisón transparente... y trae dos velitas.

—Leemie, Leemie, está bien... —me dijo acercándose—. Solo pensé que debíamos comer aquí esta noche.

—Muy bien —le digo. Y esos son todos los detalles que les daré. (Tengo algunos escrúpulos en las historias que cuento). Sin embargo, les digo que fue fabuloso.

> *¿Quieres hacer que un hombre de cuarenta, de cincuenta o de sesenta años de edad sonría durante algunos días? Sal del baño con un camisón transparente.*

¿Quieres hacer que un hombre de cuarenta, de cincuenta o de sesenta años de edad sonría durante algunos días? Sal del baño con un camisón transparente. ¿Por qué aquella noche fue excitante en especial para mí? Porque sé que Sande no es así. Hizo eso solo por mí, su esposo, para sorprenderme. Y fue una sorpresa que jamás olvidaré.

Tengo una noticia para ti. Yo también hago toda clase de cosas por ella. Esto es el matrimonio: conocer las necesidades de tu esposa, conocer las necesidades de tu esposo y satisfacerlas con una cara feliz.

Y, también, con algunas sorpresas.

Hablemos con franqueza

¿Por qué soportas lo que es aburrido y previsible? Te mereces mucho más.

El hombre inteligente es el que sorprende a su esposa con flores y un camisón nuevo. La mujer inteligente es la que le envía un correo electrónico a su esposo el día de su aniversario (o cualquier día del año) y le dice: «Oye, tengo una idea. Tengo sesenta dólares. Si tú tienes sesenta dólares, podemos encontrarnos en tal o más cual hotel.

Créeme, tengo algo para mostrarte. ¿Y adivina qué? El que llegue primero no tiene que pagar».

Te garantizo que ese hombre apagará su computadora y saldrá corriendo de su oficina lo más rápido que le den los pies. ¿Quién desearía perdérselo? Entonces, diviértete. Rapta a tu cónyuge. Actúa como cuando eran novios. Renueva la chispa de tu intimidad, y podrás disfrutar de un matrimonio más dulce, más *sexy* y más satisfactorio de lo que jamás hayas soñado posible.

15

¡La cintura abultada puede ser sexy!

Nunca olvidaré un programa matutino en particular en *Good Morning America*. Me habían invitado para hablar sobre los problemas matrimoniales y familiares, y tenían un espacio para hablar de las muñecas Barbie. «Miren lo perfectas que son todas ellas», dije. Es interesante ver en qué se concentra el comercio y los estándares poco realistas que tomamos como ideales e intentamos alcanzar. Una vez, alguien dijo bromeando que si conoces a una mujer en la vida real con la figura de una Barbie, jamás podría caminar derecha con unos pies tan pequeños, con esas caderas redondeadas y un busto tan pesado.

Te desafío a que vayas al centro comercial, a que te sientes en un banco y mires a toda la gente que pasa. ¿Cuántas mujeres bonitas, parecidas a una modelo, que pesen menos de cincuenta y siete kilos puedes ver? ¿Cuántos hombres apuestos, esculturales, con abdominales bien marcados puedes ver? ¿Cuántas personas están vestidas para dejar a todos boquiabiertos, sin un kilo de más y piernas largas que quedan bien de verdad con una minifalda? ¿Cuántas personas hacen que te pares en seco y digas: «¡Vaya, mira *eso*!»? ¿Una en quinientas? ¿Una en mil? ¿Una en dos mil? ¿No es así? La realidad es que casi todos nosotros somos personas promedio, en el mejor de los casos. Ahora bien, es probable que no te guste admitirlo. Nadie quiere que le digan que es una persona promedio, pero es lo que somos la mayoría. Entramos en la maravillosa y gran categoría de ser bastante promedio.

Y, aun así, nos comparamos con los demás: *¡Soy demasiado viejo! Tengo caderas gordas. Mis pechos deberían ser más grandes...* La lista continúa.

Como la naturaleza de la relación sexual es tan íntima, uno de los primeros lugares donde aparece el juego de la comparación es en la vida sexual de la persona. *¿Por qué habría de querer tener relaciones sexuales conmigo? Desde que iba a la universidad, aumenté diez kilos y, ahora, mis muslos parecen dos troncos de árbol.*

A pesar de eso, les garantizo, señoras, que cuando su hombre las tiene en la cama, no está pensando en esos pequeños depósitos de grasa. Está pensando en tus pechos, que ahora son mayores, y en otra pequeña parte que le resulta más intrigante que tus muslos, que para él tienen su propia belleza y atractivo. Si está pensando en tus depósitos de grasa, necesita que le revisen el motor masculino, porque algo anda mal en ese hombre.

Lo cierto es que, a medida que maduramos, nos expandimos. ¿O será que el mismo peso se acomoda de manera diferente, un poquito más abajo y más hacia los costados? De cualquier manera, no puedes tomarte la vida tan en serio. ¿No será hora de que no te lleves tan recio, de que aceptes los depósitos de grasa que tienes y sigas adelante?

P: Mi esposa tiene un hermoso cuerpo talla L, y yo amo cada centímetro de él. No obstante, cuando nos preparamos para tener relaciones sexuales, ella siempre apaga la luz y se tapa hasta el mentón. Yo quiero *verla*. Me gusta mirarla; eso me excita. Es una mujer guapísima y Dios me la dio hace nueve años. ¿Cómo puedo hacerle entender que la amo a *ella* y que, para mí, cada año que pasa está más *sexy*?

Por qué las modelos se ven tan bien: Trucos del mercado

1. Le sacan un millón de veces una foto y eligen la mejor.
2. Tienen maquilladores artísticos y estilistas que les arreglan el cabello.
3. Un estilista les escoge con sumo cuidado la ropa para que sea la que mejor les sienta y les ponen alfileres en los lugares apropiados a fin de que les quede pegada al cuerpo.
4. Usan tacones altos con toda la ropa para verse más altas y distribuir el peso a lo largo de las líneas estilizadas.
5. Todos los defectos que tienen se arreglan con el *Photoshop*.

R: ¡Muy bueno de tu parte! Tienes la actitud adecuada. Cerca del noventa y nueve por ciento de las mujeres también te aplauden y te vitorean. Todas te quieren como esposo. Tus prioridades están bien.

¿Cómo puedes hacer para que tu esposa comprenda lo hermosa que es? Acaríciala. Susúrrale palabras de amor al oído. Dile que es hermosa. Llévale flores. Cortéjala como loco. Si a ella le molesta su peso, dile que la amas tal cual es. Ofrécele llevarla a comprarse un nuevo vestido provocativo, algo que pueda ponerse solo para ti. Poco a poco, tu esposa se sentirá más cómoda con su cuerpo (al menos cuando está contigo). Y, además, ah, ¡cómo se divertirán!

Sigue haciendo exactamente lo que estás haciendo. Yo te aliento desde las líneas de banda.

P: Cuando tengo relaciones sexuales con mi esposo, siempre caigo en la rutina de compararme con su hermosa ex. Sé que de ninguna manera puedo estar a su altura (la Srta. 90-60-90), y me siento fea de verdad. Puedo ver la desilusión en los ojos de mi esposo cuando

retroceda de lo que ha logrado, pero me siento solo. ¿Cómo puedo decírselo sin hacerla sentir culpable (ya que no lo merece)?

R: Piensa en tu esposa que trabaja fuera de la casa y que viaja, como si fuera una madre que se queda en casa con tres pequeños. Sin embargo, en cambio, la gente con la que trata tu esposa son vicepresidentes, gerentes y otras personas del mundo de los negocios en las firmas donde trabaja. Así como esos enanitos perturbadores pueden succionar la energía de una madre, la increíble presión de alguien con una posición encumbrada (tanto hombres como mujeres) puede tener el mismo efecto sobre la energía, la libido y el comportamiento en general.

Entonces, ¿por qué no planear algo de espontaneidad durante los momentos en que tu esposa está en casa? Llévala a cenar y después a un bonito hotel para pasar la noche (empaca su maleta, así no tiene que hacerlo ella, que ya bastante lo hace). O, como está tanto tiempo fuera, ármale su propio balneario en el hogar. Velas, aceites para baño, toallas limpias recién sacadas de la secadora, todos estos elementos son maravillosos para crear un ambiente y hacer que una mujer diga: *En realidad, él me ama.*

Como tienes suficiente tiempo para estar solo, tienes suficiente tiempo para planear algunas cosas. Programa un masaje que le quite algo del estrés de su vida agitada. Luego, paga el masaje por adelantado, así ella solo tiene que relajarse.

El mundo de hoy es ajetreado y muchas parejas ejercen sus profesiones a la par. Leslie y Brian, una pareja que conozco, viajan los dos. Ella pasa dos semanas al mes en Hong Kong; él está una semana en Londres todos los meses. Sin embargo, se las arreglaron para conseguir que sus agendas coincidieran de modo tal que puedan estar fuera las mismas semanas. Durante las dos semanas que están juntos, se concentran en el tiempo como pareja y hacen cosas divertidas cuatro noches en la semana, ellos dos solos. Las otras noches, las dejan como tiempo para sociabilizar con sus amigos.

Te puedo asegurar que tu esposa ya se siente culpable por el cargamento de cosas que no puede llegar a hacer. No necesita una dosis extra de tu parte. Por lo tanto, la manera en que te acerques a ella será de suma importancia.

vez y, como resultado, supones cosas respecto a la vida sexual de ellos. Si la Srta. 90-60-90 era tan hermosa y perfecta, ¿por qué tu esposo está contigo? Debió haber alguna falla en su carácter o en la relación. Entonces, ¿por qué le estás permitiendo que tenga como rehén tu vida sexual?

Concéntrate en la realidad de que tu esposo te eligió a ti. Terminó con su ex. Es evidente que de ningún modo se igualaba a ti, porque tú eres la que se llevó el premio: él. Entonces, persigue a ese hombre por el premio que significa. Crea algunos recuerdos sexuales nuevos con él a fin de opacar cualquiera que tenga con la rubia perfecta. No me digas que esta tarea no parece divertida... para ambos.

P: Mi esposa tuvo dos hijos, así que no tiene las curvas que solía tener. Como mi mamá era muy dejada (siempre iba de compras con un pantalón para hacer gimnasia y a mi padre lo ponía furioso), para mí es importante tener una esposa que se mantenga bien parecida. Entonces, cada vez que le digo algo acerca del peso o de hacer una dieta, me corta las provisiones en el dormitorio durante dos semanas. ¿Cómo puedo mostrarle que la amo por lo que es, pero que también quiero que se vea de la mejor forma posible?

R: ¿A quién tienes en mente cuando haces esta pregunta, a tu esposa o a ti? ¿Tienes en mente lo mejor para tu esposa o solo no quieres sentirte avergonzado por una esposa que es una «dejada» (como era tu madre)? Antes de tratar la cuestión de tu esposa, debes ahondar un poquito más en tu propio trasfondo y en cómo trataba tu padre a tu mamá. ¿Tu madre era una dejada porque tu padre era muy crítico? ¿Tu madre incluso habrá engordado y habrá usado pantalones de hacer gimnasia para mantener a tu padre sin interés en tener relaciones sexuales con ella? ¿Cómo era la relación entre ellos? ¿Qué influencia ha tenido en ti, tanto en tu niñez como ahora que estás casado?

¿Acaso será posible que tu esposa haya aumentado de peso porque eres crítico con ella? ¿Es posible que te corte las provisiones en el dormitorio para esconderse de tu crítica?

Recuerda que cuando señalas a tu esposa con un dedo, hay otros tres que te señalan a ti. Entonces, primero resuelve tus problemas.

168

en los que nos sentábamos juntos a conversar y a hacer el amor. Parece que esos momentos se dan con cada vez menos frecuencia, y eso no me gusta. Quiero que esto cambie. ¿Cómo te sientes al respecto?».

Al usar estas palabras, te concentras de plano en la situación, le aseguras a ella que la amas y le sugieres que ambos deben buscar alguna clase de compromiso que sea posible de cumplir por parte de los dos.

Existen muchas opciones. Si ella tiene un trabajo fenomenal y le encanta, y tu trabajo no es tan fabuloso o no sientes tanta pasión por él, tal vez *tú* podrías considerar la posibilidad de cambiar de trabajo o de quedarte en casa. En estos tiempos, hay muchos mariditos o papitos que se quedan en casa.

A la larga, ¿qué es más importante, las cosas o la gente, la profesión o el matrimonio?

Es triste, pero puedo responder esta pregunta por la mayoría de los estadounidenses: la profesión es lo primero. Y mira la tasa de divorcio.

Si quieres seguir casado y ser feliz en tu matrimonio, harás todo lo que sea necesario para mejorar la comunicación profunda con tu cónyuge y para compartir la vida.

P: Mi esposo es un adicto al trabajo. Su naturaleza autoexigente le ha quitado la chispa a nuestra relación y ha convertido nuestra casa en un lugar de tensión (si no llega a entregar un trabajo a término, toda la familia en pleno siente su frustración). Cuando se toma tiempo para la relación sexual, parece que eso también es una meta a alcanzar y carece del afecto, la espontaneidad y el amor que solíamos tener. ¿Cómo puedo decirle a mi esposo, sin ofenderlo, que quiero volver a tener al hombre del que me enamoré?

Si has criticado a tu esposa, es hora de pedirle perdón y de cambiar tu manera de ser (para que, más adelante, tus hijos no caigan en los mismos patrones).

También estoy bastante seguro de que una de las razones por las que te molesta que haya aumentado de peso es porque no te resulta *sexy*, ¿no es así? Cuando se casaron, es probable que fuera más delgada. Y para ciertos hombres, no todos, es más excitante que la mujer sea delgada y «sexy». Si quieres que tu esposa baje de peso, lo primero que debes hacer, *ahora mismo*, es dejar de criticarla. No sugieras que coma de manera diferente; no la molestes si la ves comer chocolate. Además, discúlpate por la manera en que has estado actuando, como si ya no tuviera el mismo valor para ti, como si ya no estuvieras más comprometido o no la amaras, solo porque aumentó algunos kilos. Eso no es amor para siempre; eso es amor condicional (tal vez algo que vieras en la relación de tus padres, ¿y quieres parecerte a ellos?). Tu esposa nunca deseará cambiar si siente que nunca puede satisfacerte, si ya no puede volver a ser lo suficiente buena para ti.

Por qué las mujeres reales como tú son más *sexys*

1. Tú eres de verdad. No hay *Photoshop* allí.
2. Te has ganado cada arruga; debes estar orgullosa de ellas.
3. Tu cuerpo ha albergado a los hijos del hombre que amas.
4. Tu esposo te ama, te necesita y te desea, tal como eres.

El aumento de peso de tu esposa no tiene nada que ver con tu satisfacción sexual. En cambio, sí tiene que ver con tu pasado, con tus padres, con las creencias y el reglamento que acarreas desde la niñez, y con la relación que has formado con tu esposa.

Comprométete a amar a tu esposa y déjala que ella se ocupe del resto.

Hablemos con franqueza

Cuando te sientas tentada a lamentarte porque tienes unos kilos más que antes para que tu esposo ame, dilo en voz alta. «Muy bien, peso más de lo que solía pesar. Y también tengo grasa de más para mover». Ahí está, ya lo dijiste. No fue tan malo, ¿no es así? Ahora, puedes seguir adelante con tu vida.

Sin embargo, ¿qué es más importante para tu esposo que te ama y que desea estar contigo? Él anhela una compañera dispuesta en la cama, porque esa es la esencia de dos que se vuelven uno. Es muy probable que si tú has aumentado de peso, él también haya aumentado. Entonces, ¿deberían dedicar tiempo a intercambiar historias sobre cuántos kilos aumentaron o deberían concentrarse en comer juntos de manera saludable y mantener una relación saludable también en otras formas, incluyendo la relación sexual?

Sin duda alguna, eso me parece mucho más divertido. ¿Qué me dices tú?

16

¡Auxilio! Me casé con un juez

Enfrentemos al mayor asesino de la relación sexual:
la crítica.

S i hay algo que puede matar una vida sexual más rápido que
cualquier otra cosa, es una persona con ojos críticos. Por esta
razón, incluyo un capítulo aparte sobre la crítica, porque a cada
momento recibo preguntas respecto a cómo lidiar con este asunto. La
naturaleza misma de la relación sexual en un matrimonio saludable
tiene que ver con la espontaneidad y con la entrega mutua de amor
incondicional, afecto y cercanía. En cuanto la crítica entra en un
matrimonio, cambia toda la atmósfera. Los esposos se ponen en
guardia y a la defensiva, y su relación tiene un olor desagradable a
amor condicional. «Es un tipo genial», dice la esposa, «hasta que lo
contrarías». «Ella es una mujer genial», dice el esposo, «siempre y
cuando se haga lo que ella quiere».

Las personas que critican son hedonistas, se preocupan solo por
sí mismas y les cuesta pensar en cómo puede tomar su crítica la otra

persona. Muchas veces, el cónyuge crítico en un matrimonio es un primogénito que sabe «cómo deben ser las cosas» (refiriéndose a su criterio personal).

¿Qué le sucede al cónyuge que es el receptor de la crítica? Siente que está parado todo el tiempo sobre una trampa... y que puede abrirse en cualquier momento. Entonces, está siempre en guardia.

A nadie le gusta que lo critiquen. La crítica socava el cimiento mismo del matrimonio: el amor y el respeto. Si un esposo critica a su esposa mientras están cenando, es muy poco probable que ella se convierta en una compañera sexual amorosa y deseosa después del noticiero de las diez de la noche. No sucederá, porque la crítica arruinó la atmósfera, el ambiente que ella necesita para participar de manera plena y feliz en la relación sexual. No puede disfrutar de ella si está esperando que venga la próxima envestida.

Por muy grandes y más rudos que parezcan los hombres por fuera, son verdaderos niñitos en su interior. Toda la especie masculina es susceptible en extremo a la crítica. Tal vez tu esposo no demuestre que está enojado, pero no te quepa la menor duda de que estará enojado en su interior. Se encerrará dentro de su caparazón y no saldrá de allí. De ninguna manera. Puedes leer la revista *Oprah* de tapa a tapa (si quieres, puedes leer todos los ejemplares de un año) y no lograrás que él salga de su caparazón. Es decir, no lo hará hasta que digas las palabras: «Lo lamento. Me equivoque. ¿Me perdonas?».

Es cierto que se cazan más moscas con miel que con vinagre. Es probable que algunos de los viejos consejos de la tía Marta valgan su peso en oro.

P: En cuanto mi esposo entra por la puerta, encuentra algo que criticar: No he limpiado la cocina lo suficiente. Su camisa favorita no está lavada. Los niños hacen demasiado ruido. ¿Cómo puedo explicarle lo mal que me hace sentir, teniendo en cuenta que he trabajado sin cesar todo el día? He perdido todo interés en la relación sexual con él, pero lo hago solo porque tengo que hacerlo. En estos días, lo que deseo es que no llegue a casa hasta después que los niños estén en la cama y yo haya tenido la oportunidad de relajarme... o que, al menos, pueda fingir que estoy dormida.

R: Te sientes atacada y con justa razón. Es como si tu esposo entrara a tu casa todas las noches y te lanzara un montón de misiles que tienes que esquivar. Tu hogar debería ser un lugar de refugio, pero allí recibes ataques. Además, los misiles provienen de la persona que más debiera apoyarte.

Te diré cuál es la verdadera raíz de la crítica: la inseguridad, el temor y la ira o el control. Está dirigida a una *persona*, en lugar de estar dirigida a una conducta. Tu esposo está muy ocupado en tratar de quitarte a martillazos tu sentido de autoestima.

Sin embargo, ¿cómo se supone que debe ser el amor? Bondadoso, amable y constructivo. Esto no se parece a lo que tu esposo lanza en tu dirección.

Cuando una esposa que conozco se hartó una noche de las críticas de su marido, tomó una rápida decisión. Cuando criticaba la forma en que ella limpiaba la cocina después de la cena, solo sonreía y decía: «Bueno, como tú sabes tanto sobre cómo debería hacerse esto, lo dejaré en tus diestras manos. Los niños y yo nos iremos a tomar un helado. Sin duda, estaremos de regreso para cuando hayas terminado». Subía a los niños al auto, ¡y se iban! Cuando hablé con ella hace poco, habían pasado tres meses desde que hiciera la escapada del helado. Desde entonces, nunca más criticó la manera en que limpiaba la cocina.

Cinco maneras de aplastar el amor

1. Lanza una lluvia de pullas, indirectas y ataques verbales.
2. Usa las balas hasta llegar a construir un muro con el tiempo.
3. Nunca hables al respecto.
4. Vete enojado a la cama.
5. Decide que no vale la pena y ríndete.

Ah, entonces los hombres *son* capaces de aprender. Algunas veces, solo necesitan un pequeño codazo.

Tal vez sea eso lo que necesita tu esposo... esta noche.

P: Crecí en un hogar donde mis padres eran críticos en extremo. Me exigían normas muy altas (incluso más altas que las de los otros hijos, ya que soy la primogénita). Algunas veces, descubro que caigo en la trampa de criticar a mi esposo: sobre cómo le cambia el pañal a nuestro hijo, la manera en que dobla la ropa y por lo desordenado que está el garaje. Sé que debo dejar de hacerlo, porque veo que a él lo hiere (se queda muy callado y baja a mirar televisión, en lugar de acurrucarse junto a mí cuando el bebé se duerme al fin), pero parece que no puedo dejar de hacerlo. ¿Me puede ayudar?

R: Si creciste en medio de una intensa crítica, no es de sorprenderse que te resulte difícil romper el patrón.

Sin embargo, déjame presentarte un desafío. Como tu pensamiento tiene un patrón negativo que puede detectar una falla a cincuenta pasos de distancia, antes de abrir la boca, haz un alto y piensa: *¿Qué digo casi siempre en esta situación? ¿Qué dirá mi nueva forma de ser en esta situación?* En otras palabras, busca maneras de transmitir la información de forma alentadora en lugar de desalentadora.

El pastor y orador inspirador Joel Osteen es popular en gran medida hoy en día. Si escuchas sus mensajes, ¿sabes qué encontrarás? Mensajes que hablan de alentarse los unos a los otros, de elevar a los demás y de ser positivos en lugar de negativos. ¡La gente se muere por oír esto!

¿Qué es lo que tu esposo se muere por escuchar de tu boca? Te garantizo que la manera más rápida de hacerlo regresar a tu cama, y de mantenerlo allí, es decir las palabras mágicas: «Cariño, lo lamento. Me equivoqué. ¿Me perdonas?».

Todos los días, asegúrate de decirle a tu esposo al menos dos cosas que te gustan y valoras en él. Cuando abres la boca para criticarlo porque no dobla la ropa como es debido, piensa muy bien en lo que vas a decir. ¿Vale la pena dejar la vida por tener la ropa bien doblada? Si lo es para ti, tal vez necesitas más ayuda de la que puedo darte.

P: Cada vez que le pido a mi esposo que haga algo de manera diferente, se pone a la defensiva y dice que lo estoy criticando. ¿Cómo puedo evitar esta situación? Está afectando todo en nuestra relación; en especial, nuestra vida sexual (o más bien, debería decir, la falta de ella).

R: Puedo suponer que tu esposo se muestra reacio a recibir tus comentarios, porque controlas demasiado su vida y sus acciones. (O tiene recuerdos de cómo su madre controlaba su vida y sus acciones, y los proyecta sobre ti). Todo hombre quiere ser un hombre. Eso no quiere decir que no te escuche. No, tu esposo tiene oídos y será todo oído si te diriges a él de una manera respetuosa. Lo que tu esposo quiere es que lo valores como hombre, no que lo trates como a un niño al que hay que decirle todo. Si le restas valor, esto se pondrá de manifiesto en su actitud hacia ti y en todo aspecto de tu relación.

¿Qué puedes hacer? Debes asegurarte de separar el acto o la conducta de la persona. Si tu esposo creció en un hogar crítico, con una madre crítica o un padre crítico (o lo que es peor, los dos), se mostrará más sensible ante este problema.

Seamos sinceros. Nuestra sociedad, desde sus cimientos, está construida sobre la negatividad. Un niño de cuarto grado tiene una prueba de ortografía y se equivoca en dos oraciones, ¿y qué ponen en lo alto del papel? «Menos 2». Me pregunto qué tiene de malo poner «Más 23». Sin embargo, no pensamos en esos términos, sino en términos negativos.

Cuando trasladas esta tendencia a ser negativo al matrimonio, no debe sorprendernos que se levanten defensas y que, ahora, los separen los muros. Con cada crítica, añades otro ladrillo al muro. Se bloquean el uno al otro. No obstante, con el tiempo, el muro se vuelve tan alto que no puedes ver a través de él y tan grueso que no puedes traspasarlo. Por lo tanto, deja de existir la relación.

A veces, las parejas no están de acuerdo. Entonces, cuando eso sucede, es importante separar a la persona de la conducta. Es probable que no te guste lo que hace tu cónyuge, pero a pesar de eso debes mostrarle que lo amas. Tu relación debe ser más importante que el problema que tienes entre manos.

P: Mi esposo y yo tenemos casi sesenta años. Hace cuatro meses, Frank decidió jubilarse antes de tiempo de su empleo como administrador de empresas. Ahora que está en casa, aún sigue «administrando».

A cada momento sugiere «mejores» maneras de hacer las cosas, como las compras de provisiones, el lavado de la ropa, todas las cosas que he hecho durante más de treinta años de casada, y hasta insiste en que deberíamos cambiar el programa para sacar a caminar al perro. (De todas formas, ¿por qué se interesa en estas cosas ya que he sido yo la que las ha hecho durante todos estos años?).

No estacionar

Supe que estaba en problemas cuando entré al dormitorio y vi un cartel colgado sobre la cama que decía:
Ni siquiera PIENSES en estacionar aquí.

Luego, hace una semana, pegó en la puerta de nuestro dormitorio un programa para la frecuencia de nuestras relaciones sexuales. Eso fue la gota que colmó el vaso. Digamos nada más que, desde entonces, yo he dormido en la habitación de huéspedes y que él no es bienvenido, ni siquiera en las noches programadas para tener relaciones sexuales.

¿Es esta la jubilación que esperábamos? Lo único que deseo es que regrese a la oficina. En este momento, parece muy agradable la idea de un vuelo a alguna isla del Pacífico... *yo sola*. ¿Tenemos alguna esperanza?

R: Una vez, la esposa de un entrenador de fútbol americano me dijo: «¡Oye, Kevin! Acabo de darme cuenta por qué mi esposo y yo nos llevamos tan bien. Es porque él siempre está de viaje».

¿Te recuerda algo? Algunas veces, cuando un hombre se jubila y se queda en su casa, vive un tiempo difícil. Ten presente que era un administrador, el tipo que tenía la última palabra... y que, como es natural, era un detector de faltas.

Bueno, lo que las mujeres menos necesitan en el mundo es un detector de faltas. Después de todo, ya eres bastante exigente contigo misma. Además, has manejado tu casa durante X número de años, la mayor parte sola, y lo has hecho bien, así que muchas gracias por los consejos, pero paso. Ahora, el Sr. Administrador regresa a casa y decide que reacomodará todo lo que has manejado con capacidad durante todos estos años... sin todos los otros programas extra, muchas gracias.

No cabe duda de que debes conversar con ese hombre, en especial sobre el programa de relaciones sexuales en la puerta del dormitorio. Eso ya es el

La crítica erosiona el cimiento de un matrimonio. Todo tiene que ver con el control y no con el amor.

colmo, incluso para una personalidad de administrador (a menos, por supuesto, que los dos tengan personalidades administradoras del tipo A, y los dos hayan creado juntos un programa).

Deben definir bien los papeles de quién hace cada cosa en la familia. Él ha sido una persona exitosa y ocupada, y apuesto a que la definición de funciones sigue siendo importante para él. Muchas manos en un plato hacen mucho garabato; así que a él le asigno la tarea de pagar las cuentas de la familia, si no lo está haciendo ya. Déjalo que haga cualquier búsqueda en la Internet que necesite la familia. Sugiérele que haga algo con sus amigos.

Piensa en lo que sucede en tu hogar de la siguiente manera: los dos han remado de forma individual en las canoas por el río de la vida. Ahora, una de las canoas se fue a la deriva, así que deben entrar los dos en la misma canoa y pensar quién remará y hacia dónde lo hará.

Lo que experimentan es muy común. Han pasado todas sus vidas separados el uno del otro durante la mayor parte del tiempo y, ahora, se encuentran juntos, pisándose los talones. ¿Sabes qué sucede casi siempre con los jubilados? Uno de los dos, o ambos, se buscan una clase distinta de trabajo porque les resulta difícil tener al otro encima a cada momento.

Somos criaturas de hábito y no nos gusta la interferencia. Por lo tanto, este es el momento para una charla directa. Debes pensar en una división de tareas. Permite que tu esposo ayude con algunas cosas, ahora que tiene el tiempo y la disponibilidad que no tuvo durante los años de trabajo, y haz tú las otras. Luego, que cada uno administre sus responsabilidades particulares, sin pisar el territorio ajeno.

Ahora que tienes a tu esposo para que te ayude, tómate un respiro. Busca cosas que puedas hacer con tus amigas *y* con tu esposo. Matricúlate en un curso de fotografía en la universidad de la comunidad; estudia otro idioma; ve a nadar en alguna piscina que te quede cerca.

Descubran algo nuevo por completo... juntos. Ahora que tienen más tiempo, tómense su tiempo cuando hacen el amor. Tira ese programa. Dejen que suene el teléfono. Sean espontáneos. Prueben nuevas posiciones. Sean creativos. Rían.

Tales experiencias les darán la clase de lazos que necesitan en esta etapa de la vida. Buena suerte.

P: Le he perdido el respeto a mi esposo, porque él es muy crítico. No hay nada que haga bien y dice que debería hacer todo de manera diferente, ¿pero para qué intentarlo? Lo único que hace es criticar más mis esfuerzos. La última vez que hicimos el amor (digamos solo que fue hace mucho tiempo), nada de lo que hacía estaba bien. Mi camisón no era lo suficiente *sexy*. No había hecho todo lo posible por llegar al orgasmo o, de lo contrario, lo hubiera logrado. No es que siempre *diga* estas cosas de plano, pero puedo leerlas en su lenguaje corporal y en su impaciencia. Siempre ha sido la clase de hombre que le gusta pasar de una cosa a la otra a la velocidad de la luz. Solía admirar esta característica, pero ahora siento que quedo en medio de la polvareda.

R: Parece que has pasado algunas experiencias difíciles con tu esposo. Por lo que dices, sientes que ya dejaste de ser importante para él. Te haré una pregunta: ¿Por qué te casaste con ese hombre? ¿Cuáles eran sus cualidades positivas? ¿Ahora solo te concentras en sus cualidades negativas? ¿Tal vez él se esté concentrando en *tus* cualidades negativas más que en esas que hicieron que se enamorara de ti?

Permíteme desafiarte a hacer algo. Durante la próxima semana, todos los días, escribe cinco cualidades positivas de tu esposo. Pégalas con toda naturalidad en el refrigerador. Si te pregunta qué estás haciendo, solo dile: «Hago una lista de las cosas que me gustan de ti». Luego, aléjate. Esto debería llamarle la atención. A medida que vea que la lista crezca día a día, lo descubrirás espiándola cuando piensa que no puedes verlo. Hasta es probable que comience a hacer algunas preguntas que los prepararán a ambos para la conversación que llegará de forma inevitable. Si te pregunta por qué haces la lista, solo dile que en este momento tienes luchas internas, porque parece que todo lo que haces no es lo debido o no es lo bastante bueno. Sientes que nunca podrás complacerlo, así que te esfuerzas por recordar las cosas buenas.

Si tu esposo tiene algo de cerebro, comenzará a captar cómo son las cosas. Es de esperar que esa información (y su naturaleza competitiva) le hagan comenzar una lista propia de *tus* cualidades positivas y lo ayuden a domar su lengua crítica.

Un adagio para la vida

Para las edades de cuatro a ciento cuatro años
Si no puedes decir algo agradable, no digas nada en absoluto.

Además, a medida que hagas la lista de aspectos positivos de tu cónyuge, todos los días un poquito, la lista comenzará a abrirse paso de nuevo en tu corazón. Si actúas de acuerdo con el amor que le prometiste en los votos matrimoniales, es probable que te sorprendas al volver a tener esos sentimientos que pensaste que nunca volverían.

Hablemos con franqueza

Una vez le pregunté al entrenador de baloncesto Lute Olson qué hacer en cuanto a la crítica: ¿Debes creerla? ¿Debes hacer algo al respecto o solo encogerte de hombros y dejarlo pasar? Lo pensó por un momento. «Kevin, depende de quién te critique».

Bingo. ¿Confías en la persona que te critica? ¿Existe alguna razón por la que te critica? ¿Tienes algo que aprender de sus palabras, puedes mejorar en algo? ¿La crítica está equivocada o es algo que no puedes cambiar?

Si tú eres el que tiene el ojo crítico, ¿es en verdad necesario expresar tu crítica? ¿Mejorará algo en tu relación o causará daño?

La crítica erosiona el cimiento de un matrimonio. Todo tiene que ver con el control y no con el amor. Entonces, ¿puedes estar en desacuerdo con algo que hace tu cónyuge? Por supuesto. Y puedes decirlo. Aun así, este desacuerdo está dirigido a la acción o al suceso, no a la persona. La crítica está dirigida a la persona y erosiona la relación y, ustedes, damas y caballeros, no quieren llegar a ese punto. Es sabio cortar el flujo de la crítica.

17

¿Demasiado agotada para chillar de alegría?

Qué hacer cuando tu cónyuge te echa esa mirada que te frena en seco... y tú ya tienes el impulso sexual por las nubes.

¿**S**aben una cosa? Cuando hablo a las diez de la mañana y les pregunto a las mujeres: «Damas, ¿qué cocinarán para la cena de hoy?», ¡la mayoría lo sabe! Es más, pueden dar al menos tres o cuatro detalles sobre la cena: «Comeremos pollo, brécol, arroz... ah, y helado de postre». Lo interesante es que esto no cambia según la mujer trabaje sobre todo en el hogar, tenga una profesión fuera de la casa o trabaje a medio tiempo o a tiempo completo. En general, las mujeres lo saben. Incluso si van a comprar comida china para llevar, saben lo que hay en el menú. Son planificadoras. Tienen incorporada la confección de listas de quehaceres.

¿Y los hombres? Cuando pregunto: «Hombres, ¿que comerán esta noche en la cena?», solo se encogen de hombros, el símbolo universal para decir «No tengo idea».

¿Ven adónde quiero llegar aquí?

Cuando le digo a mi esposa: «Cariño, ¿puede venir Fulano de Tal a comer?», de inmediato, ella comienza a pensar: *Ay de mí. ¿De qué está hablando? Tengo que ir a hacer las compras, limpiar la casa, preparar algo exquisito de verdad para el almuerzo...* Todo lo que yo pienso es: *Lo único que quiero es que él venga y vayamos a pescar al lago.* Sin embargo, ella comienza de manera automática a elaborar una lista mental de las cosas que deben hacerse. En cambio, a mi compañero y a mí no nos interesa lo que comeremos. Con unos sándwiches está bien. Y puedo garantizarte que mi amigo no está haciendo la prueba del polvo en nuestra casa. Sin embargo, verás, a mi esposa le importa, y como yo la amo, tengo que prestar atención a lo que está pensando detrás de bastidores.

Con todas estas listas de quehaceres que corren en la mente de una mujer y todas las actividades que, de algún modo, puede embutir en un día, suficientes como para atragantar a un caballo, no es de extrañarse que, algunas veces, llegue al final del día y diga: «¿Un interludio en el dormitorio? ¿Estás bromeando? Estoy demasiado agotada para chillar».

Caballeros, aquí es cuando tienen que aguzar el ingenio. Tienen que ponerse los pantalones... pero tal vez sea de una manera muy diferente a lo que piensan.

P: En los últimos tiempos, mi esposa está cansada de verdad... *todo* el tiempo. Sin embargo, es tan buena en todo lo que hace, que no sé muy bien cómo ayudarla para aligerar su carga. Sé que no haría las cosas tan bien como las hace ella. Desearía que no tuviera que trabajar medio tiempo, pero con el recorte de salario que me hicieron este año (que sin duda es mejor que un despido), ella tuvo que salir a trabajar. Quiero ser un buen marido para ella y un buen padre, pero algunas veces, me siento inepto.

R: Amigo, no eres el único. Nuestras esposas nos dejan atrás cualquier día de la semana, incluso en nuestros buenos días. Aun así, no permitas que los sentimientos de ineptitud te impidan intentar ayudar. Apuesto a que esa mujer que tienes quedará encantada con *cualquier* ayuda. Verás, lo que tu esposa más necesita es un esposo dispuesto que le diga: «Dime en qué te puedo ayudar y lo haré. ¡Tan solo dilo!».

Esto es de especial importancia para la mujer, porque su día gira en torno a su familia, ya sea que se trate de una madre que está todo el día en su casa o de una que trabaje medio tiempo o tiempo completo fuera del hogar.

Las mujeres realizan múltiples tareas y son brillantes en esto. Sin embargo, ser de esta manera es extenuante también.

(Un ejemplo que viene al caso: ¿cuántas *mamás* que trabajan fuera recogen a sus hijos de la escuela y de la guardería en comparación con la cantidad de *papás* que lo hacen? Con esto termino de explicar el caso). Hasta la mujer que es una empresaria ejecutiva piensa: *Veamos, ¿qué podemos comer en la cena? Esta noche, tengo que ayudar a Timmy con la tarea de matemática, tengo que recoger mi vestido en la tintorería...*

Las mujeres realizan múltiples tareas y son brillantes en esto. Sin embargo, al mismo tiempo, ser de esta manera es extenuante también. Entonces, revisa con sumo cuidado tu propia agenda. Si existen cosas de las que te puedes ocupar, como las compras en el supermercado o recoger a tu hija de la guardería tres días a la semana para que tu esposa pueda terminar su trabajo en la oficina durante el día en lugar de tener que regresar por la noche, ocúpate de ellas. De todos modos, exprésale primero tus ideas a tu esposa. Algunas cosas pueden servirle de más ayuda que otras. Usa los días libres que tienes para realizar cualquier cosa de su lista que tú puedas hacer (y también ocúpate de los niños). No te preocupes por hacer las cosas a la perfección. Solo ponte en acción y ayuda. Sería bueno que hubiera más hombres con tu actitud.

¿Y sabes una cosa? A medida que te lances a aligerar su carga, te asombrarás al ver cuánto más atraída se sentirá tu esposa hacia ti de manera física, emocional y sexual.

Ocho maneras de hacerle el amor a tu esposa... fuera del dormitorio

1. Fija un día para que ella vaya de compras y proporciónale el efectivo o la tarjeta de crédito.
2. Limpia el sótano y el garaje.
3. Arregla tu desorden, el de ella y el de los niños.
4. Lava los platos. (¿Sabes lo *sexy* que le pareces a tu esposa con un paño de cocina colgado sobre el hombro? Para una mujer es excitante).
5. No orines el asiento del inodoro, ni dejes la tapa levantada para que ella se caiga cuando va al baño a las tres de la mañana.
6. Pregúntale siempre cuál es su opinión.
7. Lleva a los niños al dentista o al médico. En realidad, lleva a los niños a todas partes...
8. Alquila una limusina para ir a buscarla y llevarla a cenar el día de su cumpleaños.

P: Hace siete años que estoy casada y la relación sexual no es tan importante para mí. Hace seis meses, comencé a trabajar en un nuevo empleo, y cuando llego a casa al final del día, estoy exhausta. Algunas veces, me doy cuenta de que mi esposo está de humor, pero para mí es demasiado trabajo hacer acopio de energía. Prefiero ponerme ropa cómoda y sentarme a mirar televisión.

Últimamente, la relación sexual tampoco ha sido algo muy importante para mi esposo. Ya ni siquiera me lo pide. Preferimos pasar la noche acurrucados en el sofá, mirando una buena película. Sin desorden, sin alboroto, sin quedar exhaustos. Creo que la relación sexual está sobrevalorada. Como la vemos todo el tiempo en las películas o en la televisión, pensamos que tenemos que hacerlo para no ser unos tontos. ¿Qué tiene de grandioso la relación sexual? No es más que sexo, ¿no es cierto?

R: Bueno, tu esposo está pasando por una depresión, tiene un problema con la testosterona masculina o solo se ha rendido debido a tu falta de interés. Aun así, te haré una pregunta: ¿ese hombre que tienes a tu lado es lo suficiente valioso como para mantenerlo en tu cama? Si es así, será mejor que con buena disposición le ofrezcas algo de acción, y pronto. Para un hombre, que le rechacen sus avances sexuales (por cualquier razón) es sinónimo de castración. No es para menos que tu esposo no quiera otra cosa más que quedarse en el sofá. El Sr. Feliz sabe que no sucederá nada, así que ni piensa en arriesgarse al desafío. No obstante, tú tampoco deberías hacerlo solo por obligación. Eso te haría sentir menospreciada y usada.

¿Cuál es la solución? Un cambio de actitud. La relación sexual no es algo que usas. No es algo que sacas del bolsillo para mirarla cuando tienes deseos. Es un regalo de Dios que tanto el esposo como la esposa deben disfrutar. Es el punto crucial de los votos que se prometieron para ser «una sola carne».

¿Si es fácil? No, pero de seguro que vale el esfuerzo.

Una relación sexual saludable satisface los deseos más profundos tanto de un hombre como de una mujer.

Vale la pena salir del sofá por algo así. O, pensándolo mejor, tal vez ese sofá podría venir bien...

P: Sé que como esposa joven, se supone que debo entregarme primero a mi esposo y después a los hijos. En cambio, esto parece muy irreal. Al fin y al cabo, mis hijos no pueden alimentarse solos, no alcanzan el refrigerador, y hay que vigilarlos para que no se maten entre ellos. ¿Además de este baile se supone que debo ahorrar tiempo y energía para tener relaciones sexuales con mi esposo? De todos modos, ¿quién desearía tener relaciones conmigo cuando tengo olor a cereal de bebé, a baba y a leche cortada? ¿Las madres alguna vez tenemos un respiro de nuestras responsabilidades?

R: Tengo dos palabras que decirte: basta ya. Debes buscar tiempo para ti misma. Todos tenemos la misma cantidad de horas al día: veinticuatro. Lo que importa es cómo las administras. Sé que estás ocupada y que parece no haber salida. Por tu propio bien, el bien de tu esposo y el de tus hijos, debes tomarte algún tiempo libre. Puedes ir al gimnasio (si eso te agrada), o salir a caminar con una amiga una vez a la semana. Tal vez puedas establecer un horario

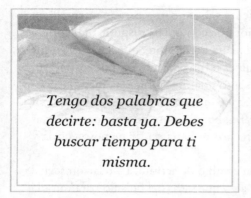

Tengo dos palabras que decirte: basta ya. Debes buscar tiempo para ti misma.

en el que tu esposo se quede con los niños y tú te vayas a tomar un café después de hacer las compras. A lo mejor logres encontrar un día en el que tu vecina cuide a tus hijos para que puedas ocuparte tranquila de la ropa o de leer un libro en paz y, luego, le devuelves el favor.

Hazte un favor a ti misma. Busca a una o dos amigas y formen una cooperativa. Verás una diferencia en la actitud que tienes no solo en el nivel de paciencia hacia tus hijos, sino también hacia el hombre con el que estás casada.

P: ¿Existe algo así como un «código masculino» o algo que diga que el romance tiene que ser igual a la relación sexual? Cada vez que mi esposo me trae flores o se ofrece a llevar los niños a la casa de unos amigos para pasar la noche, sospecho que lo que tiene en mente es llevarme a la cama. (Esto concuerda con su historial de los últimos cuatro años...). Desearía que tan solo una vez me trajera flores nada más porque me ama, o se ofreciera a llevar a los niños a la casa de unos amigos para pasar la noche, que después viniera, pusiera música romántica y me permitiera sumergirme en un baño relajante y aromático yo sola. (Si me trajera chocolates sumaría más puntos). ¿Será posible que los hombres tengan tan poca idea? Hace quince años que estamos casados, así que uno pensaría que a estas alturas ya lo hubiera entendido.

R: Vuelve a leer lo que acabas de escribir. Esperaré un minuto. ¿Oyes lo que yo oigo? Mucha ira y amargura contra el hombre que solías ver como tu caballero con armadura brillante. Te sientes usada, y es probable que tengas razón. No se están satisfaciendo tus necesidades de intimidad y conexión (pero es evidente que las suyas sí, aunque es probable que de tu parte, lo hagas a regañadientes).

Sin embargo, la pregunta importante es la siguiente: ¿estás segura de que tu esposo lo hace a propósito o es solo porque actúa de acuerdo con su monotemática naturaleza masculina? ¿Has hablado con él al respecto (sin ponerte molesta)? «Cariño, te amo muchísimo. Soy muy feliz porque me elegiste como tu esposa. Sin embargo, hay veces en las que siento que no soy muy importante para ti o que no me valoras. Extraño lo que era sentirme especial para ti. Extraño los días en que me sorprendías al poner una flor en el limpiaparabrisas de mi auto mientras estaba en el trabajo. Quiero volver a sentirme especial. ¿Podemos conversar sobre esto?».

¿Qué pides? Un tiempo para conectarte que no tenga que ver con lo sexual y que satisfaga tus necesidades. Si a tu esposo no le entra esto en la cabeza, es bastante tonto. Esta clase de conversación debería bajar cualquier defensa que él pudiera levantar y también debería disipar tu ira. De modo que la clave es corregir tu actitud antes de que hables con él. (En primer lugar, piensa por qué te casaste con ese hombre. ¿Qué te atrajo hacia él?). Acércate con una sonrisa y, luego, háblale claro; sé directa, pero amable.

P: Amo a mis dos hijos, y mi esposo también los ama. A pesar de eso, tengo que admitir que son muy, pero muy agotadores. Me resulta difícil reservar cualquier tiempo para la intimidad. ¿Tiene alguna sugerencia que darme, o darnos? (Mi esposo está a mis espaldas mientras escribo esto y asiente con la cabeza).

R: Los niños son personitas inmaduras a quienes solo les importan ellos mismos. Y cuando nacen, lo único que les importa es que los alimenten, que los mantengan secos, que los tengan en brazos y que les proporcionen cualquier clase de estimulación táctil que los mantenga felices (o distraídos). Bueno, si pones a dos niños en la mezcla, en especial cuando son pequeños, y ay de mí, quedas exhausto. Estás demasiado agotada para chillar.

Sin embargo, aquí tienes un consejito: tarde o temprano, esos chiquillos crecerán y se convertirán en chiquillos grandes y abandonarán tu cómodo nidito, para volar por su cuenta. ¿Quiénes quedarán juntos en el nido? Mamá pájara y Papá pájaro.

> *Tarde o temprano, esos chiquillos crecerán y se convertirán en chiquillos grandes y abandonarán tu cómodo nidito, para volar por su cuenta. ¿Quiénes quedarán juntos en el nido? Máma pájara y Papá pájaro.*

Con esto en mente, deben dedicar tiempo para ustedes, para ser una pareja. Si tienen la suerte de tener cerca a los abuelos o a una tía, perfecto. De lo contrario, tendrán que desembolsar el dinero necesario para contratar a una niñera de confianza.

Aquí tienes otra idea: busca a tres o cuatro familias que tengan niños, que sean de tu agrado y que tengan valores similares a los tuyos. (¡Incluso *una* sola familia puede servir de ayuda!). Formen una cooperativa de cuidado de niños y digan: «Oye, si ustedes cuidan a nuestros hijos los martes por la noche, nosotros les cuidaremos los suyos los viernes por la noche». A los niños les encantará tener compañeros de juego y ustedes tendrán un poco de tiempo que necesitan como pareja.

Hablemos con franqueza

Cuando escribí el libro *El amor comienza en la cocina*, añadí el subtítulo: *Porque en la sala hay compañía*. Sin embargo, por alguna razón, la editorial no quiso incluirlo.

La relación sexual no comienza en el dormitorio. Comienza en la cocina y en la sala (y en otros lugares también). Digamos que tienes a un grupo de parejas en tu casa. Si como mujer debes atender a los invitados y, a la vez, preparar la comida o el postre tú sola, sería difícil, ¿no es cierto? En cambio, sería maravilloso tener a tu esposo a tu lado diciéndote: «¿En qué te puedo ayudar?».

Piensa en una esposa que conduce de regreso a su hogar después de un largo día de trabajo, ten en cuenta el terrible desorden que le quedó de la noche anterior y que no llegó a limpiar y que le da pavor tener que hacerlo cuando llegue a su casa. Veamos dos escenarios.

Primer escenario: El esposo llega al hogar al mismo tiempo que la esposa y comienza a quejarse porque la cocina está toda desordenada. Mientras ella limpia la cocina, él se cambia la ropa, se acomoda plácidamente frente al televisor y, luego, regresa para quejarse que la cena no está lista. Al terminar la cena, espera que ella esté lista para tener relaciones sexuales.

Segundo escenario: Cuando la esposa llega a casa, descubre que su esposo se le adelantó media hora y ya está terminando de limpiar la mayor parte de la cocina. Como vio que había una tarea que hacer, se arremangó y comenzó a ocuparse del asunto. No esperó a que su esposa llegara para hacerlo; se hizo cargo de la situación y abordó el proyecto por su cuenta.

Ahora, piensa: ¿cuál escenario haría que la esposa esté más feliz y más juguetona? Adivínalo. Además, ese marido inteligente conoce a su esposa tan bien que sabe lo que ella está pensando y se lanza a la ayuda.

En la actualidad, es fabuloso ser mujer. A diferencia de lo que sucedía en generaciones anteriores, una mujer puede hacer todo lo que quiera en la vida. ¡Qué oportunidades tan maravillosas tiene! Puede ser cirujana o capitana de una aeronave. Aun así, lo difícil de todas estas oportunidades es que cada vez se convierte más en la Mujer Velcro. De por sí tiene muchas cosas que atender, y al añadirle una profesión, en especial cuando los niños son pequeños, existe un nuevo asunto hasta donde tiene que estirar su ya atestada agenda.

Compáralo con el esposo, que no tiene encima a un montón de gente. La mayoría de los esposos dejan el trabajo en la puerta. La otra persona, o las otras personas, en su agenda son su esposa y sus hijos (si los tiene). Su vida es mucho más simple. Por eso, los esposos deben comprender todas las cosas que dependen de sus esposas.

No olvides que quizá el cerebro sea el mejor órgano sexual que tienes. La capacidad que tengan tú y tu cónyuge para abrir el corazón, y crecer juntos, es lo que forma el centro de su relación. Eso es lo que los une como pareja. Esa cercanía de los corazones es lo que subirá la temperatura de su pasión, y la hará arder como un fuego arrasador. Es lo que hará que el esposo se haga cargo de alguna de las tareas de su esposa. Es lo que hará que la esposa les cuente a sus amigas: «Es el hombre más increíble que jamás hubiera podido imaginar. ¡Vaya si supe elegir!».

18

Cuando le haces el amor a una piedra

Cómo subir la temperatura sin quemarse.

A las mujeres casi siempre las critican por ser frías o «frígidas» en la cama. Sin embargo, ¿sabías que el quince por ciento de las veces es problema del esposo?

Son las personas que dicen que están demasiado cansadas, demasiado estresadas, que no tienen deseo de hacerlo. Pueden ser hombres y mujeres que tienen un excelente desempeño en el mundo de los negocios, los que parecen hacer las cosas como Dios manda. En cambio, debajo de todo el éxito que tienen de manera superficial, algo les sucede en lo profundo. Parece que las «piedras» pertenecen a dos categorías:

1. Los que fueron víctimas de abuso sexual y hacen asociaciones negativas respecto a la relación sexual y, por lo tanto, hacen todo lo posible por evitar cualquier clase de intimidad sexual.

2. Los que son cándidos, que provienen de trasfondos conservadores y que están predispuestos a creer que la relación sexual es sucia y repugnante incluso en el matrimonio.

Estos obstáculos son los que, mediante sus actitudes, dicen: «Muy bien, sé que tenemos que hacerlo, así que terminémoslo de una vez por todas».

Si la dama es la fría y la que no responde, no se necesita ser científico espacial ni tener un doctorado para saber que tarde o temprano su esposo irá a parar a los brazos de alguna otra o fantaseará con hacerlo.

Si el hombre es el frío o el que no responde, es probable que la mujer caiga, al menos, en una fantasía emocional (que, por supuesto, pronto hará entrar en escena a la relación sexual).

En poco tiempo, se produce un espacio de división en el matrimonio por el que podría pasar un camión con remolque. Sin el pegamento de la relación sexual, el gran alivio de la tensión sexual, la intimidad de una vez tras otra volverse uno, en cuanto quieren acordar, entra en escena la frase: «Dile a tu abogado que llame a mi abogado». ¿En verdad quieres encaminarte en esa dirección?

Sin importar el género de la piedra, si se trata de una piedra fría, casi siempre trae muchos problemas en tu matrimonio. Entonces, ha llegado la hora de buscar a un consejero competente. Ese sería el mejor paso a dar.

P: Mi esposo siempre gana nuestras peleas matrimoniales... en gran parte porque yo cedo. No vale la pena. Sé que saldré perdiendo, ¿entonces para qué intentarlo? Nunca falla. En cuanto termina nuestra pelea (porque yo cedo), a la hora quiere tener relaciones sexuales. Cuando cedo a sus demandas, me siento una vez más como la perdedora. Cuando no cedo (le digo que estoy descompuesta o cansada), también pierdo. De cualquier modo, nunca gano. Lo peor es que soy esposa de un pastor, así que no me atrevo a hablar con nadie para pedirle consejo. ¿Existe alguna ayuda para mí o estoy atascada aquí para el resto de mi vida? (No hay modo de que mi esposo me permita divorciarme).

R: Tal vez te sorprenda saber que muchas esposas de pastores se sienten de esa manera y que también tienen temor de hablar. Lo que tu esposo hace no tiene nada que ver con el amor, de seguro no tiene que ver con el amor que se encuentra en 1 Corintios 13 y del cual es probable que predique, sino que tiene una conexión directa con el control: controlarte a través de la relación sexual.

Un hombre puede controlar a las claras, como lo hace tu esposo, o de manera encubierta. El hombre que es controlador puede tener una necesidad demasiado voraz de tener relaciones sexuales. Hasta es posible que quiera tener relaciones más de una vez al día. Puede querer hacerlo doce veces a la semana y a demanda. Se acercará a su esposa sin previo aviso y comenzará el proceso sexual sin siquiera preguntarle si ella está de acuerdo. Si la mujer dice que no, es muy probable que no la escuche y que continúe de todos modos (si está de buen humor, puede engatusarla para seguir adelante; en caso contrario, lo exigirá como su derecho de esposo).

¿Qué hace este hombre? Afirma su masculinidad a través de la dominación, no a través de una relación de amor, de cuidado y de entrega, como debería ser la de un matrimonio. Dice para sí que mientras tenga relación sexual cuando quiere, tiene el control.

Tu esposo se encuentra en una posición muy peligrosa. No puedes seguir permitiendo que te use ni te domine. Si no entra en razón y no retrocede en su dominación y manipulación, debes dar el siguiente paso. Dile que insistes en que vaya a un consejero para resolver sus problemas con el control. Podrías buscar un consejero que esté fuera de la ciudad. Esto le facilitaría a tu esposo la búsqueda del consejo que necesita con tanta urgencia. Si se resiste, dile que deberás notificarle al presidente de la junta de tu iglesia que él tiene algunos problemas personales y que los dos necesitan un tiempo sin obligaciones laborales para tratarlos. Si no puede resolver su pasión por el control, no tiene nada que hacer al frente de una iglesia.

Una conversación tan directa debería detenerlo de repente. Debes mostrar que tienes fibra. No permitas que siga abusando de ti, porque eso es justo lo que está sucediendo.

P: Casi nunca tenemos relaciones sexuales, porque mi esposa dice que «le duele». ¿Solo está evadiendo la relación sexual o es verdad que le duele? Pensé que la relación sexual debe ser algo natural. ¿Me equivoco en algo?

R: Muchas mujeres sienten dolor durante la relación sexual debido a una amplia gama de razones, que van desde la sequedad vaginal hasta alguna infección o alguna otra cosa. Asimismo, puede ser una manera de evitar la relación sexual por razones emocionales, pero también podría suceder que deba consultar a un especialista por el dolor vaginal. El dolor es un aviso de nuestros cuerpos para decirnos que hay un problema y que debemos ocuparnos de él. Pídanle al médico que estudie las causas potenciales del dolor vaginal y que le ponga un tratamiento.

Esto es muy importante. No lo dejes pasar. No quieres que tu esposa asocie la relación sexual con el dolor. Tómate el tiempo para descubrir por qué siente dolor. Si no hay problemas físicos que lo causen, explora cualquier causa emocional posible (tanto en la relación contigo como en sus relaciones pasadas y en su niñez).

Te felicito por haber tenido el valor de hacer esta pregunta. Ahora, usa ese valor para ayudar a tu esposa a descubrir lo que está sucediendo (por el bien de ambos).

P: Cuando tenemos relaciones sexuales, no hay problema, pero cuando terminan, siento un vacío. ¿Esto es normal?

R: Tus sentimientos tienen una estrecha relación con la unión y la estabilidad de tu relación. Se supone que la relación sexual debe acercarlos más como pareja, no dejarlos con una sensación de vacío. Si sientes un vacío en tu relación sexual, hay algo que falta en otras esferas de la relación con tu cónyuge. Échale una mirada a tu relación fuera del dormitorio. ¿Cómo te trata tu cónyuge? ¿Cómo lo tratas tú? ¿Existen algunos problemas no resueltos con los que estás luchando que tal vez estén influyendo en tus sentimientos durante la relación sexual y después?

Piensa en tu vida sexual como el termómetro de tu relación. Si hay muchos conflictos fuera del dormitorio, no subirás la temperatura cuando estés dentro. Serán dos piedras tratando de cortejarse la una a la otra. Tu vacío es un llamado de atención que

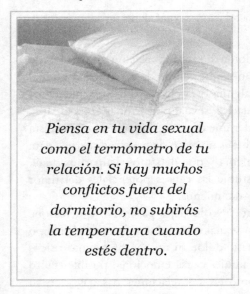

Piensa en tu vida sexual como el termómetro de tu relación. Si hay muchos conflictos fuera del dormitorio, no subirás la temperatura cuando estés dentro.

indica que hay algo en la relación entre tú y tu cónyuge que debe tratarse.

También puede tener que ver con tus experiencias sexuales anteriores (ya sea con tu cónyuge o con otra persona). Si tuviste relaciones sexuales antes de casarte, le entregaste a esa persona (o a esas personas) una gran parte de tu corazón y de tu cuerpo que nunca recuperarás. Los recuerdos de esas aventuras sexuales tienden a saltar en los momentos menos convenientes.

No importa cuál sea la causa de tu vacío, te sugiero que le prestes atención... hoy.

P: Mi esposa nunca inicia la relación sexual y apenas parece tolerarla cuando la tenemos. Hasta sus besos son diminutos y sin ninguna emoción que los impulse. Antes de casarnos, parecía muy amorosa; ahora se muestra muy cautelosa. ¿Qué sucede?

R: Ah, existen dos opciones.

Primera opción: Tienes en tus manos a una mujer controladora; una mujer que te da o te retiene la relación sexual para manipularte. Si desea comprarse algo para sí o comprar algo para la casa, ¿demuestra más interés? ¿Utiliza la relación sexual como recurso para ablandarte antes de pedirte lo que quiere? Si no te «portas bien», ¿te priva de la relación sexual? ¿Te muestra su enojo o descontento convirtiéndose en una piedra?

Si es así, debes decirle a tu esposa (con dulzura) cómo te sientes cuando te priva de la relación sexual; que te sientes como un niñito que ruega para conseguir un premio que antes solía tenerlo siempre. Además, no comprendes por qué te responde como lo hace ahora. ¿Desea ver un cambio en alguna cosa que haces? Si es así, ¿no ha llegado la hora de saberlo?

Segunda opción: Tiene alguna lucha interna. Quizá se trate de una relación anterior o de algo que le sucedió cuando era niña.

Lo que digo es lo siguiente: Una mujer, a la que llamaré Elaine, fue víctima de abuso sexual a manos de su padrastro durante varios años, desde que tenía nueve años de edad. Sin embargo, de algún modo pudo sobreponerse a todo ese abuso y se casó con un maravilloso hombre que la amaba con ternura; además, pudo entregarse a él con libertad en el aspecto sexual.

Entonces, un día, todo cambió... el día en que su hija cumplió nueve años. Se alejó de su esposo, se tornó muy fría y desconfiada, y no permitía que su hija estuviera a solas con él. ¿Qué estaba sucediendo? El abuso que pensaba superado le había tendido una emboscada y, ahora, veía al esposo que amaba como el potencial abusador de *su* hija de nueve años.

El matrimonio que había sido tan estable durante trece años, se tornó en muy inestable durante dos años, hasta que por fin la pareja visitó a un terapeuta y descubrió lo que sucedía. Al hacerlo, pudieron conversar juntos sobre algunas soluciones: tomar algunas medidas preventivas para que ella se sintiera más cómoda y le permitiera a él pasar algún tiempo con su hija.

Durante esos dos años, esta pareja se preguntaba si terminarían en el divorcio. Sin embargo, hoy en día, su matrimonio es más fuerte que nunca, porque juntos decidieron resolver los problemas. ¿Les costó mucho? Sí. ¿Valió la pena? Las sonrisas en sus rostros en el reciente retrato de familia lo dicen todo. Ya ves, los milagros suceden.

También pueden sucederte a ti. Si tu esposa está luchando contra una relación anterior o con el abuso sexual en la niñez, necesita tu ayuda, tu comprensión y un terapeuta profesional, porque esa experiencia del pasado tiene una enorme influencia en el modo en que ve la vida y cómo te ve a ti, su esposo.

P: Pareciera que todos hablan de la mujer como si fuera la que pierde interés en la relación sexual. Eso me molesta. Hace diecisiete años que mi esposo y yo estamos casados. Sin embargo, mi esposo es el que parece no tener interés en la relación sexual. *En absoluto*. A decir verdad, estoy cansada de que me rechace y no me tenga en cuenta. ¿Puede darme alguna sugerencia, que no sea el divorcio, que para mí no es una opción?

R: Tu esposo debe ir a su médico de cabecera para hacerse un chequeo. ¿Cabe la posibilidad de que esté deprimido? ¿Está sometido a un mayor estrés (la pérdida del trabajo, una muerte en la familia o alguna otra cosa que esté entre los primeros puestos de la escala de causas del estrés)? ¿Cabe la posibilidad de que sienta culpa por alguna experiencia sexual del pasado? ¿Su falta de interés en la relación sexual es algo reciente o ha sido así durante todo el matrimonio? Si ha sido así, fíjate en la relación con sus padres. ¿Qué temperamentos tienen su padre y su madre? ¿Tu esposo siente que nunca puede estar a la altura de las circunstancias? ¿Tiene temor de fracasar o solo necesita un poco de ayuda con su libido masculina?

También existiría otra opción: tal vez tu esposo quiera controlarte de manera sutil al privarte de la relación sexual. Es posible que sienta que lo criticas o lo castras. La única manera en que puede vengarse de ti es privándote de algo que quieres: la relación sexual. Entonces, ¿hay algo en tu relación que lo haga sentir devaluado como hombre?

Conversa con tu esposo. Primero, tócalo (esa es la manera de abrirle los oídos a un hombre). Cuéntale cómo te sientes con respecto a la falta de relaciones sexuales. Pídele que vea a un médico. Si no quiere ir, dile que tú le harás una cita. Explícale que esto es importante para la longevidad de su matrimonio. Además, debes evaluar cómo lo tratas. ¿Lo tratas con respeto en todos los aspectos de la vida? ¿Se siente deseado? ¿Se siente necesitado?

Las cosas no pueden seguir como están. Es hora de un cambio, por el bien de ambos.

P: Hasta donde sé, no soy gordo ni feo. Nunca le he pedido a mi esposa que haga algo «inadecuado» para una pareja casada. Sin embargo, ante cualquier requerimiento sexual, me responde como si se tratara de una tarea que debe soportar. No tiene nada de imaginación para cualquier otra cosa que no sea la posición básica misionera. Solo se permite estar desnuda hasta que se completa el acto sexual, después se levanta, se da una ducha, se pone su pijama y se va a la cama. ¿Siente tanta repulsión por mí que ni siquiera desea acurrucarse a mi lado?

Hace cuarenta años que estamos casados y me siento tan insatisfecho en los asuntos del amor y del sexo que ni siquiera sé por dónde comenzar. Muchas veces, hemos pasado ocho meses sin tener relaciones sexuales. Y cuando tenemos relaciones, hay entusiasmo solo de mi parte. Siempre he sido el que ayuda, el que brinda apoyo con paciencia, el trabajador, el que ha cultivado la relación. Siempre he sido amoroso con mi esposa y le he sido fiel, y ella ha sido la única mujer con la que he estado casado, pero después de todo este tiempo, sigo insatisfecho. ¿Qué estoy haciendo mal? Me siento muy solo y descuidado.

R: Permíteme hacer una suposición. Tu esposa es la primogénita de su familia y creció en un entorno muy conservador. Sobre ella se amontonaban muchas expectativas respecto a lo que era adecuado e inadecuado. Respecto a lo que las mujeres hacen y lo que no hacen. Respecto a lo que hace la gente de fe y lo que no hace. Por lo tanto, durante muchos años le enseñaron a comportarse de cierta manera como mujer, y esas impresiones tempranas se le han quedado pegadas. Es muy probable que sea el tipo de mujer que también tiene problema para mostrarle su cuerpo a un médico. No será el tipo de mujer que se balancea sujeta de una araña y que dice: «Yo Jane, tú Tarzán».

Por el bien de su relación (me sorprende que hayan podido seguir casados durante cuarenta años sin el pegamento de la relación sexual), debes salir de tu zona de comodidad. Conversa con tu esposa. Asegúrale que la amas. Explícale lo solo que te sientes. (Si no responde a tus sentimientos de soledad, en tu matrimonio hay más problemas que la sola relación sexual, y también es necesario arrancarlos de raíz). Dile que ser uno con ella es muy importante para ti, que la escogiste todos estos años y lo volverías a hacer. Sin embargo, que no quieres vivir el resto de su vida de casados de esta manera.

Pídele que *considere* ser más aventurera. Asegúrale que no la juzgarás si no hace algo bien, sino que quieres intentarlo. Si eres dulce, amoroso y le hablas con voz suave, quizá ella corra algún riesgo. En cambio, si criticas cualquiera de sus intentos, correrá de nuevo a ponerse ese pijama y a taparse bajo las sábanas... y no saldrá de allí.

A tu relación le llevó cuarenta años llegar a este punto. No cambiará de la noche a la mañana. No obstante, puedes cortejar con suavidad a esa piedra.

P: He probado todo en materia de lencería, los conjuntos de camisola y bragas, los ligueros, la ropa de noche provocativa... y he quedado muy desilusionada (nada me queda bien). Le he dado sexo oral a mi esposo, he intentado diferentes posiciones y he tratado de complacerlo. Me gusta mirarlo tendido boca abajo... o en cualquier posición. Me gusta hacerlo despacio y también rápido. Si fuera por mí, tendría relaciones una vez al día, pero mi esposo es la clase de hombre que las necesita dos veces al mes (si es que llega). ¿Le sucede algo? Todavía no ha llegado a los treinta años y hace cuatro años y medio que estamos casados. Cuando tenemos relaciones, la pasamos muy bien. Sin embargo, la libido de un hombre decae a medida que pasan los años, ¿no es cierto? ¿Qué se supone que deba hacer si yo tengo deseos y él no? Según él, como es el hombre, es el que dice cuándo tenemos relaciones sexuales.

Mucho antes de la doctora Ruth...

El rey Salomón, generaciones antes de la doctora Ruth, fue un gran consejero matrimonial y un terapeuta sexual. Además, tenía las cosas claras. Desde las gacelas hasta las copas, este hombre sabía de lo que hablaba. Dale un vistazo a lo que dijo. En realidad, lee todo el libro de Cantares. Te garantizo que no quedarás desilusionado.

Yo soy de mi amado, y él me busca con pasión.
Ven, amado mío; vayamos a los campos,
pasemos la noche entre los azahares.

El rey Salomón, en Cantar de cantares 7:10-11

R: No cabe duda de que tú tienes un impulso sexual más alto que el de tu esposo. Esto no hace que uno de ustedes esté mal y el otro bien; solo son diferentes. No obstante, si haces todas esas cosas para que tu esposo esté feliz y aun así no recibes mucha respuesta, es probable que suceda alguna otra cosa.

¿Tu esposo está deprimido o inconforme con la vida? ¿Está tomando algún medicamento para la depresión? ¿Está usando Propecia, un medicamento que se usa para regenerar el cabello? (Uno de los efectos colaterales de la Propecia es que puede limitar el deseo sexual. No sucede en todos los casos, pero es significativo que esté entre las advertencias del prospecto adjunto). ¿Tu esposo le está haciendo frente a algún desafío físico? (Sin embargo, hasta los hombres que están ante un desafío físico y que no pueden interactuar con su pene pueden ser creativos de otras maneras).

Cuando hay voluntad, hay un camino, y cuando no hay voluntad, hay una razón. Esta razón casi nunca es «Estoy cansado» o «No tengo ganas de hacerlo».

También existen otras posibilidades.

¿A tu esposo lo criaron en un ambiente puritano donde aprendió que la relación sexual es asquerosa y sucia, y trae consigo este prejuicio? ¿Cree que la relación sexual no es algo que debe disfrutarse y por eso la evita siempre que puede?

¿Ha experimentado el abuso sexual en el pasado? Quizá fuera víctima de abuso a manos del padre, un tío, un hermano o (menos probable) una mujer de confianza en su vida.

¿Cabe la posibilidad de que te hayas casado con un homosexual? Antes de enojarte por esto último y escribirme una carta, da un paso atrás. Quiero que lo pienses. ¿Cabe la posibilidad de que tu esposo sea gay y que se esté ocultando bajo el manto de la decencia que le da ser un hombre casado? Créeme, hay miles que hacen precisamente esto, porque no quieren enfrentarse al dilema de su orientación sexual. Otros miles están casados y participan en secreto de prácticas homosexuales (y por eso están tan cansados y no tienen tiempo para la esposa). Es posible que engendrara hijos contigo; a lo mejor es un padre excelente; también puede ser dulce, considerado y amoroso en muchas otras maneras, pero cuando se trata de ir al dormitorio para intimar contigo, esa es una zona prohibida.

Por lo tanto, te haré una pregunta: ¿Tienes alguna razón para pensar que tu esposo puede ser gay? ¿Puedes recordar algunas situaciones en el matrimonio en las que te preguntaras hacia dónde estaba encaminado? ¿Ha recibido algunas llamadas telefónicas o algunos correos electrónicos que te resulten sospechosos? ¿Alguna vez te has sentado y le has preguntado si tiene sentimientos ambivalentes respecto al sexo o a la manera en que mira a otros hombres y qué piensa de ellos? Es hora de que llegues al fondo de las excusas.

P: Mi esposa se queja porque dice que no le muestro el suficiente «interés» fuera del dormitorio. No entiendo muy bien lo que quiere decir, pero sí entiendo cuáles son los resultados: nada de relación sexual para este esposo hasta que descubra de qué se trata. ¿Me puede ayudar?

R: ¡Claro que sí! Lo que tu esposa quiere decirte (aunque la mejor manera no es privándote de la relación sexual hasta que satisfagas sus expectativas) es que la cortejes. Entonces, enciende tus encantos, don Juan, fuera del dormitorio. ¿Me refiero a que debes hacer el amor en todas las habitaciones de la casa? Bueno, ¡eso parece divertido! Pero no, no me refiero a eso.

Una mujer anhela que la afirmen por lo que es y por lo que hace *fuera de* la relación sexual. Necesita que le digan lo hermosa que es (en efecto, aun cuando ahora se parezca a una pasa y no como se veía hace treinta años cuando te casaste con ella; el marido que no saca a relucir esta parte es un hombre sabio). Necesita que le recuerdes (y no solo una vez, cuando se casaron, sino siempre) que es la mujer de tu vida. Que anhelas satisfacer sus necesidades y que todavía sigue atractiva para ti.

A la mujer le encanta el contacto físico que no sea sensual. Con esto, me refiero al contacto físico que no lleva a otra parte (al encuentro sexual completo). Y allí es donde muchas veces se confunden los hombres. Podemos comenzar con buenas intenciones, pero se nos ponen los motores en marcha y, antes de darnos cuenta, estamos de humor para el juego previo de la relación sexual. Como me dijera una mujer: «Cuando me quiero relajar de verdad, voy a una masajista profesional. A mi esposo le encanta darme masajes, pero siempre lleva a otra cosa... ya sabe a lo que me refiero». Sí, sé a lo que se refiere.

No obstante, el hombre que entiende que su esposa solo desea un masaje en los pies o en la espalda después de un largo día, y reprime su propio deseo sexual porque no tener relaciones sexuales ese día obedece a lo que es mejor para ella, llena su depósito de amor.

Todos los días, tu esposa desea saber que es especial y única para ti. Que tienes ojos y oídos solo para ella. Que tienes manos solo para ella. Y que deseas estar más cerca de ella.

Si sabe estas cosas, se sentirá segura tanto dentro como fuera del dormitorio. Y en cuanto adentro del dormitorio, ¡fíjate cómo aumenta la temperatura!

P: Escuché lo que dijo cuando habló frente a mi grupo de mujeres respecto a que la mujer debe ser más agresiva y más enérgica en la vida sexual. He leído varios de sus libros y respeto lo que tiene que decir. Sin embargo, crecí en un hogar muy conservador donde «ese tema» no se mencionaba siquiera; tampoco se hablaba de nada que estuviera relacionado con «esa zona allí abajo» (ya sabe a lo que me refiero). Entiendo lo que dice acerca de ser enérgica y agresiva, pero yo no soy así. ¿Por qué tengo que ser algo que no soy?

R: Me llamó la atención que no pudieras decir *zona genital*. En cambio, usaste la expresión *esa zona allí abajo*. Sin embargo, te aseguro que comprendo el entorno de donde provienes. He conversado con muchas mujeres que provienen de trasfondos conservadores. Es más, vivo con una de ellas. Aun así, no hablemos de lo que yo pienso. Veamos lo que tiene que decirnos San Pablo acerca de esto:

> El hombre debe cumplir su deber conyugal con su esposa, e igualmente la mujer con su esposo. La mujer ya no tiene derecho sobre su propio cuerpo,

sino su esposo. Tampoco el hombre tiene derecho sobre su propio cuerpo, sino su esposa. No se nieguen el uno al otro, a no ser de común acuerdo, y sólo por un tiempo, para dedicarse a la oración. No tarden en volver a unirse nuevamente; de lo contrario, pueden caer en tentación de Satanás, por falta de dominio propio[3].

Ahora, permíteme «Lemanizarte» este versículo. Lo que San Pablo nos dice es que desea que lo hagamos. Y si deseas dejar de hacerlo para orar, está bien; pero lo que me encanta de este gran santo de la iglesia es que dice: «Después de orar, quiero que lo hagan otra vez». Esta es la clase de santo que me gusta. (¡Y fíjate en todas las iglesias y escuelas que llevan su nombre en este mundo!).

¿Por qué escogí estos versículos de la Escritura en particular? Para demostrar que la Palabra de Dios tiene algo que decir respecto a la importancia de la relación sexual. La relación sexual no es algo que la creó Satanás. Es un gran regalo para los esposos y las esposas. Es algo que debemos hacer con frecuencia, *sin vergüenza*, y que debemos disfrutar.

¿Esto quiere decir que debes arrancarte la ropa y arrancarle la ropa a tu esposo al instante que lo ves cada noche? ¿Significa que debes hacer el amor de manera salvaje y apasionada en el piso de la cocina, como ves en las películas? No. (Aunque estas deberían ser ideas divertidas a tener en cuenta). Lo que significa es que debes mostrar una actitud abierta y dispuesta hacia la relación sexual, y que debes considerar que tu esposo y sus necesidades son lo bastante importantes como para salir de tu zona de comodidad y de la manera en que siempre se han hecho las cosas en tu relación.

También me llamó la atención que dijiste: «Yo no soy así. ¿Por qué debo ser algo que no soy?». ¿Te diste cuenta de la cantidad de veces que te refieres a ti misma en esas dos oraciones?

El matrimonio está formado por dos personas que se unen para el bien común en todas los aspectos de la relación. Tal vez sea hora de dejar de pensar en lo que es mejor para «mí» y comenzar a pensar en lo que es mejor para «nosotros», si deseas que tu matrimonio dure a largo plazo.

Hablemos con franqueza

Ya dije esto una vez, pero vale la pena repetirlo: Cuando hay voluntad, hay un camino, y cuando no hay voluntad, hay una razón. Esta razón casi nunca es «Estoy cansado» o «No tengo ganas de hacerlo». La tarea de ustedes como matrimonio es descubrir por qué uno de ustedes (o los dos) está actuando como una piedra. Tal vez necesiten a un tercero que los ayude a salir adelante. Sin embargo, créeme, cualquier cantidad de dinero o de tiempo que gastes valdrá la pena.

19

Ayer, cuando era joven...

Lo que te sucedió en el pasado tiene mucho que ver con cuánto disfrutas la relación sexual.

Kendra tenía siete años cuando descubrió lo que es el sexo (o, debería decir, el abuso sexual), por parte de su padre que fue víctima de abuso por un tío cuando era pequeño. El abuso continuó hasta los trece años, cuando ella y su hermanita, que tenía nueve años en ese entonces, huyeron del hogar. Esa noche, descubrió que su padre también abusaba de su hermanita menor. Había pensado que al «quedarse callada», mantendría a salvo a su hermana.

Walt, apuesto y fornido, siempre se ha preguntado si es gay. Si no es así, ¿por qué le resultaba «interesante» a su tío como un juguete sexual cuando tenía nueve años? Pensaba: *Debe de haber algo que no está bien en mí y mi tío se sentía atraído hacia eso...*

Lana planeaba graduarse de la universidad en un mes, cuando salió con un muchacho en lo que pensaba que sería una cita divertida. Después de tomarse una Coca-Cola, perdió el conocimiento. Se despertó horas más tarde, semidesnuda y sola en un bosque. La violaron y la dejaron sola a kilómetros de la ciudad. Durante toda su niñez, Keri veía cómo su padrastro, siempre ebrio, se aprovechaba de su madre en el aspecto sexual. Cuando Keri y su hermano eran adolescentes, hasta los obligó una vez a mirar, para que supieran cómo «hacer el amor».

Es comprensible que todas estas personas tengan problemas en la actualidad con el concepto de la relación sexual en el matrimonio, y no son las únicas. Los expertos nos dicen que al cuarenta por ciento de las mujeres las han maltratado. El por ciento de hombres que dicen haber sufrido el abuso es menor (pero también es más difícil que los hombres admitan que fueron víctimas de abuso sexual, ya que es algo muy castrador).

Los niños nacen con una confianza natural en sus padres. Pueden saltar a los brazos de uno de sus padres desde tres metros de altura, porque confían en que ese padre los rescatará.

Sin embargo, también hay muchos niños que crecieron confiando en sus tíos, padres, hermanos e incluso madres y tías, y esta misma gente los violó. Esos niños no conocen el amor, porque nunca tuvieron la oportunidad de ver cómo es. Lo único que han visto es el control, la dominación, la degradación y el abuso en nombre del «amor».

En eso, señora, aparece una persona sana que no es un adicto sexual ni un pervertido. Su único «pecado» es enamorarse de ti. Quiere casarse contigo, quiere hacer el amor contigo y tiene un impulso sexual normal. ¿Qué sucede entonces? Como mujer tendrás luchas con respecto a ese hombre. ¿Por qué? Porque la imagen que tienes de ti misma es la de alguien a quien no vale la pena amar. Entonces, lo que haces es evitar la relación sexual, debido a las experiencias pasadas negativas que tuviste. Y es probable que tu esposo no tenga idea de lo que sucede.

Si eres un hombre que ha experimentado el abuso, podrás ser el mejor esposo y el mejor padre del mundo. Es probable que siempre estés sonriente y que pongas en marcha un gran *show*. Es probable que abraces a la gente y que seas afable y cordial con ella. Aun así, detrás de todo eso, has aprendido que si permites que los demás se acerquen de verdad, saldrás herido. De modo que pintas una cara feliz sobre la máscara y soportas el estrés de vivir dos realidades distintas.

Es muy difícil recuperarse de esta clase de abuso, porque surgirá en diferentes momentos de tu vida. Puedes perdonar a los que te maltrataron a fin de poder seguir adelante. Puedes hacerle frente a los problemas y a los modelos de relación. En cambio, quienes fueron víctimas de abuso dicen que siempre les queda un residuo de esa experiencia.

Si esta es tu historia, te encuentras en un proceso difícil. Es muy probable que necesites a un profesional que te acompañe. Algunas cicatrices quedarán y tendrás que pagar un precio. Si te dijera lo contrario, te estaría mintiendo.

Sin embargo, esto no quiere decir que no seas capaz de aprender a disfrutar de la relación sexual, como Dios la planeó en un principio, con la persona que amas.

P: Estaba muy entusiasmada con la idea de tener relaciones sexuales en nuestra luna de miel y con vestirme de manera provocativa, por primera vez en mi vida, para el hombre que amo. Después de aparecer con el camisón transparente que busqué durante días, quedé pasmada al ver que Andrew casi ni lo miró. Solo me acarició la mejilla, dijo que era bonito y, luego, me tomó de la mano y me llevó al balcón para ver el océano. No tuvimos relaciones sexuales hasta la quinta noche de nuestra luna de miel (si es que se puede llamar tener relaciones sexuales a rozarse desnudos, porque él nunca me penetró). Supongo que no debiera haberme sorprendido cuando, cuatro años después, Andrew admitió que había tenido luchas con la homosexualidad desde la adolescencia. Cuando estaba en séptimo grado, los compañeros lo habían tildado de «gay», porque era una rata de biblioteca, no se desarrollaba mucho de forma física y le gustaba leer libros. Cuando fue a la universidad, encontró completa aceptación en los bares y clubes gay, pero me aseguró que nunca había tenido sentimientos homosexuales. Dijo que me amaba de manera profunda, pero que no podía despertar la pasión por mí, aunque lo había intentado. Pensó que al casarse conmigo, podría «curarse», pero no dio resultado. Ninguno de los dos está listo para renunciar a nuestro matrimonio (ahora tenemos una hija), pero ambos nos sentimos heridos y confundidos, en especial en el aspecto de la vida sexual. ¿Puede ayudarnos?

R: Gracias por tu sinceridad. Tú y tu esposo están lidiando con una situación difícil. Hay miles de parejas que se encuentran en el mismo lugar, porque muchos hombres (y mujeres) han intentado hacer lo mismo que hizo Andrew: «curarse» a sí mismos con el matrimonio como una solución a su mal.

Cualquier clase de desviación sexual tiene un profundo efecto en la personalidad. Lo explicaré de la siguiente manera. Mira un pedazo de madera. La veta va en un sentido. Si tratas de invertir la veta establecida, no puedes hacerlo. Puedes cortarla, laquearla, pintarla o hacerla flotar sobre el agua, pero la veta de la madera no cambiará. Las experiencias que tu esposo tuvo durante sus primeros años influirán en su conducta como adulto. Por tanto, si tu esposo creció con un concepto del sexo dentro de un entorno donde era perjudicial, negativo, malsano o abusivo, ¿puedes esperar que con solo chasquear los dedos cambiará su visión para pensar que la relación sexual puede ser para la satisfacción mutua entre dos personas que se aman para toda la vida? En este caso, tu esposo necesitará alguna ayuda, y que sea profesional.

Si esto es lo que le sucedió a tu esposo, lamento que le hayan robado la inocencia. Aun así, esto no se puede revertir. En realidad, no existe el *Regreso al futuro*, donde puedes cambiar un suceso y volver a vivir la vida de modo que las cosas sean diferentes.

Esto quiere decir que ambos tendrán que lidiar con esto juntos con mucha paciencia, mucho tiempo, mucha comprensión y ayuda profesional.

P: Durante cerca de veinte años, me he retraído de mi esposo debido a un horrendo abuso que sufrí cuando era niña. De ningún modo quería ponerme en una posición donde pudieran herirme sexualmente otra vez. No quería hablar sobre el sexo y no quería tener relaciones sexuales (excepto cuando me vi obligada para tener a nuestro hijo y nuestra hija). Sin embargo, cuando leí *Música entre las sábanas*, me di cuenta de lo equivocada que había estado al no entregarme a mi esposo, que me ha amado todos estos años a pesar de mí misma y de mi trasfondo. Entonces, ¿por dónde comienzo? Además, ¿cómo le explico a Rick, que ha sido tan amoroso conmigo, por qué me negué durante tanto tiempo?

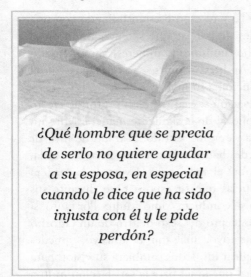

¿Qué hombre que se precia de serlo no quiere ayudar a su esposa, en especial cuando le dice que ha sido injusta con él y le pide perdón?

R: Aplaudo tu valor al decidir *ahora* hacer algunos cambios en tu vida. Debido a las horrendas circunstancias que tuviste que soportar en tu pasado, eres una dama muy valiente al estar dispuesta a enfrentarlo otra vez. Ya entiendo por qué tu esposo te ama y te admira.

¿Por dónde comienzas a explicarle a Rick? Primero, le pides que separe algún tiempo (para salir a caminar juntos, para ir a un lugar tranquilo, hasta incluso para retirarse durante un fin de semana). De entrada, y antes de partir (de modo que no esté nervioso y pueda relajarse y oír lo que tienes que explicarle), le dices que lo amas mucho y que sientes que has sido muy injusta con él durante todos estos años, y que quieres hacer algunos cambios. Luego, míralo, toma su mano y dile: «Además, cariño, necesito *tu* ayuda».

A continuación, cuéntale todo. Comienza desde el principio. Dile que tal vez la historia sea un poco larga, pero que es importante que se lo cuentes todo de una sola vez para que él entienda. Termina la historia diciendo: «A esto se debe que te he tratado así todos estos años, porque tenía miedo. Tenía mucho miedo de que me lastimaran otra vez. Tenía miedo de confiar. He sido muy injusta contigo. ¿Puedes perdonarme?».

Ese tiempo que pasen juntos, esa franqueza y sinceridad, colocará a ese hombre en tu cancha. ¿Qué hombre que se precia de serlo no quiere ayudar a su esposa, en especial cuando le dice que ha sido injusta con él y le pide perdón?

Así debes comenzar. Después, enfréntalo de día en día. Pídele a tu esposo que te ayude. Estoy seguro de que estará más que dispuesto a hacerlo.

P: Crecí en un hogar abusivo, tanto en el aspecto físico, como en el verbal y el sexual. Sí, no era un lugar agradable para vivir. Cuando tenía diez años, mi mamá volvió a casarse y mi hermanastro de diecinueve años vino a vivir con nosotros. Estaba acostumbrada a que me gritaran y me abofetearan; ahora, mi hermanastro me engatusó para que fuera a su dormitorio con la promesa de llevarme al cine (lo cual nunca hizo). En aquel entonces, pensé: ¿qué importa? ¿Acaso hay algo que importe?

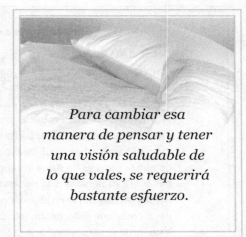

Para cambiar esa manera de pensar y tener una visión saludable de lo que vales, se requerirá bastante esfuerzo.

Al cumplir los veinte dejé atrás mi vieja vida. A esa altura, había cortado el contacto con toda mi familia. Ahora, tengo treinta años y hace un año que estoy casada con un maravilloso hombre llamado Jared. Lo amo y quiero darle amor, pero por más que lo intento, me cuesta muchísimo tener relaciones sexuales. Parece que no puedo alejar de mi mente las imágenes de lo que me sucedió cuando era niña. Comienzo a sentir muchas náuseas y, luego, vomito. (Muy *sexy*, ¿no le parece? No tengo idea de cómo mi esposo puede soportarme). ¡Auxilio!

R: Has pasado por muchas cosas, y no es para menos que tu pasado todavía te siga. Por el solo hecho de que tu vida haya tomado ahora una nueva dirección no significa que no recuerdes lo que sucedió. En realidad, te dominaron tanto de niña que estabas entrenada para ser todo menos agresiva y enérgica (eso se deja entrever en el comentario que me hiciste: «No tengo idea de cómo mi esposo puede soportarme»). A fin de cambiar esa manera de pensar y tener una visión saludable de lo que vales, se requerirá bastante esfuerzo. Será un proceso que consumirá mucho tiempo y mucha energía emocional.

Cómo se supera el abuso

1. Debes darte cuenta que, sea lo que sea que te sucediera antes, el cónyuge que tienes no es el autor de ninguna clase de abuso. Muchas veces, la gente paga por los pecados de sus padres y de sus suegros. En especial, las mujeres. Por lo tanto, este es un pequeño recordatorio para las mujeres que han experimentado el abuso: recuerda que este no es tu padre ni tu padrastro que abusaba de ti de manera sexual y verbal. Este es tu esposo, el hombre que amas.

2. Lo que te dices es de suma importancia en cuanto a la idea que tienes sobre tu persona. Las personas que fueron víctimas de abusos tienden a convertirse en abusadores de sí mismos. Se niegan relaciones o cosas que disfrutarían, solo porque no se ven dignos de recibir amor ni de sentir placer. Por lo tanto, repítete todos los días: *Soy amada. Dios el Padre me ama, mi esposo me ama, mis hijos me aman. Soy digna de que me amen. Mi esposo me valora por lo que soy. Me respeta por lo que soy. Señor, ayúdame a amarme a mí misma como me amas tú.* Incluso puedes intentar orar mientras te miras al espejo con los ojos bien abiertos, a fin de obtener una nueva visión de ti misma.

3. Comprende que te encuentras en un proceso. Lo que te sucedió, que no debería haberte sucedido y que no es tu culpa, volverá a aparecer en tu vida y en tus pensamientos en diferentes momentos. Como resultado de lo que te sucedió en tu niñez, han quedado algunas cicatrices. Las actitudes y las emociones que surgen cuando suceden ciertas cosas hoy son un recordatorio de lo que te sucedió hace todos esos años. ¿Esto quiere decir que la vida no continuará? No, de ningún modo. Solo debes ser consciente de que pueden quedar algunos residuos emocionales en tu vida.

4. Decídete a decirle que no a la negatividad. Una vez, aconsejé a una mujer que siempre escribía un diario personal. Eso era importante para ella. El problema era que solo escribía las experiencias negativas de su vida. Solo cuando tiró ese diario y compró uno nuevo para registrar los pasos positivos, comenzó su proceso de sanidad. En tu caso, a medida que surjan los pensamientos negativos, sustitúyelos por cosas positivas. Haz una lista de todo lo que has logrado y ponla donde puedas verla todos los días. Lo que ves y lo que sucede en tu cabeza es lo que se manifestará fuera.

Aplaudo tu valor para abordar este problema. Lo que te sucedió no fue tu culpa. No fuiste la causante de que te sucediera. Sucedió, porque en el mundo existen personas malas y enfermas que abusan de los niños. Aunque el abuso que sufriste pudo parecer que estaba relacionado con el sexo, en realidad,

Este es el momento de reclamar tu sexualidad.

no tuvo nada que ver con él (al menos, con la relación sexual tal como la planeó Dios). Más bien, estuvo relacionado con el poder y el control. Me alegra mucho de que te hayas casado con un hombre que te ama y que lo ames lo suficiente como para lidiar con los problemas de tu pasado y así poder llegar a tener una relación sexual saludable y satisfactoria para ambos.

Este es el momento de reclamar tu sexualidad. Habla con tu esposo. Dile cuánto lo amas y por qué te resulta tan difícil tener relaciones sexuales. Pídele que te tenga paciencia y te ayude mientras te sanas de las experiencias pasadas. Visita a un terapeuta que te ayude a darle nueva forma a tu visión de la relación sexual. Algunas veces, esto puede significar no tener interacción sexual durante un período, como un año, para darte tiempo a sanar y a disfrutar de un toque sensual que no es demandante ni doloroso (para comenzar el proceso en el que puedas disfrutar en verdad de la relación sexual con tu esposo a lo largo del camino).

Lo importante es que tú y tu esposo persigan *juntos* este objetivo. Vadear los recuerdos del pasado puede consumir mucho tiempo y mucha energía emocional. Este es un tiempo en el que ambos deben ser tiernos y pacientes el uno con el otro al tratar de superar tu historia sexual y llegar a la comprensión de la relación sexual tal y como la pensó el Creador.

¿Alguna vez olvidarás el abuso? No. Estas experiencias tan traumáticas quedan grabadas en lo profundo del cerebro humano. En cambio, sí puedes recuperar y reclamar tu sexualidad.

Hablemos con franqueza

Para alguien que sufrió el abuso en el pasado, un cónyuge que sabe dar su apoyo tiene muchísima importancia, sobre todo porque las víctimas de abuso necesitan reorientar toda su visión en cuanto al sexo opuesto. Y para eso, se necesita un compañero muy comprensivo que vaya resolviendo los problemas a tu lado. También requiere el compromiso de hacer que el proceso de sanidad y comunicación sean las principales prioridades como pareja.

Quiero terminar este capítulo contándote la historia verídica de Libby y Mark. Ahora tienen treinta y tantos años, y tienen dos hijos «milagrosos» de doce y catorce años de edad. (Enseguida sabrás por qué son milagrosos).

Libby tenía cinco años cuando su tío comenzó a maltratarla de manera sexual por primera vez. Luego, cuando tenía siete años, el tío se mudó a su casa y él, junto con su padrastro, continuaron con el abuso cada semana. Al llegar a los once años, Libby le contó a una maestra en la que confiaba lo que le sucedía. Aquel día, la llevaron al Departamento de Servicios para el Niño y la Familia (DCFS [por sus siglas en inglés]), y también sacaron a sus hermanos y hermanas de la casa. A continuación, Libby pasó sus años de adolescencia de hogar sustituto en hogar sustituto, hasta que llegó al preuniversitario y encontró un hogar «permanente» con una pareja que la amaba y la ayudó a lidiar con los problemas propios del abuso sufrido.

En la universidad, conoció a Mark y se enamoraron, pero ella sentía terror de contarle sus experiencias sexuales previas, preocupada por la idea de que era «de segunda mano» y no lo bastante pura como para casarse con él que era virgen. Cuando al fin se lo dijo, ¿sabes lo que le respondió ese hombre?

«Libby, lamento mucho que te haya sucedido eso. No fue tu culpa. De ningún modo fue tu culpa. Te amo muchísimo. Para mí eres hermosa y pura». A la noche siguiente, se puso de rodillas y cantó «Para mí eres preciosa», y le pidió que se casara con él. Ella se puso a llorar. ¿No hubieras hecho lo mismo?

Libby se sentía abrumada de gozo al saber que su sinceridad respecto a su pasado no había cambiado el amor de Mark hacia ella. Allí fue cuando supo que su futuro esposo la amaba *de manera incondicional*. Durante los meses en que estuvieron comprometidos, él investigó bastante sobre las mujeres víctimas de abuso sexual. Juntos asistieron a una larga terapia matrimonial. También visitaron a un ginecólogo y lloraron juntos cuando escucharon la noticia de que ella nunca podría tener hijos, ya que su cuerpo tenía muchos daños internos debido al abuso sexual.

Avancemos cinco años. Libby estaba embarazada y danzaron juntos de alegría bajo las estrellas. Nació su hija. Tres años después, quedó embarazada una vez más del que sería su hijo.

Sin embargo, el proceso estaba lejos de terminar. Dos años después del nacimiento de su hijo, Libby se tornó temerosa en extremo. Al conversar con una amiga cercana, al fin se dio cuenta de que tenía temor de que su esposo cambiara, de que abusara de alguna manera de su hija. ¿Por qué surge de repente un miedo así en un matrimonio «estable»? Porque su hija acababa de cumplir cinco años, la misma edad que tenía Libby cuando comenzó a sufrir el abuso sexual. Fue otra cosa a la que la pareja le tuvo que hacer frente.

Otro material de lectura

Corazón herido: Hay esperanza para los que han sido víctimas de abuso sexual en su infancia, por el Dr. Dan B. Allender.

Este libro que es de gran ayuda abarca los problemas de la vergüenza, el pecado, la impotencia, la traición, la ambivalencia, los malos recuerdos y mucho más.

Durante su matrimonio, ha habido momentos en que han tenido que reducir las actividades, porque Libby se sentía abrumada y se preguntaba si Mark todavía la amaba. Su matrimonio no ha sido fácil. Sin embargo, juntos, paso a paso, deciden vivir cada día y amar cada día.

Sí, ustedes también pueden lograrlo. En cambio, necesitan estar decididos a plantarse firmes... juntos.

20

Por qué él o ella sigue en tu mente

No puedes cambiar las relaciones pasadas. Aun así, puedes optar por seguir adelante.

¿Recuerdas la película *La dama y el vagabundo*, donde los dos perros se enamoran, intercambian algunas miradas amorosas, pasan una noche en la ciudad, comparten un plato de fideos y una última albóndiga, y se quedan hasta tarde mirando la luna acaramelados? Cuando eras niño (o no tan niño), ¿te enamoraste o sentiste esos cosquilleos (un amor inmaduro basado en la atracción física)?

Cuando era niño, me enamoré varias veces en un mes. Una relación no terminó muy bien que digamos. Mi «verdadero amor» en séptimo grado, Pat, puso el anillo de la amistad que le di en el bolsillo de sus vaqueros y, esa noche, su madre los puso a lavar. El anillo salió todo destrozado... del mismo modo que terminó nuestra relación una semana después.

Por alguna razón, los años adolescentes que se extienden a los primeros años de la década de los veinte se llaman «los años críticos». Son los años en los que los errores que cometes pueden influir en ti para toda la vida. Un error al volante y puedes morir en un accidente automovilístico; un experimento con la droga que te produce curiosidad y puedes morir de una sobredosis; una noche en la que te enredas con alguien y puedes quedar embarazada... Si te adelantas un par de años, te encuentras con que ese muchacho que se casó contigo porque no le quedó otra opción (de lo contrario tu padre lo hubiera perseguido con un revólver) sale con otras muchachas por la noche y te deja en casa con un bebé de dieciocho meses. Esto les puede haber sucedido a algunos que leen este libro (y ahora, vas por tu segundo matrimonio).

Estos son los años en que los niveles de hormonas suben tanto que, muchas veces, la gente toma decisiones que lamenta (como el noviazgo, casarse o tener relaciones sexuales con múltiples parejas antes de encontrar su «verdadero amor»).

Tal vez te estés preguntando: *Si ahora estoy felizmente casado, ¿acaso mi pasado influye de alguna manera?* Sí. Quizá haga veintitrés años que estás casada y, de repente, el rostro de tu primer novio aparece mientras haces el amor con tu esposo. O comienzas a pensar cómo se veía María, tu ex, con ese camisón y dices su nombre en lugar del de tu esposa cuando estás a punto de eyacular. ¿Esto quiere decir que no amas a tu cónyuge? De ninguna manera. Solo quiere decir que cualquier experiencia sexual está grabada en lo más profundo de tu mente. Esto se debe a que la naturaleza de las experiencias sexuales está estrechamente relacionada con la intimidad, con la conexión, con el conocimiento de alguien de la manera más personal de todas. Estas experiencias no solo se relacionan con tu cuerpo, sino también con tu mente y con la persona que eres.

Aunque no te des cuenta, las heridas de relaciones previas (incluyendo el abuso verbal, sexual o físico por parte de otros) ya han influido en ti y en la persona que escogiste para casarte, pues el cerebro es un fabuloso guardián de los recuerdos.

Ahora tienes un cónyuge excelente, y te has establecido en el matrimonio. Tienen dos hijos maravillosos. La vida parece color de rosa. Tienes una relación sexual apasionada con tu cónyuge. Entonces, de repente, un pensamiento sobre una relación pasada comienza a perseguirte...

P: Antes de casarme, tuve relaciones sexuales con otros nueve hombres. ¿Cómo sé el número exacto? Porque los recuerdo a cada uno de ellos... pero ahora desearía poder olvidarlos. Me siento muy mal y sucia cada vez que mi esposo y yo comenzamos el juego amoroso. Yo fui su primera vez. Me encantaría poder decir lo mismo de él. Fui una tonta, sí, lo sé. ¿Tengo esperanza? ¿O me sentiré de esta manera para siempre?

R: La culpa te sale por los poros y tienes razón en sentirte culpable. Decidiste no esperar para tener relaciones sexuales y estás cosechando las consecuencias. No existe un borrador mágico que haga desaparecer tus experiencias sexuales previas. Según la investigación del Instituto Guttmacher sobre las relaciones sexuales adolescentes, si has tenido nueve experiencias sexuales, y si el hombre con el que mantuviste relaciones sexuales la novena vez tenía nueve experiencias sexuales, aunque no te des cuenta, has estado expuesta a quinientos once compañeros sexuales[4]. Por lo tanto, la cama está mucho más atestada de lo que piensas.

Sin embargo, eres tú la que decide si sigues lamentándote de tu suerte y continúas llamándote estúpida, o si quieres tomar las riendas de tus pensamientos. Si deseas tomar las riendas, aquí tienes algunos consejos. Cada vez que uno de esos antiguos novios te venga a la mente, di el nombre de tu esposo con pasión. Comienza a soñar con él. No permitas que tu mente se detenga a pensar en ningún hombre anterior. Esfuérzate por agradar a tu esposo y no te concentres en ti misma. Ninguna mujer que se reprocha a sí misma resulta atractiva. Tu esposo merece una amante dispuesta a darle todo lo que tiene a él, el hombre que la ama de *verdad*. No lo castigues por tu pasado.

P: Me da mucha vergüenza reconocerlo, pero he metido la pata de verdad. Antes de conocer a Maritza y de casarme con ella, viví con una novia durante unos tres años. Pensé que la había olvidado por completo, pero ayer, cuando Maritza y yo estábamos muy avanzados en la relación sexual, metí la pata y dije el nombre de aquella novia en lugar del de mi esposa. Toda la acción se detuvo. Maritza se levantó, salió del dormitorio y, desde entonces, no ha vuelto a hablarme. ¿Lo he arruinado todo?

R: Siempre digo que los hombres somos tontos a más no poder, y tú acabas de darme la razón. Tu esposa tiene todo el derecho a estar enojada. La mención del nombre de tu exnovia violó la confianza de tus votos matrimoniales. ¿Acaso estás muy «avanzado» en la relación sexual con tu esposa y te olvidas de quién es ella? No es para menos que no te hable.

Antes de pedirle disculpas a tu esposa (que será mejor que lo hagas pronto, míster macho), debes pensar por qué eso salió de tu boca. ¿En verdad olvidaste a esta muchacha con la que estuviste? ¿Tu antigua novia sigue siendo importante para ti y aún está en tu vida? ¿Fue un sincero error debido a la costumbre? Debes buscar tus palabras con mucho cuidado, ya que las palabras pueden ser dañinas en extremo para una relación. Para una mujer, ya es bastante difícil mostrar su cuerpo en el acto sexual, mucho más difícil que para un hombre, debido a la manera de pensar de una mujer respecto a la imagen corporal, y para colmo, tú la llamas por el nombre de otra mujer.

Así que vé pronto a pedir disculpas, admite que fuiste un verdadero tonto, dile que la amas, explícale cómo te salió el nombre de la otra mujer, y trata de enmendar las cosas. (Una caja de chocolate suizo no bastará para deshacer esta metida de pata; solo lo harán el tiempo, tu lealtad y el amor). Asegúrale que ella, y nadie más que ella, es la única mujer para ti, y que lamentas haberla herido por un descuido. Piensa en ella a cada momento durante el día, y déjale notas de amor en el auto. Cuida tus pensamientos. Si las imágenes de amantes anteriores asaltan tu mente, piensa en el rostro y el cuerpo de tu esposa en su lugar.

En el lecho matrimonial, desarrollen sus propios ritmos sexuales que sean suyos de manera exclusiva como pareja. Estos pequeños pasos te ayudarán a dirigir tus pensamientos hacia la pureza y hacia la esposa que te escogió a ti para toda la vida.

Una cosa más: no te sorprendas ni te ofendas si tu esposa te revisa el correo electrónico o las llamadas telefónicas durante algún tiempo. Tampoco te sorprendas ni te ofendas si llama al trabajo para verificar que estés allí de verdad. Tiene todo el derecho de hacerlo. Lo único que hace es proteger su territorio.

P: Perdí la virginidad poco después de cumplir quince años con un muchacho que iba a la universidad, solo para verlo alardear de su «conquista» delante de todos los que conocía. Me sentí tan avergonzada que pasé por alto mis sentimientos y fingí que no me importaba. Después de esto, dormí con muchachos para hacerlos *mis* conquistas, en lugar de ocupar el lugar de víctima.

Por fin encontré a uno que parece amarme por la persona que soy (y no sé por qué), pero no puedo evitar estar siempre pensando cuándo terminará el sueño, cuándo mi esposo se convertirá en ese muchacho de la universidad y hablará de mí a mis espaldas. Me cuesta mucho confiar en él; parece que no puedo romper el caparazón emocional que he construido a mi alrededor.

R: Las experiencias previas tienden a teñir la percepción de la realidad del aquí y el ahora de la vida. En el aquí y el ahora, tienes a un hombre amoroso, amable y considerado, pero debido a tus experiencias pasadas, te quedas allí esperando a que una trampa te sorprenda y se cierre sobre tu corazón. *Me pasó antes*, te dices.

Sin embargo, ¿tienes alguna razón para sentirte así en cuanto a tu relación actual, basándote en la manera en que se te trata tu esposo? ¿Hay algo en su conducta que sugiera que es alguna otra cosa más que lo que tú piensas que es? Si no es así, ¡no seas tan dura! Sé agradecida por lo que tienes ahora, y exprésale tu gratitud de corazón a él.

No caigas en la trampa de sabotear la relación basándote en un tonto que entró a tu vida cuando tenías quince años y eras bastante ingenua. Ese tonto no merece ni un minuto más de las células de tu cerebro. Ya le has dado demasiado tiempo. En cambio tu esposo, ah, ese sí que es alguien digno de confianza.

P: Mi esposo tuvo relaciones sexuales con otras mujeres antes de casarnos. He visto fotografías de algunas de ellas y no les llego ni a los talones. Esto hace que me sienta tímida e inadecuada cuando tenemos relaciones sexuales. ¿De qué manera puedo decirle cómo me siento sin parecer una mujer maliciosa que no quiere ninguna competencia cuando se trata de su hombre? Eso se parece mucho al... preuniversitario.

R: Ustedes dos deben hablar de esto. ¿La sensación de ineptitud viene solo de ti o tu esposo te ha dicho algo, o lo ha manifestado en pensamiento o actitud, que te haga sentir de ese modo? Si lo ha hecho, es tonto e insensible, y necesita que lo pongan en su lugar. (Dame tan solo diez minutos con ese hombre y lo dejaré derechito).

Cómo librarse de él o de ella

1. Concéntrate en lo que tienes. Sé agradecido todos los días.
2. Dile a tu cónyuge cuánto lo aprecias y que valoras mucho al hombre o a la mujer que te ama tal como eres.
3. Construye tu relación sobre el respeto mutuo.
4. Trata los problemas a medida que surjan.
5. Reconoce el pasado, pero no te quedes atascado en él. Piensa en presente y concéntrate en tu futuro juntos.

Ahora es tiempo de que le preguntes sin rodeos: «Cuando tenemos relaciones sexuales, ¿te complazco?». Si te mira sorprendido y dice: «Por supuesto. ¿Por qué me lo preguntas?», explícale que sientes que no estás a la altura de las circunstancias. Si tú eres la que está haciendo la comparación (debido a tus propias experiencias del pasado en las que te sentiste inadecuada), al menos aclararás el panorama. Quizá te sientas un poquito avergonzada y un poquito tonta, pero descubrirás la verdad.

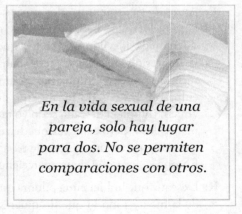

En la vida sexual de una pareja, solo hay lugar para dos. No se permiten comparaciones con otros.

Si algo te molesta y él te está comparando con otra mujer, también lo descubrirás. Si tienen mucha confianza el uno en el otro, un alto grado de vulnerabilidad y una extraordinaria cantidad de madurez, es probable que estén en condiciones de discutir este asunto. En cambio, aquí estamos hablando de un barril de pólvora. Hay algunas cosas que vale la pena resolver y otras que es mejor dejarlas enterradas. Una esposa no necesita saberlo todo acerca de una amante anterior, ni tampoco lo necesita el esposo. Los detalles como estos son terriblemente difíciles de borrar del banco de la memoria.

En la vida sexual de una pareja, solo hay lugar para dos. No se admiten las comparaciones con otros. Esto es una violación del lecho matrimonial. Si te sientes inepta porque tu esposo tuvo experiencias sexuales previas y tú no, considera cuánto tiempo has estado casada. Al cabo de tres años de matrimonio, la experiencia sexual ya no debería ser un problema.

Las mujeres, en especial, tienden a ser buenas en las comparaciones: el cuerpo, el cabello y hasta los zapatos. A pesar de eso, sin duda, no quieren que sus esposos las comparen con otras mujeres. Toda mujer anhela, desea y necesita ser el centro de la atención de su esposo.

Y eso te incluye a ti. Presta atención: es de suma importancia que te olvides de este asunto, porque influirá en gran manera en la seguridad y la estabilidad de tu unión.

P: Antes de casarme, tuve dos novios, y tuve relaciones sexuales con ambos. Después, hace nueve años, conocí a Michael, que era muy diferente a los hombres a los que estaba acostumbrada. Daba la impresión de que se preocupaba de verdad por mí. Desde el mismo momento en que nos casamos, hace siete años, he sentido culpa por mi pasado promiscuo, en especial porque Michael era virgen. (Hubiera deseado serlo yo también). Michael es un hombre maravilloso, pero cada vez que hacemos el amor, veo imágenes de mis antiguos novios. ¿Qué me pasa? Sé que el pasado es el pasado. Entonces, ¿por qué sigue apareciendo en el presente?

R: Desearía que hubiera una píldora que se pudiera recetar para borrar de la mente todo lo que no quieres que esté allí. Sin embargo, la mente es la computadora más sofisticada que haya existido jamás. No solo registra las imágenes, sino los sentimientos ligados a las experiencias pasadas, lo cual hace que te resulte más difícil disfrutar del matrimonio con tu esposo de manera realista.

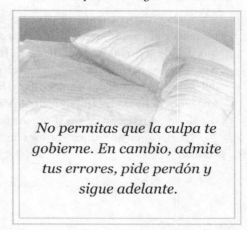

No permitas que la culpa te gobierne. En cambio, admite tus errores, pide perdón y sigue adelante.

Puedes intentar no pensar en esto, pero no te da resultado, ¿no es así? Si crees en el poder de la oración y en el poder del perdón, te sugiero que vayas por ese carril en la vida. Debes entender que si lo pides (y en verdad quieres vivir de manera diferente), Dios te perdonará cualquier transgresión en tu vida. Incluso, borrará todos los registros en el cielo, como si nunca hubiera ocurrido nada. Así de bueno es el perdón del Todopoderoso.

El problema lo tenemos nosotros, simples mortales. No somos Dios. No somos tan buenos para enterrar nuestras transgresiones. Las recordamos una y otra vez, y los recuerdos son muy dolorosos.

No obstante, el mismo Dios amoroso que te perdona tus transgresiones puede ayudarte en tu batalla diaria para que puedas disfrutar con libertad del amor que has encontrado con tu compañero.

Si no eres una persona de fe y no crees en Dios, es probable que ni pongas en consideración lo del perdón. En cambio, si has crecido en la iglesia y te han enseñado lo bueno y lo malo, el factor de la culpa por tus transgresiones pasadas puede elevarse mucho. Esa culpa es la propulsora de muchas de las malas decisiones que has tomado y que puedes tomar ahora o en el futuro.

No permitas que la culpa te gobierne. En su lugar, admite tus errores, pide perdón y sigue adelante.

Hablemos con franqueza
¿Cómo puedes apartar de tu mente a él o a ella?

Debes darte cuenta de que lo que te sucedió en el pasado pertenece al pasado, pero afecta el presente. Sin embargo, tú eres el que decide si permitirás que afecte tu futuro. Y esa decisión comienza hoy. Puedes permitirte habitar en el pasado y perderte las alegrías del presente, o puedes tomar una decisión activa de sustituir esas imágenes del pasado, una por una, por otras imágenes. Imágenes de ti y de tu cónyuge, y de tus momentos más candentes de intimidad.

La persona que dijo: «Somos lo que pensamos», fue sabia de verdad.

21

¡Me muero por tener relaciones sexuales!

Cómo saber si tu cónyuge es un adicto al sexo... o solo tiene un impulso sexual fuerte.

N os encanta etiquetar a la gente, ¿no es cierto? Poner etiquetas es fácil. Pegas una y la persona queda clasificada de una manera satisfactoria. Trastorno del deseo sexual. Trastorno orgásmico. Trastorno de dolor. Trastorno de la excitación sexual. Todas, cortesía de la Asociación Psiquiátrica Estadounidense, muchísimas gracias. Sin embargo, ¿acaso la etiqueta le da una verdadera solución al problema o indica un camino para hacerlo? ¿Y esa etiqueta hace que una persona sea normal y la otra anormal, o son solo diferentes?

Digamos que un niño de tercer grado es un lector voraz. Otro niño de la misma edad prefiere las personas a los libros. ¿Esto hace que uno sea normal y el otro anormal, o que solo sean diferentes?

«Por supuesto que son diferentes», me dices. «Ninguna de las dos cosas tiene nada de malo».

Entonces, ¿por qué les ponemos una etiqueta diferente a las personas que solo tienen un impulso sexual más alto que su cónyuge? ¿El simple hecho de que sean diferentes hace que sean anormales? ¿Los convierte en adictos al sexo? Y, a propósito, ¿puedo saber qué es un adicto al sexo?

Digamos que tienes necesidad de tener relaciones sexuales dos veces a la semana, y tu cónyuge tiene necesidad cuatro veces a la semana. ¿Eso convierte a tu cónyuge en un adicto al sexo o solo los obliga a esforzarse juntos para encontrar una solución? Tal vez puedan tener relaciones sexuales dos veces a la semana y el que tiene un impulso sexual más alto recibirá un estímulo manual las otras dos veces. De eso se trata el matrimonio: una negociación para el bien mutuo como pareja.

No obstante, tampoco quiero minimizar los peligros de la adicción sexual. Es verdad, existen los adictos al sexo en la vida real. La gente que hace mal uso del gran don de la relación sexual y pervierte la intención de Dios de que exista un hombre y una mujer para toda la vida. Gente que usa el sexo como un medio para controlar a las personas en las relaciones. Gente que usa la pornografía y visita a las prostitutas para satisfacer sus impulsos sexuales.

Muchas esposas quedan conmocionadas al descubrir que sus esposos miran pornografía. La pornografía es tan adictiva en el aspecto psicológico como la cocaína lo es en el físico. Para un hombre es difícil desechar las imágenes sexuales de su mente una vez que ha mirado pornografía. En el caso de muchos varones, la pornografía comienza temprano en la vida (a través de revistas o de la Internet) y se vuelve cada vez más adictiva a medida que pasa el tiempo.

¿Por qué la pornografía es tan destructiva para un matrimonio? Porque la persona que usa la pornografía llega hasta el punto en que su placer físico se satisface a través de fotos eróticas (que deben ser cada vez más intensas y degradantes a fin de saciar su apetito sexual), no en el lecho matrimonial con su esposa. El usuario de la pornografía necesita ayuda y la necesita de inmediato.

La pornografía también puede conducir a una pasión desordenada por las prostitutas. Hasta los poderosos han caído a causa de esto (como el gobernador de Nueva York, que perdió su trabajo debido a su relación con prostitutas). Esto produce un impacto directo y físico no solo en el hombre que se conecta con la prostituta, sino también en su esposa, que debe soportar las secuelas emocionales y físicas como tercera persona.

Si tu esposo (o tu esposa; las mujeres no son inmunes a la atracción de la pornografía ni de los prostitutos, aunque esto es menos común para ellas que para los hombres) usa pornografía o frecuenta prostitutas, te encuentras frente a serios problemas, ya que ambas cosas destruyen tu matrimonio. Cualquier mujer se siente violada, y con justa razón. *Supongo que no soy lo suficiente buena como para satisfacerlo, ¿eh?* Como mujer, te castigarás en gran manera y te lo tomarás a pecho. Sin embargo, debes comprender este concepto muy importante: tú no fuiste la que decidió visitar los negocios de pornografía ni enredarte con una prostituta. Fue su decisión, así que él es quien debe rendir cuentas y asumir la responsabilidad por sus actos.

¿Tú o tu esposo se mueren por tener relaciones sexuales? ¿Alguno de los dos tiene un impulso sexual más alto? Si es así, ¿cómo lo manejan? ¿Lo hacen de modo que esto los una como pareja y se mejore la conexión del corazón y la comunicación, o de una manera que divide el hogar y permite que la vergüenza y la culpa estén a la puerta?

P: Este es mi secreto: La relación sexual me gusta muchísimo. Y soy una mujer. (Si las otras maestras de la Escuela Dominical pudieran oírme ahora, sería el motivo de conversación de la iglesia durante un año). Soy una muchacha apasionada y hace siete años que estoy casada con un hombre pasivo. Por lo general, el muchacho no tiene mucha iniciativa. ¿Cómo puedo alentarlo para que retoce conmigo? En los últimos tiempos, me he puesto a mirar, solo a mirar, lo advierto, a muchos otros hombres. Amo a mi esposo, pero cada vez es más difícil creer que alguna vez encontraré la pasión con él.

R: Gracias por tu sinceridad. Si la sinceridad es el mejor método, tú ganas. Como dije antes, las mujeres son grandes maestras. Debes tomar a este hombre, con ternura, y mostrarle lo que significa ser aventurero, sin hacer que se sienta dominado. Muéstrale con toda la riqueza y el encanto que tienes, lo maravillosa que puede ser la vida sexual con gran variedad.

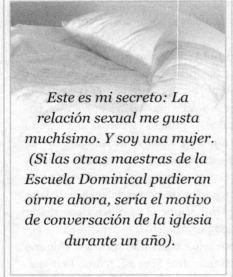

Este es mi secreto: La relación sexual me gusta muchísimo. Y soy una mujer. (Si las otras maestras de la Escuela Dominical pudieran oírme ahora, sería el motivo de conversación de la iglesia durante un año).

Permíteme señalarte algo más. Es probable que él sea más previsible, más recalcitrante y más retraído de lo que te gustaría, pero una vez más, estas diferencias son lo que los convierte en una pareja. Él es la brisa suave y tú eres el tornado. Lo creas o no, ambos pueden coexistir. A decir verdad, estaría más preocupado si en un matrimonio hubiera dos tornados.

Ahora bien, si me preguntas si tu situación puede solucionarse, te contesto que sí. ¿Tu esposo es enseñable? Sí, lo es. Y parece que eres una buena maestra: una maestra de Escuela Dominical a la cual le gusta el sexo. Tú eres mi tipo de mujer.

Te deseo lo mejor en esta especie de tarea. Diviértete y no agotes a ese muchacho en la primera lección.

P: Verá, éramos como dos conejitos en el campo durante nuestros dos primeros meses de casados. Y, luego, nuestra vida sexual se fue al cubo de la basura. ¿Qué sucedió?

R: Cuando eran novios, ambos presentaban la mejor comida. Todo era nuevo y excitante. Tu chico hacía lo que los hombres hacen con naturalidad: se concentraba en un objetivo, que era ganar tu amor. Después, se casaron y comenzaron a juntar dinero para sus propios gastos, en lugar de pensar en mamá y papá. Algunos años después, es probable que tengan uno o más pequeños hedonistas chupa sangre, sin mencionar los interminables proyectos y actividades, que consumen su tiempo y energía. Cuando eran novios y al comienzo del matrimonio, podían disfrutar de las cenas a la luz de las velas, de largas caminatas y de noches estrelladas en las que se miraban a los ojos y yacían abrazados, sin ninguna otra cosa que reclamara su atención más que ustedes mismos. Sin embargo, esos días pasaron a ser borrosos recuerdos frente a la realidad de ganar dinero y cambiar pañales.

Como el hombre se concentra en un solo objetivo y está programado para proveer para su familia, piensa: *Bueno, ya logré el objetivo del amor.*

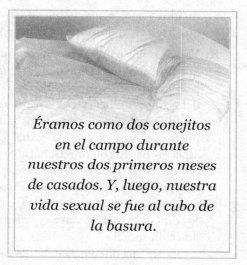

Éramos como dos conejitos en el campo durante nuestros dos primeros meses de casados. Y, luego, nuestra vida sexual se fue al cubo de la basura.

Terminé con el asunto del matrimonio, ¿verdad? Lo siguiente en la lista ahora es proveer para mi familia financieramente y levantar un muro de mampostería en el sótano.

Aun así, todos los días la mujer pregunta: «¿Me amas de verdad? ¿Te importa mi vida?». Si tu esposo tuviera la más remota idea de que te haces esa pregunta, es probable que diría: «Por supuesto que te amo. Te dije que te amaba cuando nos casamos, ¿no es cierto?».

¿Ves la diferencia en la manera de pensar? Los dos necesitan hablar. Tú no debes ser tan fuerte con tu esposo y él debe reordenar sus prioridades. El amor no es solo un sentimiento de una vez; es una acción continua. Si él está demasiado ocupado, fíjate si puedes ocuparte de algo en su lista de quehaceres (para empezar, es probable que tú se la hayas confeccionado). Envía a los niños a la casa de la abuela a pasar la noche, prepárale su cena favorita, ponte un camisón que le resulte irresistible y espera a que comiencen los fuegos artificiales.

P: Mi nuevo esposo está a punto de dejarme agotada con su constante necesidad de relación sexual. Al fin y al cabo, ¿cuánta relación sexual necesita un hombre en realidad? Hace un año que estamos casados y parece que no puedo terminar de hacer nada excepto lo que hago en el dormitorio. ¿Puede ser un adicto al sexo?

R: Vayamos por partes. Hay algo en tu pregunta que me hace pensar que tu esposo quizá esté usando la relación sexual como un medio para controlarte. Si necesita una constante reafirmación a través del sexo para saber que es amado, respetado y deseado, podría ser un indicativo de que es un maniático del control (lo cual tiene poco que ver con tu vida sexual y mucho más que ver con los aspectos básicos de tu relación).

Todas las parejas tienen diferentes apetitos sexuales, pero la mayoría entra en alguna clase de conducta sexual un par de veces a la semana. Si tu esposo te exige tener relaciones sexuales todos los días (y la palabra clave es *exige*), entonces sí, estás frente a una adicción sexual.

Existe una diferencia definida entre la adicción sexual y un alto impulso sexual. Una persona puede tener un interés en la sexualidad y en la relación sexual superior al promedio. Sin embargo, siempre debe ser *controlable*. Esto quiere decir que esa persona es sensible a su cónyuge y se interesa en él de una manera razonable, de modo que le trata con dignidad, consideración, afecto y cuidado. Si este es el caso, no hay ningún problema con el impulso sexual alto.

En cambio, la adicción sexual siempre termina dañando las relaciones y dañando a la persona. Degrada al cónyuge.

¿Qué características ves en tu esposo? ¿De qué manera afectan tu relación con él? ¿Él es sensible hacia ti y tus necesidades? ¿Te trata con dignidad? Si es exigente (aquí aparece esta palabra otra vez), puedes tener entre manos a un adicto al sexo. En ese caso, necesita más ayuda de la que yo puedo dar aquí. Aliéntalo a que consulte a un terapeuta de confianza. Si piensa que no tiene un problema y se niega a buscar ayuda, ve tú a terapia y busca consejo en cuanto a cómo manejar la situación.

P: Durante las dos últimas semanas, mi esposo ha llegado a casa todas las noches bastante tarde después del trabajo. No es una conducta habitual en él. Ayer, estaba lavando la ropa y un pedacito de papel se cayó de uno de sus bolsillos. No reconocí el número y pensé:

Qué curioso. Así que llamé. ¡Era un servicio telefónico de prostitutas! Fui directamente al trabajo de mi esposo, entré en su oficina, cerré la puerta y lo enfrenté. Se encogió de hombros, lo admitió, ¡como si no fuera gran cosa!, y dijo que yo había estado ocupada con los niños, que no había tenido tiempo para él y que necesitaba tener relaciones sexuales. ¡Esto no puede ser! ¡Este no es el hombre con el que me casé! ¿Adónde iremos a parar después de esto?

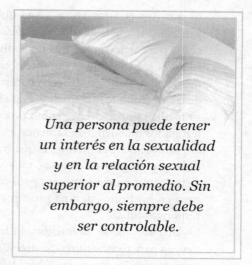

Una persona puede tener un interés en la sexualidad y en la relación sexual superior al promedio. Sin embargo, siempre debe ser controlable.

R: Lamento muchísimo este descubrimiento debido a la traición a la confianza que representa y a las secuelas físicas y emocionales que experimentarán tanto tú como tu esposo. La actitud insensible de tu marido al pensar que no es gran cosa, es muy preocupante, ya que muestra falta de respeto hacia ti (o tal vez, la falta de emoción sea una manera de mitigar la culpa). Es un asunto serio, porque acaba de traicionar los votos matrimoniales. Señalarte a ti porque has estado ocupada es el juego de transferir la culpa. Es verdad que tal vez haya necesitado más atención de la que le diste (y esto es algo de lo que tendrás que ocuparte, si continúa tu matrimonio), pero eso no es una excusa para su conducta.

Debes preguntarle de inmediato: «¿Cuánto tiempo hace que sucede esto?». Es de suma importancia que lo sepas debido al alto riesgo de enfermedades de transmisión sexual que existe entre las prostitutas.

Todo contacto genital entre ustedes debe cesar de inmediato (como si ahora tuvieras ganas de tenerlo; pero te asombrarías ante las historias que he escuchado de mujeres que están desesperadas por retener a sus esposos). Debes insistir en que se haga ver por un médico a fin de descartar si tiene o no estas enfermedades, y tú irás con él a esa visita. (A él quizá le dé vergüenza decirle al médico por qué está allí *en realidad*, pero hay mucho en juego como para arriesgarte a que no le diga la verdad). Si has tenido relaciones sexuales con él durante el tiempo que ha estado con estas muchachas, también deberías hacerte examinar. Las enfermedades de transmisión sexual (incluyendo el VIH) no son cosa para jugar. El médico puede decirte cómo proceder a continuación según los resultados que den los exámenes.

También debes insistir en que tu esposo vaya a terapia. A medida que progresen las cosas, tal vez quieras tener algunas entrevistas como pareja también, pero recuerda que tú no eres la que cayó en los brazos de una prostituta. Él es quien debe asumir su responsabilidad.

Una vez que se ha traicionado la confianza, se necesita mucho tiempo para reconstruirla. Se necesitará mucho perdón de tu parte, deberás trabajar con tu ira, y hará falta un profundo arrepentimiento (y las acciones consecuentes) por parte de tu esposo. Para ser muy sincero, pienso que tus probabilidades son inferiores al cincuenta por ciento. No me sorprendería que no quisieras seguir adelante con este matrimonio. Por cierto, tienes una razón. No obstante, el hecho de que tengan hijos será un factor muy importante en tu decisión de hacer un esfuerzo para lograr que tu matrimonio funcione o caminar en la dirección opuesta con toda rapidez.

P: Mi esposo quiere alquilar una película pornográfica para ponernos «de humor». En cambio, a mí me resulta incómoda la idea de mirar a cualquier otra persona que tiene relaciones sexuales... e incluso la idea de traer pornografía a nuestra casa. Sin embargo, mi esposo dice que tales ideas provienen de mis padres demasiado protectores. No tengo idea de qué hacer. Quiero hacer feliz a mi esposo y quiero honrar sus deseos, pero para ser sincera, mirar una película pornográfica me hace sentir un poquito enferma. ¿Qué debo hacer?

R: Muchas veces, los hombres piensan que la pornografía no es más que una imagen en una pantalla o sobre un pedazo de papel. A pesar de eso, aquí hay un problema. Digamos que un hombre se está relajando en su oficina y aparece una cosita bonita en la puerta del frente. Bueno, debido a la manera en que los hombres estamos programados, ese varón se dará cuenta de lo atractiva que es esa dulzura. Entonces, para ser un hombre saludable que tiene el debido respeto por las mujeres, debe dejar de pensar *Cielos*, y dar un paso más para pensar: *Esa mujer atractiva no es solo un objeto sexual. Es una persona creada por el mismísimo Dios todopoderoso. Alguien con quien conversar, por la cual sentir simpatía y compasión.*

De la misma manera, la mujer que se encuentra en el papel o en la pantalla representa a un ser humano. Es una persona que tiene padres. Una persona con esperanzas, deseos, problemas y luchas. Además, lo más probable es que se haya permitido salir en una película pornográfica solo porque está desesperada por estabilidad financiera y un mejor estilo de vida.

En esencia, la pornografía es degradante y devastadora para los seres humanos creados por Dios. No debería formar parte de tu vida, de la vida de tu esposo, ni de tu hogar. Debes mantenerte firme en este sentido. La respuesta es un no definitivo.

P: Tengo fantasías sexuales todo el tiempo. ¿Es normal o necesito alguna ayuda psiquiátrica?

R: En primer lugar, lo último que necesitas es ayuda psiquiátrica. He sido psicólogo durante más de cuarenta años y mi consejo básico es evitar a la gente como yo a toda costa. Ve solo cuando sea absolutamente necesario. Entonces, para empezar, vamos a mantenerte alejado del consultorio del psiquiatra.

Es común que los hombres y las mujeres tengan fantasías sexuales. Aunque tal vez los hombres estén más dispuestos a admitirlo, presumo que las mujeres no se quedan muy atrás. Es decir, si lo pensamos, es privado, es seguro, nadie queda embarazada y los personajes en una fantasía sexual hacen con exactitud lo que quieres que hagan. (Es un poquito diferente a lo que sucede en la vida real, con la gente real).

¿Estas fantasías representan un problema? Aquí es donde las cosas se tornan inciertas.

En primer lugar, ¿cuánto fantaseas? Las fantasías pueden comenzar a ocupar cada vez más el tiempo de tu mente, de tus relaciones y de tu trabajo. En otras palabras, estás en casa con tu cónyuge, sentados en el sofá de la sala y tú estás fantaseando con el sexo (en lugar de hacerlo con tu cónyuge).

En segundo lugar, ¿con quién fantaseas? Si es con otra persona, tienes un problema. Sin lugar a duda, tus necesidades sexuales no están siendo satisfechas por la relación sexual con tu cónyuge, y las cosas tienen que cambiar por el bien de ambos. Si fantaseas con tu cónyuge y con una nueva posición o técnica que te gustaría probar con ella, bueno, entonces, ¡fabuloso! Si tu esposa está de acuerdo, ¿por qué no probarlo?

En cambio, si usas las fantasías para sustituir la comunicación y para no mejorar la relación sexual con tu esposa, eso es malsano. La disparidad entre lo que se refleja en la vida sexual con tu esposa y las imágenes de tus fantasías irá en aumento.

En resumidas cuentas, las fantasías son el resultado de necesidades no satisfechas en el matrimonio. ¿Por qué no hablar con tu cónyuge sobre tus fantasías? ¿Por qué no trabajar juntos en ellas? Satisfacer tus fantasías con tu cónyuge: eso sí que es interesante. En realidad, es de todo punto fascinante.

Palabras para recordar

Concéntrense en todo lo que es verdadero, todo lo honorable, todo lo justo, todo lo puro, todo lo bello y todo lo admirable. Piensen en cosas excelentes y dignas de alabanza.

Filipenses 4:8, NTV

P: Estoy atónita. Acabo de encontrar una pila de revistas pornográficas en el maletero del auto de mi esposo. Al principio, pensé que debía ser un error. ¿Por qué mi *esposo* habría de tener estas revistas? Luego, tuve sospechas. Revisé el botón del historial de nuestra computadora y quedé alarmada al ver los nexos directos a sitios pornográficos. Sabía que debía ser mi esposo, ya que nuestros hijos son muy pequeños como para usar la computadora, y por cierto, yo no entro a esos sitios. Me siento muy traicionada... y angustiada. ¿Cómo pudo hacer esto? No sé si vomitar, si enojarme o hacer ambas cosas. ¿Cómo puedo responder a... *esto*?

R: Lamento mucho que hayas descubierto pornografía en el auto de tu esposo y en la computadora. Lo lamento por un par de razones: porque esas imágenes pornográficas quedarán grabadas de manera indeleble en su cerebro, y en el tuyo, y podrán aparecer en cualquier instante. Este es un momento para ponerte firme y luchar por tu matrimonio. Enfréntalo con los hechos, cara a cara, de una manera amorosa. Si no puedes hacerlo cara a cara, escríbele una nota, señálala como «personal» y entrégasela. O déjasela en el salpicadero de su auto (o detrás de la portada de una de las revistas pornográficas; esto le dará enseguida una idea de qué se trata) o en cualquier otro lado que sea evidente.

No andes con miramientos. Dile cuánto te han herido sus acciones, que te sientes violada y traicionada, y que sientes que la relación entre ustedes se ha degradado. Es probable que tu esposo oiga lo que le digas, pero tal vez no entienda cómo afectará la relación a partir de entonces o en adelante...

¿Conoces esa sensación que tienes cuando estás en la cama y, de repente, tu esposo te toca y sientes esa energía sexual? Cualquiera que sea la manera en que te toque, es una forma de decirte: «Hola, aquí estoy y tengo interés». Entonces, cada vez que venga esa señal, date vuelta, míralo a los ojos y dile: «Cariño, lo último que tengo en la mente en este momento es tener relaciones sexuales contigo. Me siento como si nuestro matrimonio hubiera terminado. No puedo competir con esos cuerpos ardientes en la pantalla. Quiero que te vayas a dormir».

No le dejes ninguna duda. De lo contrario, arruinará tu matrimonio y, de seguro, tu vida sexual. Continuará hiriéndote a ti e hiriéndose a sí mismo al involucrarse cada vez más con la pornografía. Existe una razón por la

Cuando un hombre está involucrado en una adicción sexual, existen síntomas reconocibles.

que la pornografía es un gran negocio multimillonario en los Estados Unidos: es adictiva.

Cuando un hombre está involucrado en una adicción sexual, existen síntomas reconocibles. Si la mente de tu esposo está ocupada con imágenes sexuales explícitas, estará más ensimismado y menos interesado en la «relación sexual normal» contigo, ya que ese sexo dejará de satisfacerlo. Debido a que la pornografía despersonaliza a las personas, tendrá más problema para relacionarse contigo y será menos sensible con los demás. Comenzará a aislarse de las actividades que solía disfrutar y tendrá conductas más secretas (como quedarse en la computadora hasta tarde en la noche, cerrar las puertas y salir sin dar explicaciones de hacia dónde va). El mundo de fantasía que se ha creado comienza a ser más placentero que la vida real.

Ese es el porqué *ahora* es el momento para luchar por tu matrimonio, por tu familia. Insiste en que tu esposo busque la ayuda de un terapeuta profesional. Tú no deberías ir a las sesiones de terapia con él. Necesita bailar solo esta vez. No salgas en su rescate.

Ten en cuenta estas diferencias muy importantes entre hombres y mujeres. Para las mujeres, la pornografía es una cuestión personal y una traición a la relación. Para los hombres, es una tentación visual. Tu esposo piensa: *No es más que una imagen. No es gran cosa, ¿de acuerdo? Después de todo, no conozco a esta mujer. Solo me gusta mirar.* Sin embargo, esa imagen puede crear la ruina en tu matrimonio, en tu nivel de confianza y en la mente de tu esposo. Le permite al hombre concentrarse aun más en cómo se ven las mujeres en lugar de admirar que tienen cerebro, carácter e inteligencia. En otras palabras, la pornografía puede torcer toda la perspectiva que un hombre tiene respecto a lo que es una mujer y a cómo debería tratarla. Y esto te afecta de forma directa a *ti*.

Puedes sentir compasión por tu esposo, pero no puedes echarte atrás en este problema. Habla con él ahora e *insiste* en que busque ayuda.

P: Cuando lo escuché hablar sobre los peligros de la pornografía, en verdad me tocó una fibra sensible. Mi padre me introdujo a la pornografía cuando tenía once años. Pensó que sería algo así como un «lazo masculino». Al principio, me quedé pasmado, después me entró la intriga. Me despertaba por la noche con deseos de ver más. Ahora, soy de los que va a la iglesia y estoy casado. En realidad, amo a mi esposa, pero no puedo sacarme de la cabeza las imágenes. El problema es que trabajo mucho en la computadora. ¿Cómo puedo cuidarme de la tentación?

R: Te felicito por querer prevenir antes que la tentación te arrastre hacia el fondo. Debes poner un filtro en tu computadora que bloquee cualquier clase de pornografía. Si tienes una computadora en casa, llévala a una habitación donde haya constante movimiento (como la cocina o el cuarto de estar, en lugar de tu oficina). Coloca la pantalla de tu computadora de modo que los compañeros de trabajo puedan verla. Estos quizá parezcan pequeños pasos, pero tienen mucho que ver con la voluntad de resistir. Si reajustas tu vida, reajustas tu corazón.

También debes asegurarte de que tu esposa esté al corriente de tu trasfondo y de tu lucha. Dale permiso para que entre en tu privacidad en cualquier momento y te pida que le rindas cuentas de tus acciones o de cualquier sitio en la Web que hayas visitado. Si tienes luchas para resistir la pornografía en la Internet, tal vez sea conveniente que suspendas el servicio de Internet y que accedas solo al correo electrónico una vez a la semana en la biblioteca local. (Cuando te encuentras en un lugar público, la tentación de acceder a la pornografía decrece muchísimo).

También debes hablar de los problemas que te hacen vulnerable a la pornografía. En el caso de los hombres, lo típico es el aburrimiento y las ansias de excitación. Cuando comiences a sentirte aburrido, en lugar de encender la computadora, busca alguna otra cosa que hacer.

En el caso de las mujeres, lo típico es la soledad. Una buena solución es llamar o visitar a una amiga. Y si lo malo se pone peor, enciende la televisión y mira *Mujeres desesperadas*.

P: Estoy desesperada por la relación sexual, y soy una mujer. (¿Ya se siente sorprendido?). Soy una madre de veintiséis años que tiene un hijito de dos años, y mi vida sexual solo existe en mi cabeza. Me encantaría que mi esposo hiciera estragos conmigo alguna noche (o mañana, o durante la siesta, ¡o en cualquier momento!), pero

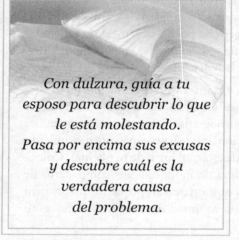

Con dulzura, guía a tu esposo para descubrir lo que le está molestando. Pasa por encima sus excusas y descubre cuál es la verdadera causa del problema.

parece que él no siente interés en mí después que tuvimos el bebé, tal como sucedía antes del bebé. Nunca lo he visto que tenga tantos dolores de estómago ni dolores de cabeza que le impidan tener relaciones sexuales. ¿Qué pasa? ¿Estaré gorda o algo así? ¿No lo excito? Solo aumenté unos pocos kilos después de tener al bebé (y debo decir que él ha engordado mucho más que yo).

Cuando por fin tenemos relaciones, me pregunto si daría igual que él tuviera a cualquier cuerpo a su lado en la cama, ya que todo es lo mismo de siempre, lo mismo de siempre. Tengo amigas que desearían que sus esposos les pidieran tener relaciones sexuales solo una vez a la semana. En este momento, daría cualquier cosa por *cualquier* hombre que me encontrara atractiva. Necesito un verdadero amante, no solo un hombre con el cual compartir el apellido.

R: ¿Sabes lo que arreglaría el problema entre ustedes dos? Una travesura por la tarde mientras el niño duerme la siesta. Aun así, primero deben tener una conversación después que el niño esté en la cama (o mejor aun, una noche libre para los dos). «Cariño, veo que pareces no estar interesado en la relación sexual. ¿Hay algo que pueda modificar para que te intereses?». O: «¿Te están sucediendo cosas que te molestan?». Eso es mucho mejor que decir: «Oye, payaso. Me estoy muriendo. ¿Te parece que el Sr. Feliz podría pararse y prestarme atención?».

Con dulzura, guía a tu esposo a través de las preguntas a fin de descubrir lo que le está molestando. Pasa por encima sus excusas (dolores de cabeza o de estómago) y descubre cuál es la verdadera causa del problema. Y, luego, haz lo que puedas para que deje sus temores en paz. Como ya piensas mucho en la relación sexual de todos modos, usa ese tiempo para pensar de manera creativa en cómo puedes tentar a ese hombre para que vaya a la cama. La sincronización lo es todo, y es posible que tu esposo esté más sensible de lo que piensas.

Hablemos con franqueza

«Dr. Leman, mi esposo quiere sexo todo el tiempo», me dijo una mujer. «Y cuando digo *todo el tiempo*, es exactamente lo que quiero decir», susurró. «Entre dos a cuatro veces al día, todos los días, incluso los domingos. Estoy agotada. ¿Qué puedo hacer?».

Yo ya tenía calado a este hombre. «Debes hacer lo siguiente», le dije. «Quiero que lo persigas. Lo despiertas en medio de la noche, todas las noches, durante el siguiente mes y le dices que *tú* quieres tener relaciones sexuales».

Me miró como si estuviera loco, pero después accedió (al fin y al cabo, no podía dormir). En menos de un mes, ese hombre había quedado impotente. Cuando ella le dio vuelta a la tortilla y lo persiguió, él no supo qué hacer. Es que para él, la relación sexual era una manera de dominar a su esposa y controlar el proceso. En solo treinta días, el Sr. Feliz no pudo levantarse para un final feliz. La mujer, en cambio, estaba sonriente. Él ya no la usaba de un modo degradante. Ella también lo había calado.

¿Cómo puedes saber si tu cónyuge tiene un impulso sexual más alto o si puede ser un adicto al sexo? Si tu cónyuge quiere tener relaciones sexuales tres o cuatro veces a la semana, no es un adicto al sexo. ¿Y si quiere tener relaciones tres veces al día? Bueno, yo diría que eso está fuera de los límites, y que sucede alguna otra cosa (por ejemplo, está usando la relación sexual para dominarte y controlar todo lo que sucede en tu día).

La respuesta está en tu relación. Si tu esposo tiene que afirmar su masculinidad teniendo relaciones sexuales y teniéndolas con frecuencia, y siempre como él quiere, tienes un problema. De lo contrario, solo es que el Sr. Feliz necesita más acción de la que estás acostumbrada y tú puedes idear otras maneras divertidas para que tu esposo siga sonriendo.

La clave está en que si los dos no se sienten valorados y amados después de tener relaciones sexuales, estas no son buenas ni saludables.

22

El césped del vecino quizá parezca más verde... pero todavía tienes que cortarlo

Cómo lidiar con la vida cuando no es justo lo que esperabas.

¿Por qué todos hablan de la crisis de los cuarenta años? ¿Será probable que se trate de un momento en que las familias se encuentran en una transición? Aunque algunas familias hoy en día tienen hijos cuando ya son grandes o los adoptan cuando ya son mayores, muchas familias en que los padres transitan la década de los cuarenta tienen hijos en el preuniversitario, en la universidad, hijos que se casan o se mudan a sus propias casas. Esto cambia de manera significativa la dinámica de la familia. Para muchas mujeres, cuyas vidas han estado demasiado centradas en sus hijos, este es un tiempo en el que se preguntan qué viene a continuación. *Hace años que no pienso en qué me gustaría hacer*, piensa la esposa. *Ni sé por dónde empezar.* Puede haber incertidumbre y a la vez alegría al pensar en pasatiempos o cosas por el estilo.

El esposo también se encuentra con que tiene más tiempo entre manos, ahora que tiene menos participación con los hijos (aun cuando esa participación solo significara aparecer en el momento y el lugar en que le dijera su esposa). Tiene suficiente tiempo para detenerse a pensar: *Oigan, este trabajo no es lo que me gustaría hacer de verdad. Para mí es un callejón sin salida.* Entonces, mira hacia abajo y se encuentra con la acumulación de grasa que parece un salvavidas alrededor de la cintura. No es tan atractivo como solía ser...

Así es que el esposo y la esposa se miran y piensan: *Bueno, ya sabes, mi cónyuge tampoco es con exactitud como yo esperaba. Es más, la vida no es ni más ni menos como yo pensaba que sería.* Estos pensamientos pueden llevar a la depresión (no puedo hacer nada bien o no puedo ser lo que quiero), a las aventuras amorosas (tengo que cambiar el modelo viejo de mi esposa por uno nuevo mientras aún me quede algo) y los cambios de trabajo (en otra compañía deben ser mejores las cosas).

Si la esposa ha estado involucrada en las vidas de sus hijos, accediendo a la relación sexual solo como un deber, su esposo lo sentirá con intensidad y tomará la falta de placer de ella como una falla de su parte. Se verá tentado a irse a alguna otra parte. La esposa que quizá participara del acto sexual, pero que no ha tenido intimidad, se siente usada y, algunas veces, hasta sin darse cuenta, comienza a buscar en cualquier otra parte la satisfacción emocional.

En resumidas cuentas, el césped en el terreno de cualquier otro puede comenzar a parecer más verde. De esa manera es que vemos a un hombre que deja a su esposa para casarse con alguien veinte años menor que él.

Una joven madre sueña con que ella y su esposo se encontrarán en la elite más selecta de la sociedad a los diez años de casados y que, cuando lleguen a los treinta y dos, tendrán tres hijos. Sin embargo, el sueño no resultó tal como ella lo veía. Su esposo todavía trabaja, un piso más arriba, en el mismo trabajo que tenía después de las horas de clase en la universidad y ella ha vuelto a trabajar a tiempo completo para ayudar con los gastos. Como su agenda está tan exageradamente ocupada ahora, se deja de conectar con su esposo.

Un día, un compañero de trabajo comenta: «Ah, me encanta tu suéter». Es el primer elogio que ha oído respecto a su apariencia en tanto tiempo que se queda inmóvil y lo mira conmocionada. A la semana, los dos están tomando juntos una taza de café en la cafetería para empleados. Congenian de verdad. Tres meses más tarde, y todo de repente, se toman un día libre en el trabajo para ir en secreto a un motel.

¿Cómo pueden suceder estas cosas? En el mundo existen mujeriegos que no valoran el matrimonio, que dicen: «Sí, esa es mi esposa, pero tengo cuatro novias a mi lado». Ese es el buscador de sensaciones que no entiende lo que es el matrimonio ni el compromiso. También están los que solo «se enamoran»... ¿o están necesitados?

Durante estos años de adaptaciones, cuando los cuerpos se inclinan y se ensanchan, cuando las perspectivas de la vida implican ajustes, es de suma importancia que como pareja casada se ocupen de una vida sexual satisfactoria para *ambos*. La relación sexual y la intimidad deben formar parte integral de su vida de pareja, y deben llevarlos sin cesar hacia el otro... en lugar de llevarlos a los brazos de otra persona.

P: Hace siete años que estamos casados mi esposa y yo. La amo, pero las cosas ya no son muy excitantes. Me siento atraído hacia una compañera de trabajo, una vez tomamos juntos un café y otra vez fuimos al gimnasio, pero no tengo una relación. ¿Es muy malo tener una amistad con alguien del sexo opuesto?

Seis maneras de reinventar tu relación

1. Hagan juntos un curso en la universidad local.
2. Hagan algo que nunca antes hayan hecho (por ejemplo, acampar).
3. Váyanse en autobús a otra ciudad.
4. Dejen de hacer preguntas.
5. Renueven sus votos matrimoniales. Escríbanlos ustedes mismos. Si quieren, celebren una ceremonia.
6. Vayan juntos de vacaciones sin los niños.

R: Mencionaste la palabra *amistad*, pero dijiste que te sientes atraído hacia ella. Las dos cosas no son lo mismo. Dijiste que no tienen una «relación». Lo interpreto como que no tienen una relación física, al menos todavía. Aun así, *tienes* una relación emocional, ya que han salido juntos varias veces. Esto quiere decir que corres mucho más riesgo de llevar la relación más adelante y pasar al campo físico.

> *La relación sexual y la intimidad deben formar parte integral de su vida de pareja, y deben llevarlos sin cesar hacia el otro... en lugar de llevarlos a los brazos de otra persona.*

Sin embargo, ¿te has dado cuenta de que ya estás «engañando» a tu cónyuge, aunque todavía no se hayan enredado en el aspecto físico? Sientes bienestar con otra persona fuera de tu matrimonio y engañas a tu esposa al ocultarle esos detalles íntimos. ¿Y sabes qué es lo que más desea tu esposa de ti? Una conexión emocional. A pesar de eso, ahora tú has creado esa conexión emocional con otra mujer.

Todos deseamos que nos alaguen debido a la atención de otro. En cambio, el halago te puede llevar más lejos de lo que quieres y puede mantenerte allí durante más tiempo del que deseas. ¿Sabías que toda aventura amorosa física comienza con una conexión emocional?

Debes ser prudente ante cualquiera que pueda poner en riesgo tu relación matrimonial. Un hombre que conozco siempre menciona a su esposa cuando tiene que llevar a sus clientas a almorzar, a fin de establecer de inmediato un límite. También tiene una foto de su familia sobre su escritorio para comunicarles a todos los que entran la importancia que tiene su matrimonio y su familia.

Este es el momento de honrar tus votos matrimoniales para abandonar a cualquier otra persona y guardarte solo para tu esposa. En lugar de sentirte halagado por la atención de alguna otra mujer, debes avivar el fuego entre tú y tu esposa. Debes decirle de inmediato a esa otra mujer que ya no puedes tomar café ni ir al gimnasio con ella. Debes hacer énfasis en que estás casado, y que si le has dado a entender cualquier otra cosa, lo lamentas de verdad y te disculpas. Luego, debes ir a tu casa y contarle a tu esposa esta situación.

¿Se enojará? Por supuesto. ¿Qué esposa no lo haría? Sin embargo, como le hiciste frente a la situación y se lo contaste, la brecha en la confianza no será ni remotamente tan ancha como lo sería si se hubiera enterado por boca de otro que justo los vio a los dos en el gimnasio. Permite que tu esposa te ayude a establecer algunos parámetros para tus relaciones con el sexo opuesto. (Créeme, las mujeres son muy listas en cuanto a saber cómo otras mujeres podrían tratar de «enganchar» a su marido).

Sería terrible tirar por la borda todos estos años con tu esposa. No permitas que una atracción o un capricho pasajero arruinen lo que te ha llevado años construir: la conexión de corazón a corazón.

En todo momento, debes estar en guardia y debes actuar de manera deliberada y sincera con tu cónyuge. Cuéntale toda tentación que te surja, *en el momento en que surge*. Es probable que en un principio tengas un mal día (como sucederá cuando le cuentes a tu esposa lo del café y lo del gimnasio), pero una discusión acalorada ahora es mucho mejor que un tribunal de divorcio dentro de un año o más. ¿No estás de acuerdo?

P: Mi esposo me ha herido muchas veces durante los dos últimos años al flirtear con otras mujeres, y siempre lo he perdonado. En cambio, esta vez se pasó de la raya. Anoche descubrí que se encontró con su exesposa y salieron a cenar. Me dijo que tenía que quedarse hasta tarde en la oficina, pero una compañera de mi trabajo justo los vio en un restaurante y me llamó por teléfono.

Cuando lo esperé levantada (llegó a casa a medianoche... larguita la cena, ¿eh?) y lo enfrenté al respecto, lo único que hizo fue contestarme muy irritado por mi cuestionamiento e inventar una excusa diciendo que estaban hablando sobre asuntos del divorcio. Sin embargo, me enteré que estos asuntos se habían terminado hace más de tres años, antes de que nos casáramos. Y como no tuvieron hijos, ¿qué podría quedar por hablar? Me dijo que no lo volvería a hacer, pero no le tengo confianza. No sé si puedo seguir perdonándolo. ¿Por qué siempre tengo que ser yo la que deba perdonar? Ya estoy harta.

R: Puedo percibir el desaliento que transmite tu carta. Además, apuesto a que cuando enfrentas a tu esposo, él dice: «Nunca más lo volveré a hacer», y vuelve a suceder. No es para menos que estés exhausta. No es fácil vivir con hombres (¡o mujeres!) así. En realidad, pueden desgastarte de manera emocional. La confianza es un asunto muy importante en el matrimonio, y es claro que tú no confías en tu esposo... y que tienes razón para tener sospechas.

Este es el momento para hablar con él después que te recuperes del primer impacto. Si te le acercas enojada, no lograrás nada bueno. En cambio, dirígete a él con calma y dile: «Sabes, creo que no soy diferente a las demás mujeres. Todas quieren poder confiar en su esposo. No quieren preocuparse por dónde está ni qué está haciendo... ni que esté haciendo lo que es debido. Entonces, cuando me enteré de que habías salido a cenar con tu exesposa, no pude dejar de pensar en que no estoy en condiciones de confiar en ti. ¿Qué podemos hacer al respecto en el futuro?». Si te acercas a él de este modo, sin enojo, tendrás todas las posibilidades de recibir una respuesta amorosa de su parte. Si en verdad algo anda mal en él o si está a la puerta de una aventura amorosa, esto también debe aclararse y puedes hacerle algunas preguntas más.

Respecto a perdonarlo, permíteme mostrarte la otra cara de la moneda. Si eres una persona de fe, ¿sabías que no tienes alternativa en cuanto a perdonarlo? ¡Aunque te lastime tres veces al día! (Por más terrible que parezca). Jesús dice que debemos perdonar setenta veces siete. Eso quiere decir cuatrocientas noventa veces. En el lenguaje en que se escribió la Biblia, ese número significa «eternidad». Por siempre.

¿Por qué es tan importante el perdón? Porque la falta de perdón te lastima a *ti*. Se convierte en veneno. Si no perdonas, es como si tomaras veneno y esperaras a que tu esposo sea el que se descomponga. Sin embargo, los dos se enfermarán. Enterrar el enojo nunca es enterrar algo que ha muerto; siempre es enterrar algo vivo. Y cuanto más quede sepultado, peor será para ti, para tu cónyuge y para tu relación.

Por lo tanto, si no debemos permanecer enojados y se nos ordena perdonar, por nuestro bien supremo y el de los demás, ¿qué puedes hacer? Perdonar a alguien no quiere decir que no hagas nada y que tan solo pases por alto el problema. Más bien, ¿por qué no explorar la razón por la que tu esposo hace lo que hace? ¿Por qué puede estar interesado en salir a cenar con su exesposa? ¿Falta algo en tu matrimonio? ¿En tu comunicación? ¿En tu vida amorosa? ¿Está enojado contigo por alguna razón? ¿Piensa que estás enojado con él? ¿Le faltas el respeto frente a tus amigas? ¿Tendrá problemas serios con su jefe y piensa que tú no puedes entenderlo, o no querrá preocuparte respecto a su trabajo, lo que hace que necesite a otra persona con la cual hablar?

A menos que llegues al fondo de la razón de su comportamiento, él volverá a repetir esta conducta, porque ya tiene formado un modelo. Por eso, debes hablar con él ahora. Además, debes determinar cómo manejarás la situación cuando se vuelva a repetir.

De ningún modo tú eres la causa de su inseguridad, de su flirteo, ni de su enojo, cada uno tiene la responsabilidad de sus propias decisiones, pero sí tienes que tomar una decisión. No permitas que la falta de perdón persista en tu vida. Puede manifestarse tanto en síntomas físicos como emocionales, tales como el estrés, la depresión y el desaliento. Si no reaccionas con ira y, en su lugar, dices con calma cómo te sientes, es asombroso la manera en que las cosas pueden cambiar en tu casa.

P: De hombre a hombre, debo ser sincero. Mi esposa ya no me excita como solía hacerlo. Lo he intentado, pero parece que no puedo recuperar los viejos sentimientos. ¿Así son las cosas a medida que la gente envejece en un matrimonio o hay algo que pueda hacer al respecto?

R: Claro que lo hay. Puedes poner la cabeza en el mundo real. Casi todos los hombres entran al matrimonio con estas ideas: *Ah, ¡grandioso! Acabo de sacarme la lotería. Ahora podré tener relaciones sexuales todo el tiempo. En cualquier momento que quiera. De* *cualquier manera que me guste. Tanto como quiera. Por el resto de mi vida...* Y comienzas a deleitarte en el placer.

Sin embargo, ¿te fijaste que en todas estas oraciones prevalece el pronombre «yo»? Son un poquito egoístas, ¿no es cierto? ¿Adónde entra tu esposa en tu mundo y qué me dices de sus necesidades? El matrimonio es dar y servir. El propósito principal de tu esposa no es satisfacer todos tus placeres sexuales. Es ser tu ayuda idónea y compañera del alma en todo sentido.

Lo mismo sucede en tu caso. También debes ser el compañero de tu esposa, y eso quiere decir que debes pensar en ella, no solo en ti mismo. ¿Qué quiere una esposa? Que la abracen con ternura, que la valoren y que la escuchen. Que piensen en ella cuando no es su cumpleaños ni Navidad. De modo que tú puedas escuchar y ella expresarte sus sentimientos. Si haces estas cosas y te ocupas de las necesidades de tu esposa, comenzarás a comprender quién es ella. Verás su hermoso corazón y ella se tornará aun más atractiva para ti.

Te desafío a que esta semana hagas una lista con todas las cosas que valoras en tu esposa. Al darte cuenta de su valor, cambiarán tus emociones. Tal vez no tengas «los viejos sentimientos», pero tendrás algo mucho mejor: un amor maduro que durará para el resto de tu vida. Luego, ¡fíjate lo que le sucede a tu vida sexual!

P: Me pregunto si mi esposo puede estar enredado en una aventura amorosa. ¿Cómo puedo saberlo (de otra manera que no sea sorprendiéndolo en el acto)?

R: Aquí tienes algunas señales reveladoras. (De paso, valen tanto para los hombres como para las mujeres). ¿Su estilo de vida o su conducta muy previsible ha cambiado de manera drástica (por ejemplo, ahora usa loción para después de afeitarse)? Por lo general, llega a casa a las cinco y media, pero ahora dice que trabaja hasta tarde y no regresa hasta las diez o las doce de la noche. ¿Ha cambiado su estilo de ropa? ¿Existe una gran caída en la frecuencia de las relaciones sexuales? ¿Se ha comprado ropa interior nueva? ¿Has encontrado marca de pintalabios en su ropa, mensajes electrónicos en clave de personas que no conoces, notas o cuentas de restaurantes? ¿Se encuentra con personas que son «solo socios del trabajo»?

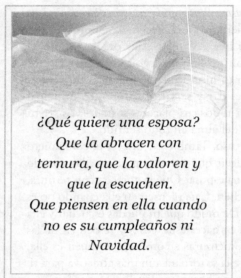

¿Qué quiere una esposa? Que la abracen con ternura, que la valoren y que la escuchen. Que piensen en ella cuando no es su cumpleaños ni Navidad.

¿Alguna vez contestaste el teléfono y nadie te respondió? Revisa las llamadas que recibe en su celular. Lee los mensajes electrónicos que le llegan a la computadora. ¿Acaso te estoy diciendo que seas una fisgona? En este momento, sí. Debes ser muy astuta, porque estás luchando por algo importante: tu matrimonio. Si me haces esta pregunta (que para empezar, las mujeres tienen intuición de sobra), es probable que tengas razón al sospechar que tu esposo tiene una aventura amorosa.

Debes hablar con él respecto a tus sospechas, si encuentras alguna de estas señales (u otras similares). Aun así, no le preguntes: «¿Andas en alguna aventura amorosa?». Eso sería como preguntarle a un niño que sabes que ha robado algo: «¿Tú tomaste eso?». Así, le das tiempo al niño para esquivar con habilidad la pregunta y decir: «No, claro que no». En cambio, le dirías: «Sé que le quitaste dinero a tu hermana. Por favor, explícame por qué».

Una afirmación es mucho más clara. «Creo que estás en una aventura amorosa».

Mi consejo es el siguiente: no hagas nada siguiendo tus instintos. En este momento, es probable que la compra de un rifle no sería una buena idea... por más satisfacción que pudiera darte. Conseguir un poco de pegamento para bañar al Sr. Feliz tampoco sería una buena idea. Expresaría lo que sientes, pero no traería una solución. Este no es momento para medidas drásticas, como juntar tus cosas e irte de la casa. En algunos estados, hasta puedes perder algunos de los derechos del matrimonio al irte del hogar. Si alguien debe irse de casa como medio de separación, es el que ha tenido la aventura amorosa, no la víctima.

Es obvio que no volverás a tener relaciones sexuales con este hombre. Digo que es «obvio», pero te sorprenderías al saber cuántas mujeres, con absoluta conciencia de que el esposo tiene una aventura amorosa, siguen teniendo relaciones sexuales con él para tratar de recuperarlo. Existe esa sensación de competencia, de ir a enfrentarse a la «otra mujer». En lugar de respetarse a sí misma y tener las agallas para decir: «¡Afuera!», puede comenzar a hacer ejercicio y a bajar de peso para agradarlo. Allí está, como una adolescente de quince años que trata de recuperar al amor de su vida. Entonces, te pregunto: ¿quién debería hacer el esfuerzo en la relación en este momento? ¡El cónyuge que tuvo la aventura amorosa!

Grandes recursos para la crisis de los cuarenta

La mujer en su crisis de media vida, de Jim y Sally Conway
Los hombres en su crisis de media vida, de Jim y Sally Conway

---

Para superar una aventura amorosa, tanto el esposo como la esposa tienen mucho que hacer en forma individual y como pareja. Si tu esposo se va de la casa, es sabio cambiar las cerraduras de las puertas y conseguir un número telefónico que no figure en la guía a fin de poner distancia física y emocional entre tú y él. Si decide terminar con el matrimonio por su bien, debes asegurarte de que no tenga fácil acceso a la casa donde vives sola o con tus hijos. Créeme cuando te digo que no serás muy atractiva a sus ojos si eres demasiado fácil. Este es un momento para jugar duro, protegerte a ti misma y proteger a tus hijos tanto de manera física como emocional.

Tampoco debes recoger las cosas y mudar a tus hijos a otro estado en la mitad del año escolar, ni tampoco debes poner un cartel al frente de la casa que diga «Se vende». Debes mantener la vida lo más normal que sea posible para tus hijos, al igual que para ti también, durante estas circunstancias difíciles.

Algunas parejas pueden salir adelante. No obstante, solo lo pueden hacer con mucho esfuerzo por parte de los dos y con la ayuda del Dios todopoderoso.

Sin duda, es difícil escuchar esto. A pesar de eso, es realista a la vez y debes estar preparada.

P: En los últimos tiempos, un compañero de trabajo me ha estado prestando mucha atención, ¡desde que por fin bajé dieciocho kilos! Parece no perder detalle de nada... a diferencia de mi esposo. Juro que pueden pasar uno o dos meses sin que se dé cuenta si me corto el cabello y me lo tiño de violeta. Mi esposo sigue siendo el hombre de mis sueños, ¿pero cómo puedo hacer para que se fije en mí? Estoy cansada de que no me tenga en cuenta.

R: Alto allí. Tu esposo puede ser un burro y un distraído, pero estás parada sobre hielo quebradizo. Ya le estás prestando atención al coqueteo de otro hombre, lo que dice a gritos que sientes un vacío de atención masculina en tu vida.

Tienes que sentar a ese marido tuyo. Quítale el periódico y el control remoto, apártalo de delante de la pantalla de su computadora y háblale. Tócalo, tómale de la mano y míralo a los ojos. «Cariño, necesito hablar contigo sobre algo. Es probable que esté equivocada por completo, pero hay días en que siento que ni siquiera te importa si estoy en tu vida. No recibo demasiados elogios de tu parte, aunque me he esforzado mucho para perder todos esos kilos de más. No espero que me digas falsos elogios, ¿pero estoy tan equivocada al pensar que, como tu esposa, merezco algo de aliento? ¿No merezco oír que estás orgulloso de mí por haber hecho este esfuerzo?». Si tu esposo no responde de manera positiva o si no ves un cambio en él, tal vez debas agregar (en esta conversación o en alguna posterior): «A decir verdad, estoy un poquito asustada porque me encuentro disfrutando de la atención que me prodiga un compañero de trabajo».

Muy bien, eso debería captar la atención de tu esposo. Si no lo hace, dámelo durante cinco minutos y permíteme enderezarlo. Cualquier hombre que no puede elogiarte por haber perdido peso no podría ser más tonto. ¿Tu esposo es uno de esos tipos duros como el hierro que dice: «Te dije que te amaba cuando nos casamos. Qué más quieres»? Si es así, necesita un curso de matrimonio para principiantes.

Y permíteme ser directo en este sentido. Es probable que hayas aumentado esos veinte kilos porque estabas estresada y no te sentías valorada. Volverás a comer cuando te sientas estresada, así que sin algo de elogio, hasta podrías recuperar esos kilos que perdiste. Después de todo ese esfuerzo, ¿de verdad quieres que suceda eso?

Esto debería darte el valor para hablar con tu esposo. En especial, porque acabas de comprar ese vestido que te encanta en una talla menor a la que usabas antes.

P: Antes de casarme, tuve una aventura amorosa con un hombre casado. Ahora que Aarón y yo tenemos tres años de casados, me cuesta mucho confiar en él. No puedo evitar revisarlo (sus bolsillos, su computadora y el registro de sus llamadas telefónicas). Creo que mi desconfianza radica en pensar que me puede ser infiel, tal como aquel hombre con el que tuve una aventura amorosa le fue infiel a su mujer. ¿Cómo puedo dejar de tener tantas sospechas... o le parece que tengo motivos para sospechar?

R: No le estás dando a Aarón (pobre muchacho) una oportunidad, porque sigues atrapada en la culpa por tu aventura en el pasado. En realidad, aquella fue *tu* decisión, no la de Aarón. No hagas que pague por tu decisión mala e inmoral.

Sin embargo, esa es la naturaleza del comportamiento sexual. Como cualquier experiencia sexual no solo une los cuerpos, sino también los corazones, el acto sexual se convierte en una parte tan importante de tu personalidad, de tu pensamiento y de tus recuerdos que proyectas tus propios temores sobre la gente al seguir adelante en la vida. Eso no desaparecerá, y debes ser consciente de esto.

Dada la situación, no es irrazonable que tengas pensamientos y sentimientos paranoicos respecto a que tu esposo te engañará. En cambio, *tú* fuiste la que engañaste en realidad, no tu esposo. Estás tomando tus sentimientos de culpa y se los estás transfiriendo a Aarón por temor a que te haga lo que tú hiciste primero.

Debes liberar a ese hombre. Acéptalo por la persona que es y deja de mirarlo a través de la lente de la sospecha. Cuando te vengan pensamientos de sospecha, haz una lista de las maravillosas y leales cualidades de tu esposo, y léelas una y otra vez. Los pensamientos positivos te ayudarán a mantener a raya los negativos.

P: Mi esposo tuvo una aventura amorosa y no me dijo nada. Me enteré de casualidad, porque él y un compañero de trabajo hacían bromas respecto a esta mujer. Dice que no fue gran cosa y que no significa nada para él; fue una aventura de una noche. Aun así, ¿puedo creer tal cosa? ¿Qué fue lo que lo impulsó a hacerlo? ¿Y si contrajo alguna enfermedad? No tengo idea de quién es esa mujer, y él no me lo va a decir.

R: Debes de estar furiosa y no te culpo. ¿Para tu esposo es una broma haberte engañado? Es una falta de respeto tan grande que me gustaría estar cinco minutos a solas con él para ponerlo en su lugar.

Sin embargo, en medio de tu enojo, he aquí algunos consejos importantes.

En primer lugar, no abras las rodillas hasta que un médico le haga un chequeo debido a las enfermedades de transmisión sexual (incluyendo el VIH).

En segundo lugar, en vez de intentar asesinarlo a sangre fría (que para la ley está muy mal visto), habla de corazón a corazón con él sobre lo que sucedió. Necesitas, y *mereces*, una explicación. Si la explicación que te da es que estuvo en una fiesta de la oficina, tomó algunas copas de vino de más e hizo una maniobra muy, pero muy tonta, y estás convencida de que, en realidad, fue una sola vez, PODRÍAS (ten en cuenta las mayúsculas) estar en condiciones de continuar con este matrimonio.

Estoy seguro de que algunas cejas se pueden levantar cuando uso estas palabras. *¿Tirar por la borda un matrimonio, de todos estos años, por lo que según él dice fue una aventura de una noche? Dr. Leman, debe de estar bromeando.*

No es eso lo que digo, sino que tu esposo ha dañado muy en serio tu confianza y ha quebrantado sus votos matrimoniales. Cuando lo piensas de esa manera, ¿cómo enfrentarías las repercusiones de todo eso?

En primer lugar, si tu esposo no habla del asunto, ¿estás *segura* de que «solo» fue una aventura de una noche? ¿Puedes confiar en que será sincero al respecto? Y, en segundo lugar, el matrimonio es una unión tan delicada que hasta *una* violación de estas características tiene el potencial de destruirlo por completo. Por eso, a todos los que aconsejo les digo que deben proteger su matrimonio, que deben prestar especial atención a no quedarse a solas con gente del sexo opuesto y a no andar flirteando. *Una sola violación* significa una seria traición a la confianza. Cuando prometemos que dejamos a todos los demás al casarnos, eso es justo lo que queremos decir. Escoges a tu cónyuge de por vida. Hasta una sola noche en los brazos de otra persona quebranta esa promesa.

Es verdad, somos humanos. Siempre existirá la tentación, y si piensas que *tú* estás por encima de la tentación, no es así. De lo contrario, pregúntales a los muchos hombres y mujeres «poderosos» que pensaban que eran inmunes a la tentación, que después tuvieron una estrepitosa caída y tuvieron que lidiar durante años con las repercusiones.

La decisión de tener una aventura amorosa fue suya, y no fue buena. Ahora, tú debes tomar una decisión. Podrías terminar con tu matrimonio en este mismo momento, y nadie pensaría mal de ti.

También puedes decidir perdonarlo por esta vez y seguir adelante, ocupándote con tu esposo de establecer algunos parámetros para sus acciones mientras reconstruyes la confianza en tu matrimonio. No obstante, para que esto suceda, debe existir un sincero intercambio de sentimientos de parte de los dos, con una sincera disculpa por parte de tu esposo y la petición de perdón. Además, tendrá que esforzarse mucho para recuperar tu confianza (lo cual puede requerir tiempo y mucha humildad de su parte, y es probable que no esté dispuesto).

También puedes tener un elemento extra con el cual tratar. Como resultado de su aventura, si no lo supiste de inmediato y tuviste relaciones sexuales con él después de ese hecho, quiza te haya contagiado alguna enfermedad venérea. Lo menos que puede hacer por ti es hacerse los análisis correspondientes (contigo presente en la visita al médico). Tú también debes hacerte los análisis. Y hasta entonces, *no* tengas relaciones sexuales con él hasta que no veas los resultados de esas pruebas y sepas con exactitud en qué te estás metiendo. Si te contagiaste con algo, la buena noticia es que hay tratamientos a tu disposición.

El problema es que si decides seguir casada, los recuerdos de esta aventura no desaparecerán. Digamos que en enero del año próximo él se encuentra en un viaje de negocios de diez días, y está al otro lado del país. ¿Me vas a decir que no te pasará por la mente la idea de que te esté engañando durante ese viaje? ¿Puedes lidiar con una situación semejante? Sí. ¿Lo harás? Sí. ¿Será difícil? Sí.

Es posible restaurar, renovar y proteger tu relación, pero requerirá mucho esfuerzo de *ambas* partes. ¿Él está dispuesto? ¿Tú estás dispuesta? Antes de tomar una decisión que después puedas lamentar, en especial, si hay hijos de por medio, mira el cuadro general.

Te encuentras en un lugar difícil y tienes mucho en qué pensar. Aplaudo tu valor al dar un paso adelante y escribirme en un momento tan difícil.

Hablemos con franqueza

Hace veintitrés años que Joel y Lisa están casados. Tienen dos hijos que son tan hermosos como ellos. Poseen una casa encantadora y gozan de lo que otros ven como el «matrimonio perfecto». Entonces, ¿por qué es que de repente Lisa descubre que Joel ha estado teniendo un romance con una de las secretarias de su compañía?

¿Sabías que el mayor aumento en la tasa de divorcio está en el grupo de parejas que han estado casadas por más de veinte años? ¿Por qué sucede esto? ¿Será porque estas parejas no han solidificado los cimientos de sus matrimonios antes de que surja el dilema del césped más verde que se da a los cuarenta?

Existen muchos juegos de parejas. Uno de ellos es el del camión volquete. Te lo explicaré de esta manera. En el

> *El mayor aumento en la tasa de divorcio está en el grupo de parejas que han estado casadas por más de veinte años.*

sudoeste donde vivo, es difícil lograr que crezca el césped. Entonces, la gente de aquí usa el estiércol de buey de Arizona para fertilizar el césped en la primavera. Da muy buenos resultados, pero digamos que cuando alguien fertiliza su jardín al lado de tu casa, no puedes dejar de enterarte.

Las parejas juegan al camión volquete. Cada uno de ustedes tiene un camión volquete individual, y cuando sientes que tu cónyuge te ha herido, te subes al camión, localizas a tu cónyuge, levantas la carga en el aire, ¡y *pumba!*, lo vuelcas sobre tu cónyuge. Lo hacen una y otra vez hasta que aparecen en mi oficina y me dicen: «Ya no nos amamos como antes».

Bueno, ¡no es de extrañar! Han echado veinte metros cúbicos de estiércol de buey sobre la relación de ustedes, ¡y ahora apesta a más no poder!

Todo tiene que ver con una sociedad democrática. Si tú tienes derecho a menospreciarme, yo también lo tengo.

Aunque sea triste decirlo, los hombres y las mujeres no se elogian el uno al otro por lo general. Además, con todas las comedias de la televisión, está de moda apalear a los hombres. Ya nadie se inmuta.

Entonces, jugamos a todos estos juegos como el del camión volquete y otro de mis favoritos: Escúpele la sopa a tu cónyuge. ¿Cómo se juega a esto? Una esposa le pregunta con dulzura a su esposo qué clase de sopa le gustaría. Él dice: «De pollo y fideos». Ella prepara la sopa y se la trae, y justo antes de servírsela, escupe dentro del plato. Luego, sonríe y dice: «Deseo *de verdad* que disfrutes de tu sopa».

Es como la mujer que le dice al esposo: «Por supuesto, vete a jugar al golf con los muchachos. Yo me quedaré aquí con tu madre y tu hermana». ¿Estas palabras son hostiles? No, pero lo que significan es: *Espero que se te rompa tu palo de golf favorito.*

Ya ves, la mayoría de las parejas no lidia con sus problemas de frente. Lo hacen con golpes bajos (¿qué te parece?), ponen cara larga (enojo) y se cierran (el tratamiento del silencio). Cuando uno de los dos pregunta: «¿Qué sucede?», el otro responde con calma: «Nada, nada».

Bueno, *es evidente* que algo anda mal.

No obstante, pongamos las cosas en perspectiva. Si te enteraras de que tienes tan solo un año de vida, ¿cómo lo vivirías? ¿Y de qué

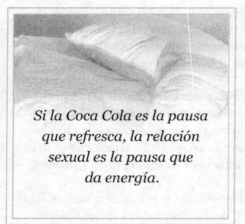

Si la Coca Cola es la pausa que refresca, la relación sexual es la pausa que da energía.

modo influiría eso en quién eres hoy en tu matrimonio? Es demasiado fácil especializarnos en las minucias de la vida en lugar de concentrarnos en lo más importante: las relaciones. Y tu relación con el Dios todopoderoso y con tu cónyuge son las dos más importantes de la vida.

Tal pensamiento nos obliga a concentrarnos en lo que es importante de verdad en la vida.

Una buena relación sexual es el pegamento de un matrimonio. Es un tiempo para reafirmarse, para celebrar la unidad como pareja. Es un momento para dejar de lado todas las preocupaciones del mundo y solo disfrutar el uno del otro. Para un hombre, una buena relación sexual reafirma todo en cuanto a lo que es su persona. Para él no hay muchas otras cosas más importantes en la vida que la relación íntima con su esposa. Recuerda que los hombres no tienen relaciones personales estrechas como las mujeres. Si dice que tiene un buen amigo, tiene suerte; si dice que tiene tres, está mintiendo. Tiene a su esposa. Yo sé que tiene el trabajo y que también le encanta el golf, pero lo que en verdad lo hace seguir adelante es su esposa. Si siente que ella lo respeta, lo escucha y lo desea, es un hombre feliz.

Para una mujer, la relación sexual es el momento en que tiene toda la atención de su esposo. Es un tiempo para experimentar las alturas de la intimidad con aquel que ama. Un momento para escapar de las presiones del mundo, de los hijos y del trabajo; para construir una relación con el hombre que eligió entre todos los demás, que se preocupa por ella con ternura y que la encuentra sexy.

Si la Coca-Cola es la pausa que refresca, la relación sexual es la pausa que da energía. Aun así, la vida es exigente. Es difícil encontrar tiempo para el lado íntimo de la vida. Parece que hay demasiadas cosas que ocupan el primer lugar.

Sin embargo, una vida sexual saludable vale la inversión a largo plazo en tiempo y energía. Es raro que oigas a una pareja decir: «Tenemos una vida sexual grandiosa, pero nos divorciamos». Esas parejas son más raras que los tigres albinos en Nebraska. Si tu vida sexual es saludable, tu cónyuge no tendrá motivos para mirar el césped de otro. Su césped brotará tan verde como sea posible. Además, se sonreirá mientras observa cómo crece... aunque tenga que pasarle la cortadora de césped.

23

Después de una aventura amorosa

Cómo reconstruir lo que es bueno después de
una carnicería.

No se puede dorar la píldora. Buscar la sanidad después de
una aventura amorosa es una de las cosas más difíciles que
alguien pueda experimentar en la vida. Si tú eres quien la
tuvo, verás que las oleadas de culpa rompen a cada momento en tu
cabeza por esa conducta insensata, aparte de todo lo que te ha costado
en tus relaciones (incluso, es probable que te cueste también en el
trabajo, si la aventura fue con un compañero de trabajo). Si tú fueras
la víctima del engaño, comprenderías el embate y la conmoción que
causan la traición de tu confianza y de tus votos matrimoniales por
parte de tu cónyuge.

Este desgarre en tu matrimonio necesita una intervención espiritual. Para quienes estén interesados, la Biblia dice: «Así como el
Señor los perdonó, perdonen también ustedes» (Colosenses 3:13).

Traducido por el mismo Dios, quiere decir: «Si no perdonan a los demás, yo no los perdonaré». Y esta puede ser una orden muy exigente para una mujer que se siente violada, porque ha traído al mundo a tres hijos con este hombre, ha sido una buena madre y una esposa devota y, luego, descubre que él se está dando el festín del colchón con la empleada del club. «¿Cómo me pudo hacer esto?», dice ella. «Durante quince años, le he dado a este hombre todo lo que quería (le lavé la ropa, me ocupé de la casa, tuve a sus hijos), ¿y esto es lo que recibo a cambio?».

No hay manera de recuperarse de semejante experiencia en cinco días o menos. Llevará un largo tiempo. Cuando se viola la confianza, solo puede recuperarse poco a poco, con el tiempo y con gran paciencia y ternura.

P: Mi esposo tuvo una aventura amorosa con su secretaria. Dice que fue solo emocional, no física (pero otros en la oficina no piensan lo mismo). Aun así, me duele pensar que otra fue más importante para él que yo. Él no parece sentir remordimiento. No entiende por qué esta «corta relación» (como la llama) me hiere tanto.

Cuando me dijo que había terminado, esperaba que retomáramos nuestra relación sexual justo donde la habíamos dejado en el momento en que descubrí que existía esa otra. Sin embargo, no puedo. Le dije que tenía que irse de casa. Ya no puedo confiar más con mi corazón ni con mi cuerpo. Además, me siento avergonzada, porque parece que todos en la oficina están enterados de la aventura. No soporto mirar a estas personas a los ojos. Todo este lío tiene una sola cosa buena: la secretaria decidió irse cuando él rompió con ella.

R: Lamento tu dolor. Además, a decir verdad, no me sorprende que lo hayas puesto de patitas en la calle. Te ha mostrado poco o nada de respeto como esposa. También lamento que se haya corrido la voz, porque esto te hace las cosas más difíciles.

Por lo tanto, mi pregunta es la siguiente: ¿me escribes porque (1) quieres saber cómo superar la situación y olvidarte de él, o (2) quieres ver si es posible restaurar tu matrimonio?

Respecto a la primera pregunta, puedes iniciar el divorcio, y eso sería comprensible. No obstante, aunque te divorcies, nunca te lo quitarás de encima, porque siempre tendrá un pedazo de tu corazón (por más enojada que estés con él en este momento). En el caso de que tengan hijos, esto será aun más cierto y se encontrarán en las mismas actividades por el bien de ellos. Por lo tanto, es cierto que puedes cortar por lo sano y comenzar los procedimientos legales, pero el residuo te quedará.

Respecto a la segunda pregunta, sé que esta idea resulta difícil ahora. Además, con toda sinceridad, ambos deben estar dispuestos a esforzarse en cada aspecto de su relación.

Por su parte, él deberá reconocer que lo que hizo estuvo muy mal, que violó los votos matrimoniales y que traicionó tu confianza. No solo debe decir que lo lamenta, sino que también debe reconquistar tu confianza y poner salvaguardas en su vida que impidan que se repita esta situación. Debe cortejarte y ganarse tu corazón como desde el principio.

Algunas veces, cuando un esposo y una esposa están separados, esto les da tiempo a los dos para resolver los problemas. Tal vez él venga a ti y te diga: «Lo lamento. Nunca pensé que esto no era nada, y no quiero dejarte. Estoy muy angustiado. ¡Y los hijos! Quiero arreglar esto si puedo... ¿Estarías dispuesta a intentarlo?». Podría suceder, y si así fuera, ¿estarías dispuesta? ¿O has amurallado tu corazón?

He aquí algunas preguntas para que se hagan el uno al otro a medida que revisan sus sentimientos y lo que ha sucedido. Estas preguntas son un buen punto de partida para conversar sobre los *problemas* que existen en su relación, en lugar de señalarse con el dedo el uno al otro.

1. En una escala del uno (lo peor) al diez (lo mejor), ¿cómo calificarías nuestra relación antes de la aventura amorosa?
2. ¿Qué se necesitaría para llevar nuestra relación desde donde se encuentra hoy (es probable que en una categoría muy baja) hasta, digamos, un seis o un siete en el año?

Estas preguntas los ayudarán a los dos a encontrar metas comunes y soluciones para las necesidades insatisfechas que causaron una división entre ustedes.

P: Tengo un esposo maravilloso (aburrido, pero maravilloso), que me ama mucho. Sin embargo, cuando pasé dos semanas en Los Ángeles por negocios y allí conocí a Pierre, fue una atracción irresistible para mi romántico corazón. No puedo creer que haya sido tan tonta como para caer en los brazos de ese hombre (además, estoy segura de que en cuanto me fui, alguna otra chica me sustituyó). Me escribió un par de mensajes electrónicos durante el mes siguiente, pero eso fue todo. Tiré por la borda mis doce años de matrimonio por nada. Ahora, quiero recuperar a mi esposo, ¿pero cómo?

R: Trágate el pastel de la humildad. Acude de inmediato a tu esposo y admite que lo has agraviado mucho, mucho, mucho. Dile cuánto lamentas haber permitido que la fantasía se interpusiera en el camino del maravilloso hombre que ya tienes. Suplícale que te perdone. Comienza a cortejar a ese hombre como en el comienzo (antes de que alguna otra mujer afortunada lo atrape... a pesar de que es un poquito aburrido). Tendrás que esforzarte muchísimo para reconstruir la confianza en tu relación.

Además, debes cortar todo lazo con Pierre. Nada de llamadas telefónicas, nada de mensajes electrónicos. Deshazte de cualquier regalo. Si tienes que regresar a Los Ángeles y él trabaja para una compañía que es cliente de la tuya, lleva a tu esposo contigo a Los Ángeles o di que no puedes ir.

Si tu esposo está dispuesto a aceptarte de nuevo, pregúntale qué límites desearía poner. Vayan juntos a un consejero. Sé sincera hasta en las cosas «pequeñas». (¿Recuerdas todas esas noches en las que te llamaba por teléfono para preguntarte cómo te iba y, *luego*, tú te encaminabas hacia la puerta para encontrarte con Pierre?). No más engaños. No más mentiras. Y si llegas a ver a Pierre alguna vez, aunque sea en la esquina de una calle, debes informárselo a tu esposo.

¿Puedes llegar a reconstruir lo que destruiste? Por supuesto que sí. En cambio, ambas partes deben estar dispuestas a hacerlo. Has dañado de manera profunda a tu esposo. Tal vez le lleve algún tiempo recuperarse... si es que puede. Sé dulce con él. Al fin y al cabo, tú eres la que los metió a los dos en este lío.

P: Mi esposa tuvo un acercamiento emocional con un vecino hace varios años, cuando tuve que mudarme a Texas para comenzar mi nuevo trabajo seis meses antes de que vendiéramos la casa. Me ha asegurado una y otra vez que no sucedió nada físico y que me ama. Entonces, ¿por qué aún me hace sentir tan mal esta historia?

R: No es necesario que un pene penetre una vagina para que tenga lugar una aventura amorosa. En términos sencillos, una aventura amorosa es la violación de los votos matrimoniales. Por cierto, los componentes principales de una aventura amorosa son emocionales. La relación sexual forma parte de ella, pero las emociones son las que actúan como el pegamento de la aventura: «Aquí hay un hombre o una mujer que me entiende, me escucha, me desea y me hace sentir especial».

Las aventuras amorosas no tienen sentido. Son irracionales, pero las personas como tu esposa las tienen en grandes cantidades. ¿Por qué? Porque existe un vacío de alguna clase en la relación matrimonial de una persona, y la aventura llena de alguna manera ese vacío.

Cuatro maneras importantes para rehacer la confianza

1. Practica el perdón.
2. Dedica algún tiempo todos los días a pensar en lo imperfecto que eres.
3. No finjas que la aventura nunca tuvo lugar; actúa como si jamás hubiera sucedido. (Tus sentimientos seguirán a tus acciones).
4. Dile todos los días a tu cónyuge que lo amas y de todas las maneras que se te ocurran.

¿Cuál te parece que pudo ser el vacío en la vida de tu esposa? ¿Te parece que es probable que se haya sentido sola porque estabas en otro estado y casi nunca podía verte? Y cuando estabas con ella, ¿es posible que estuvieras ausente de forma mental y emocional ya que estabas pensando en todas las preocupaciones de tu nuevo trabajo, dónde encontrar una casa en Texas donde viviera tu familia, etc.?

Si tienes en cuenta ese vacío, te ayudará a sentir algo de compasión por tu esposa que puede ayudarte a superar el obstáculo a fin de perdonarla... y seguir adelante.

P: Han pasado dos años desde que mi esposo tuvo su aventura amorosa y hemos reconstruido nuestra familia, pero todavía no he podido tener relaciones sexuales con él. No dejo de pensar en «la otra mujer» y de preguntarme qué tenía ella que no tengo yo. No dejo de ver imágenes de los dos juntos, haciendo el amor. Quiero que mi matrimonio salga adelante por el bien de mis hijos... aunque yo no obtenga nada a cambio. Sin embargo, ¿cómo puedo soportar hasta que tengan dieciocho años? ¡El menor solo tiene cinco años!

R: Que hayan permanecido juntos durante dos años demuestra que no quieres renunciar a tu matrimonio (por más que lo desees en este momento). Aun así, ¿han logrado permanecer juntos porque solo cerraste la boca y no dijiste nada? Si ese es el caso, pagarás un precio emocional muy alto. No barras tus sentimientos debajo de la alfombra. Tienen el desagradable hábito de aparecer cuando menos los esperas. Si de verdad amas a tu esposo, no permitas que tus pensamientos te lleven a visualizarlo con otra mujer.

Sé sincera con tu cónyuge y dile cuánto te sigue molestando este asunto, cuán herida, traicionada y enojada te sientes. Luego, dile que quieres salir del estancamiento, pero que necesitas su ayuda. Debe esforzarse mucho para recuperar tu confianza.

Este es el momento de hablar con un mentor de confianza o un terapeuta sobre lo que sucedió. Habla de lo que hizo que la aventura le resultara «atractiva» a tu cónyuge. Tengan como prioridad el tiempo para estar juntos; reconstruyan su relación. Salgan a hacer largas caminatas; tómense de las manos (aunque no sientas deseos de hacerlo); participen juntos de algún pasatiempo; lleguen a conocerse desde el principio.

Tu relación puede resurgir más fuerte si están dispuestos a tenerla como prioridad.

No hay espacio para la amargura ni para planear con antelación el final de la relación en cuanto crezcan los hijos. Siempre y cuando persista la amargura, tu relación no puede ir adelante, no puedes resolver los problemas y no puedes comenzar a reconstruir la confianza.

No es fácil superar una aventura amorosa. Deben estar dispuestos a ponerlo todo sobre la mesa, donde pueda verse, donde pueda discutirse y donde se pueda llorar. Tendrán que descubrir nuevos métodos de comunicación y de solución de conflictos. En definitiva, ambos tendrán que perdonar, tanto las ofensas reales como las imaginarias, tal como nos perdona el Dios todopoderoso.

P: Siempre he sido una mujer profesional. Me tomé libres los años en que mis tres hijos eran pequeños, pero aparte de eso, he trabajado a tiempo completo durante veinte años. Mi relación con Marc, un compañero de trabajo, comenzó de manera muy inocente mientras tomábamos café, cuando me elogió los zapatos, algo en lo que mi esposo jamás se hubiera fijado. Mi esposo es uno de esos tipos de personas no muy listas, pero trabajadoras, que está feliz si su cuenta bancaria no está en rojo. Yo siempre soñé con más que eso en la vida, pero él nunca comprendió mi inclinación al éxito; pensó que tener hijos me «curaría».

Marc y yo tuvimos una aventura amorosa durante un año, hasta que en el trabajo lo transfirieron a otro estado. Hace poco, perdí mi empleo cuando mi compañía se fusionó con otra. Ahora que estoy en casa todo el tiempo, me doy cuenta de cuánto significa mi familia para mí... y lo paciente que ha sido mi esposo durante todo nuestro matrimonio al dejarme trabajar hasta tarde, salir en viaje de negocios, etc. ¿Cómo puedo reparar lo que he hecho? La culpa que siento cuando me abraza todos los días me está consumiendo.

R: Ponte a cuentas con tu esposo. Si no sabe lo de Marc, es hora de contárselo. Si no lo haces, la noticia saldrá a la luz de algún modo, algún día y tal vez delante de tus hijos. Da la impresión de que tu esposo es un hombre bien equilibrado. Dale algo de crédito. ¿Se enojará? Espero que sí, porque eso demuestra que está luchando por ti y por lo que tenían juntos. ¿Le costará confiar en ti? Dalo por hecho. No obstante, si vives bajo la sombra de «y si...» y «cuando se entere...», no podrás llevar tu relación más adelante.

Con respecto a la pérdida de tu trabajo, ese es un tiempo en que casi siempre muchas personas dan un paso atrás y vuelven a evaluar hacia dónde quieren ir en la vida. ¿Sufres la crisis de los cuarenta? Hay un libro muy bueno llamado *La mujer en su crisis de media vida* de Jim y Rally Conway que yo recomiendo.

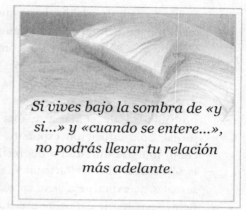

Si vives bajo la sombra de «y si...» y «cuando se entere...», no podrás llevar tu relación más adelante.

Las aventuras amorosas siempre comienzan de manera inocente, cuando las personas se encuentran más débiles emocionalmente. El matrimonio se ha convertido en algo «pasado de moda» y buscas una aventura. Da la impresión de que no valoraste del todo a tu esposo (y tal vez, él tampoco te valoró a ti).

Has tenido tres hijos y es probable que sientas un poquito los efectos de la edad madura (añádele a eso algo de pancita que te haya quedado de los tres embarazos, y tienes el cuadro completo). Entonces, cuando alguien diferente e intrigante se te acerca, se inflaman las llamas. Es la emoción de la vida prohibida.

El único problema es que, la vida prohibida, chamusca a todos los que toca... y las llamas lastimarán a muchos otros a su paso.

Te insto, ahora mismo, a que comiences a fijarte en todas las cosas maravillosas que hace tu esposo. Edifícalo. Dile cuánto lo amas y lo aprecias. Si no lo haces, alguna otra lo hará.

P: Mi esposo tuvo una aventura amorosa y admite que «llegó hasta el final». Yo no lo supe hasta tres meses después, y durante ese tiempo, tuvimos relaciones sexuales. Ahora estoy enojada. ¿Y si pesqué una enfermedad de transmisión sexual por culpa de esa mujer? Estoy furiosa por completo, y no sé con quién hablar.

R: No hables con tu hermana. Tampoco lo hagas con tu mejor amiga. En su lugar, hazlo con un profesional. Para comenzar, tu ginecólogo sería lo mejor. Además, no tengas relaciones sexuales con tu esposo a partir de este día, hasta que los dos se hagan un chequeo médico para detectar si existe alguna enfermedad de transmisión sexual y tú seas consciente por completo de las consecuencias de tener relaciones sexuales. No tienes idea de quién fue esa mujer ni de cuántos compañeros sexuales ha tenido.

Si tú y tu esposo eran vírgenes cuando se casaron, no había probabilidad de contagiarse una enfermedad de transmisión sexual. Solo estuvieron expuestos el uno al otro. Sin embargo, como muestra un estudio del Instituto Guttmacher sobre la relación sexual entre adolescentes, si has tenido tres compañeros sexuales, te expusiste a siete en realidad. Si tuviste siete compañeros sexuales, te expusiste a ciento veintisiete en realidad. Digamos que tuviste una experiencia sexual con doce compañeros. Si ese duodécimo compañero tuvo doce parejas en su experiencia sexual, ¡dormiste en realidad con cuatro mil noventa y cinco personas en ese momento![5] Da miedo, ¿eh?

Por lo tanto, este es un momento decisivo en tu matrimonio, en el que tu cónyuge debe conocer la seriedad con la que ves lo que hizo. Debe asumir la responsabilidad por sus acciones (y el consiguiente daño físico que se causó a sí mismo, que te causó a ti y a cualquier otro) y terminar con la aventura, si es que todavía no ha terminado. Entonces, tendrán mucho que hacer como pareja (en especial, durante los próximos dieciocho o veinticuatro meses). Necesitarán tiempo y un terapeuta que los ayude a resolver los problemas.

Tener una aventura amorosa es como comer una pizza el sábado por la noche y seguir sintiendo el gusto tres horas después. Excepto que el sabor que queda de una aventura amorosa dura mucho más.

Tal vez por eso siempre he defendido el método de «pantalones puestos, manos atrás» con todos, excepto con el cónyuge. Cantar de los cantares 8:4 dice: «No despertéis ni hagáis velar al amor, hasta que quiera» (RV-60).

Tienes todo el derecho de estar enojada, y tienes todo el derecho de negarle la relación sexual a tu esposo, ya que de otro modo, sería muy peligroso para ti.

La vida ha cambiado; nunca volverá a ser igual. No obstante, depende de ti cómo escribirás el próximo capítulo en la vida de tu familia.

Hablemos con franqueza

La gente decide tener aventuras amorosas; no suceden así porque sí. Existe una razón. Y esta razón es que existe algún vacío en la relación matrimonial de esa persona que no se está llenando.

Todos somos vulnerables. A todos nos pueden tentar: a ti y a tu cónyuge. Hasta el poderoso rey David de Israel, uno de los reyes más importantes que haya conocido la humanidad, decidió tener una aventura amorosa. Puedes leer la historia en 2 Samuel 11—12, pero aquí tienes la versión Leman.

Lo que es en verdad el amor

Tirarse una foto de los dos, todos arrugaditos como pasas, para que salga en el periódico cuando cumplan cincuenta años de casados.

Una acción, no un simple sentimiento.

La decision de honrar, respetar, comprender y comprometerse... todos los días.

Una tarde, el rey David se encuentra caminando por la azotea de su palacio, disfrutando de los últimos rayos de sol y relajándose. (No tenía necesidad de ponerse un factor de protección solar 30, porque su piel era bastante oscura). Espía sobre el muro para mirar hacia la siguiente azotea y ve a esta mujer. Corre al interior a buscar sus binoculares a fin de poder mirarla mejor. «¡Vaya, *eso* sí que es una mujer!»

Bueno, ya conoces el resto de la historia. La hermosa Betsabé se está bañando y el rey David sigue mirando. No puede dejar de pensar en ella, así que le envía un mensajero para que haga averiguaciones. Está casada... es la esposa de Urías el hitita, le dice el mensajero. Sin embargo, que sea casada no detiene a David en su propósito. No, está que arde. Entonces, envía a buscar a Betsabé y terminan durmiendo juntos.

Algún tiempo después, David se entera de que Betsabé está embarazada. Ay, no. El problema es que todos sabrán que Urías no es el padre, ya que el bueno de Urías está lejos de su casa prestando servicio como soldado en el frente de batalla. Entonces, el rey David hace que traigan a Urías a su casa para que duerma con su esposa, En cambio, Urías es un soldado tan respetable que se niega a disfrutar de su esposa mientras los otros soldados siguen todavía en la batalla.

A David, desesperado por salvar su reputación, se le ocurre una idea descabellada como último recurso. Le dice a Joab, el general de su ejército, que pusiera a Urías en el frente de batalla para que lo mataran. Entonces, después que Urías muere, David se casa con Betsabé, pero su hijo muere.

Fíjate en todas las consecuencias de la lujuria de David, lo cual lo condujo a una aventura amorosa, a un embarazo, a un asesinato y a la muerte de un niño. Sin embargo, siempre he encontrado esperanza en esta historia, porque Dios llama a David «un hombre conforme a mi corazón». Y David era un tipo bastante imperfecto. Entonces, dime: ¿qué has hecho en tu vida que sea tan terrible como para que Dios no te perdone?

Este es el momento para ponerte a cuentas con tu cónyuge (si tú has sido el infractor) o para permitirle a tu cónyuge que te cuente su parte de la historia y te pida perdón.

Puedes perdonar, pero no puedes olvidar. Por cierto, *debes* recordar; debes recordar dónde te encontrabas. Habrá momentos en que rueden las lágrimas y en los que pienses que no puedes perdonar a tu cónyuge o que no puedes perdonarte a ti mismo... momentos en los que sientes que no puedes seguir tal como estás ahora.

Sin embargo, recuerda lo siguiente: si *tú* no tienes una aventura amorosa con tu cónyuge, alguna otra persona lo hará. Esfuérzate por estar casado en todo y por todo.

24

No existe tal cosa como ir cuesta abajo... a menos que actúes así

Cómo se combaten los efectos por la pérdida de trabajo,
la depresión y el envejecimiento en la relación sexual.

Dos hombres se encuentran en una reunión social a la que no
querían asistir y la estimulante conversación es algo como
esto:

PRIMER HOMBRE: (Saluda con la cabeza)
SEGUNDO HOMBRE: (Saluda con la cabeza)
PRIMER HOMBRE: Entonces, ¿qué me dices del equipo de los Bulls?
SEGUNDO HOMBRE: (Asiente con la cabeza, hace una pausa). Y, ¿cómo
te ganas la vida?

Dos mujeres pasan una junto a la otra en el centro comercial y la conversación que tienen es algo como esto:

PRIMERA MUJER: Ay, me encanta el suéter que tienes puesto. ¿Te importaría decirme dónde lo compraste?

SEGUNDA MUJER: De ningún modo. En J. Crew. La tienda está justo al doblar en la esquina. Siempre compro allí. También lo tienen en negro y en verde.

PRIMERA MUJER: Me encanta. El verde es mi favorito. Los otros días, le decía a mi amiga...

Y las dos mujeres siguen hablando a todo lo que da durante los próximos veinte minutos, a continuación se van a tomar un café para terminar la conversación.

Esto es lo interesante. En esos treinta y cinco minutos, las dos mujeres nunca mencionaron lo que hacen para ganarse la vida, aunque una es podóloga y la otra es gerente de una empresa, y este es el primer día libre que tienen en meses.

¿Ves la diferencia?

Lo que un hombre hace para ganarse la vida, no es solo lo que hace para ganarse la vida; simboliza quién es él como hombre. Para la mayoría de las mujeres, el trabajo es una de las muchas cosas que hace durante el día, pero no es algo que la define. (Incluso, las mujeres con altos cargos ejecutivos hacen la lista de provisiones que necesitan durante los descansos para almorzar y ordenan trajes de ballet para sus hijas en línea. ¿Y nosotros los varones? Eso sería un exceso de tareas múltiples).

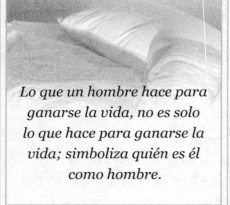

Lo que un hombre hace para ganarse la vida, no es solo lo que hace para ganarse la vida; simboliza quién es él como hombre.

Por esta razón, cuando un hombre pierde su empleo, se dice: *Ya no soy útil*. Y se siente aun peor si esto significa que su esposa, que no trabajaba fuera de la casa, tiene que volver al campo laboral a fin llevar la batuta económica. Entonces, este hombre recibe dos golpes: (1) ha fracasado en su trabajo, y (2) ha fracasado en proveer para su familia.

Para muchos hombres, estas son píldoras amargas de tragar. En la escala de principales factores de estrés en la vida, el hombre enumeraría: la pérdida del trabajo, la pérdida de un hijo, la pérdida de la esposa, respectivamente. No es para menos, entonces, que muchos hombres hoy en día, con nuestra economía cambiante, sufran de depresión. Al decir esto, no me refiero a solo estar de capa caída. Me refiero a la depresión clínica que se desencadena por algo fisiológico en el cuerpo de una persona, que hace que ni siquiera sienta deseos de levantarse para enfrentar el día. No le importa nada, ya que su mundo es un agujero negro sin esperanza.

Si a esto le añadimos los signos de envejecimiento, cuando el cuerpo comienza a venirse abajo y a no ser tan *sexy* como solía serlo, tenemos un hombre muy desanimado que no le interesa en tener intimidad con su esposa.

Aunque la pérdida del empleo no es un gran factor de estrés para la mayoría de las mujeres, ya que no se identifican con un trabajo en particular ni una profesión como lo hacen los hombres, las mujeres se ven muy afectadas por la depresión y el envejecimiento. La mujer tiene una contextura emocional y hormonal tan intrincada que la depresión puede causarle un gran impacto. Además, como desde que era bebé la criaron para «verse bien», el envejecimiento puede causarle un impacto duro en particular. Puede parecerle que ya no es atractiva para su esposo. Entonces, ¿por qué habría de querer tener relaciones sexuales con ella?

La pérdida del empleo, la depresión y el envejecimiento son todos hechos de la vida. Suceden. La pregunta es: ¿cómo los manejarán tú y tu cónyuge cuando sucedan?

P: Mi esposo perdió el empleo el año pasado. Desde entonces, la vida no ha sido igual en nuestra casa. Mi esposo trabajó mucho durante veinte años en la misma compañía y disfrutaba de su empleo, pero la compañía cerró. Desde entonces, Jake no ha sido el mismo. Lo único que hace es sentarse en los lugares oscuros de la casa y estar deprimido. Pareciera que perdió su impulso sexual junto con el trabajo. ¿Cómo puedo hacerle entender que lo amo *con* o *sin* ese trabajo y que lo deseo físicamente?

R: Hay algo que debes entender de los hombres. Ellos encuentran su identidad principalmente a través de su trabajo. Las mujeres pueden trabajar fuera del hogar (como pilotos de avión, cirujanas o bibliotecarias), pero su identidad no depende de sus trabajos como en el caso de los hombres. Para el género masculino, ellos *son* su trabajo.

Esto quiere decir que cuando tu esposo pierde el trabajo, pierde su identidad. Es probable que se castigue a sí mismo la mayor parte del tiempo diciéndose que no es un hombre si no puede proveer para su familia. Que tú tengas un trabajo (por bueno que pueda ser esto financieramente para tu familia) incluso puede hacer que se sienta peor, como si tú llevaras los pantalones en la familia. Lo que dice al sentarse por allí es: «No valgo nada. Tú no me necesitas». Interioriza todo su fracaso y eso resulta en su depresión e incapacidad para funcionar de manera física, emocional y sexual. Hasta puede terminar con una disfunción eréctil.

Lo que tu hombre necesita es que tú lo *necesites*. Permite que los encuentros sexuales sean tu desafío como mujer, incluso cuando pueda haber alguna resistencia inicial de su parte. Esta es hora de ser creativa. Darle tiempo para retraerse más y para deprimirse más, no es la respuesta a nada.

Durante este tiempo difícil, las palabras que escoges para hablar con tu esposo son importantes de verdad. Necesita oírte decir: «Cariño, eres el número uno para mí. Vamos a superar esto juntos. Tú y yo. Creo en ti».

Tu esposo necesita oír todos los días que lo amas por lo que es. Que lo necesitas en tu vida. Que importa muchísimo en tu vida. Y que, aunque su armadura esté un poquito deslucida por el momento, sigue siendo tu héroe.

Si la depresión continúa durante un par de semanas, es posible que esté clínicamente deprimido. Si es así, tu médico puede prescribirle un medicamento que lo ayude a levantar el ánimo. Esta terapia, junto con tu compasión, aliento y comprensión, lo ayudarán para que este oscuro hoyo de depresión desaparezca con el tiempo. Aunque parezca que él no lo valora en el momento, mantente cerca de él tanto de manera física como emocional. Acaba de perder una gran porción de su mundo y se encuentra tambaleante. Esta es hora de que te concentres en tu esposo y dejes otras cosas menos importantes en tu mundo.

P: Mi esposo siempre ha tenido un apetito sexual saludable. Cuando cumplió cincuenta el año pasado, aminoró mucho la marcha. A no ser por esto, parece actuar «con normalidad». ¿Debo preocuparme? ¿Le parece que puede estar teniendo una aventura amorosa o algo así?

R: Un sinnúmero de mujeres hace esa pregunta. Muchos de nosotros, los hombres, aminoramos la marcha al envejecer. Les sucede a los mejores. Creo que eso es lo que le sucede a tu esposo también. ¿Por qué no se lo preguntas?

En cuanto a que se encuentre en alguna aventura amorosa, ¿tienes alguna evidencia para sospechar? ¿Tu esposo llega más tarde de lo usual? ¿Regresa tarde a casa del trabajo? ¿Se encuentra con personas que parecen no tener nombre, o al menos no te da esos nombres? ¿Ha perdido mucho peso últimamente? ¿Se ha comprado mucha ropa nueva?

Estos son indicios sencillos de que un hombre puede estar enredado en una aventura amorosa. Si ves alguna de estas señales, deberías revisar su computadora. El botón del historial te mostrará los sitios que visita, y tú podrías revisar su correo electrónico. Fíjate en su celular, en las llamadas recibidas y en las hechas.

¿Acaso te digo que andes fisgoneando? En este caso, sí, porque hablamos de tu matrimonio y tienes todo el derecho de saber. Si existen suficientes señales juntas como para hacerte sospechar que sucede algo, usa tu sabiduría innata. Usa la intuición femenina que Dios te ha dado para deducir lo que sucede. Si encuentras registros que parecen confirmar tus sospechas, debes hablar de inmediato con tu esposo.

No le digas: «¿Estás en una aventura amorosa?», porque si lo está, quizá quiera negarlo. En cambio, dile: «Encontré estos mensajes electrónicos y estos recibos de hoteles en tus bolsillos. ¿Por qué no me dices de qué se trata?». Eres lista para intentar esta opción en lugar de quedarte con la duda.

Existe la posibilidad de que solo esté envejeciendo como el resto de nosotros.

P: Después de pasar por dos ciclos de quimioterapia y de radiación, mi esposo ha quedado impotente. Esto le molesta mucho, porque dice que no puede participar a plenitud en la relación sexual como antes. En cambio, por más loco que parezca, a mí no me importa. Por primera vez en nuestro matrimonio siento que estoy recibiendo la atención que necesito. ¿Está bien que me sienta así? ¿Existen maneras en las que pueda seguir proporcionándole placer?

R: ¿Si está bien? Es perfectamente comprensible. Esto se debe a que el noventa y siete por ciento de las mujeres dice que, para ellas, la relación sexual tiene que ver con la cercanía. Prefieren mucho más el amor y los abrazos que los orgasmos y la penetración. Esto se debe a que lo que más desean las mujeres es la conexión del corazón. Quieren saber que su esposo está concentrado en ellas. Así son las mujeres. Si no se conectan primero de manera emocional, tendrán dificultades para conectarse de forma física.

Como tu esposo es impotente, es consciente de que ya no puede penetrar ni eyacular. Esto les dará tiempo a los dos para concentrarse en otras cosas. Ayúdale a comprender que sigues encantada con lo que todavía tienen juntos, y que te entusiasma la idea de explorar nuevas maneras de ser creativos. Tal vez quieran buscar algunas ideas en mi libro *Música entre las sábanas*.

Sabes que vas cuesta abajo cuando...

- te das cuenta de que puedes vivir sin la relación sexual... pero no sin tus bifocales.
- te encuentras cantando a la par de la música del ascensor.
- los huesos, no el pronóstico del tiempo, te dicen cuándo va a llover.
- preguntas todos los días qué día es.
- cenas a las cuatro y media de la tarde.

Dile todos los días: «Lo mejor que hice en mi vida fue casarme contigo. Tú eres el hombre para mí. El hombre de mis sueños».

Luego, tócale con suavidad el pene. Que sea impotente no quiere decir que no le guste que lo toques allí. No existen muchos hombres sobre la tierra a quienes no les guste la idea de que la mujer que aman use sus dedos muy suaves y delicados para acariciar al Sr. Feliz.

El noventa y siete por ciento de las mujeres dice que, para ellas, la relación sexual tiene que ver con la cercanía. Prefieren mucho más el amor y los abrazos que los orgasmos y la penetración.

Después, acaríciale todo el cuerpo, de la cabeza a los pies. Te puedo garantizar que tu esposo temblará de placer y sonreirá como un niño que acaba de sacar la última galleta del tarro.

P: Solía encantarme tener relaciones sexuales. Sin embargo, desde que entré en la menopausia, he luchado contra la depresión y he perdido el deseo sexual. ¡Soy demasiado joven para eso! ¿Qué puedo hacer para recuperar mi impulso sexual?

R: ¿Estás tomando un antidepresivo? Los antidepresivos pueden deprimir el deseo sexual. En cambio, si tú y tu esposo son conscientes de esto, pueden encontrar soluciones. Habla también con tu médico para ver si puede darte algunas soluciones.

Asegúrate de tomar varias dosis de luz solar todos los días. Siéntate frente a una ventana soleada cuando tomes el desayuno (o al aire libre si hace suficiente calor). Sal a caminar. El ejercicio ayuda a que se mueva la sangre y disipe la niebla de tu cabeza. Te dará energía y te hará sentir mejor contigo misma. Recuerda cómo solía ser la relación sexual entre tú y tu esposo. Revive algunos de tus momentos más apasionados. Y una clave muy importante: duerme lo suficiente.

Uno de cada diez estadounidenses experimenta alguna forma de depresión, y las mujeres son susceptibles en particular debido a sus delicados mecanismos hormonales y emocionales.

Ya vendrán días mejores. Créelo y actúa en consecuencia; entonces, verás que pasarán.

Hablemos con franqueza

Damas, esto es para ustedes. Aunque los hombres se identifican con su trabajo (con los ascensos, los aumentos de salario, las felicitaciones por un trabajo bien hecho), el lugar donde tu esposo quiere tener verdadero éxito es en tu hogar. Debajo de todas sus bravuconadas, de sus gruñidos y de su falta de comunicación algunas veces, tu esposo necesita ser tu héroe.

Puedes ganar un salario de seis cifras. Puedes estar a cargo de toda una guardería diurna. Puedes estar a cargo de las vidas de tus cuatro hijos de entre cinco y dieciocho años. Te puede parecer que haces las cosas de manera bastante admirable. Al menos, la mayoría de los días.

Sin embargo, ten cuidado de ser demasiado independiente, porque entonces el mensaje que le das sutilmente al hombre que amas es: *En realidad, no te necesito.* ¿Y qué hombre que se precie de serlo quiere quedarse por allí cuando, a las claras, no lo necesitan, o cuando no se aprecia la contribución que hace a la familia como proveedor, esposo y padre?

Admito que los hombres somos una especie rara. Aun así, este es el secreto: si nos tratas bien y nos acaricias, haremos todo lo que sea por hacerte feliz.

Caballeros, esto es para ustedes. Sus esposas son seres complejos con hormonas y emociones, así que ayúdenlas a cuidarse de los excesos de trabajo y de estrés. Si la ven que se desliza hacia la

> *Admito que los hombres somos una especie rara. Aun así, este es el secreto: si nos tratas bien y nos acaricias, haremos todo lo que sea por hacerte feliz*

depresión, hablen con ella de inmediato al respecto y pónganse en acción para buscarle ayuda. Hoy en día, existen muchos medicamentos que ayudarán a la mujer para que la depresión desaparezca de modo que pueda salir de la niebla a la luz del sol, a fin de disfrutar otra vez de la vida. En cambio, algunas veces, ella necesita tu ayuda para unir las piezas.

Además, dile lo hermosa que es y cuánto amas su cuerpo. Ella necesita oír estas palabras de ti mientras mira a todas las modelos de las revistas y se da cuenta de que no se parece en nada a ellas.

Ríanse juntos por las cosas graciosas que les suceden al envejecer. Es verdad: la risa es el mejor remedio. Para la pérdida del empleo, para la depresión, para el envejecimiento y para todas las cosas de la vida en general.

Ahora, me encuentro en la década de los sesenta, pero si les preguntas a mis cinco hijos: «¿Te parece que tu padre actúa como un viejo?», creo que dirían: «No. Papá se divierte. Es optimista. Le gusta pasarla bien».

Eres lo que decides ser. Puedes optar por ir cuesta abajo... o puedes decidir disfrutar el ascenso a esa montaña.

25

Si Mick Jagger todavía puede cantar, nosotros todavía podemos hacer ya sabes qué

Una vieja viola tiene muchas canciones, y algunas melodías son de las mejores que andan por ahí.

Deténganse todos por un segundo y, por puro capricho, piensen en mamá y papá teniendo relaciones sexuales.

¡Huy! Eso debería causarte un escalofrío en la espalda. Puedo oír a algunos que dirían: «Mi mamá ni siquiera *pensaría* en hacer eso». (Uf... equivocado. ¿Cómo crees que llegaste al planeta?). Ahora, piensa un minuto en la abuela y el abuelo teniendo relaciones sexuales. ¡Ay, no, tan cerca de la hora de cenar!

Lo cierto es que Dios nos hizo seres sexuales. No existe razón para que hasta alguien que anda arrastrándose con un andador no pueda disfrutar de la relación sexual con la persona que ama.

Ya he pasado los sesenta años y, algunas veces, me he preguntado: «¿Cuándo se me acabará esto?». Y como tengo el privilegio de responderme, siempre digo: «Jamás».

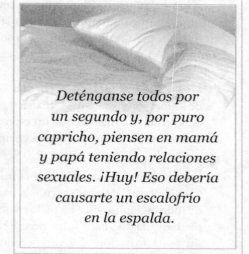

Deténganse todos por un segundo y, por puro capricho, piensen en mamá y papá teniendo relaciones sexuales. ¡Huy! Eso debería causarte un escalofrío en la espalda.

Para algunos de los que leen este libro, *anciano* por definición significa cuarenta años; para otros, cincuenta; para otros, sesenta; y para la gente como yo, ¡es mucho más que sesenta! No obstante, permítanme decirles algo a los mocosos: cuando envejeces, no te sientes diferente en tu interior.

Cuando tienes sesenta años, tu esposa todavía puede hacerte sentir como el potro juguetón que eras cuando tenías veintitrés. Tu esposo puede hacerte sentir como la potrilla traviesa que eras a los veintidós.

Sé que algunos de ustedes, jovencitos, están meneando la cabeza y diciendo: «Usted me está tomando el pelo. No puede ser verdad».

Sin embargo, es así. En realidad, la investigación muestra que las parejas que pueden tener la *mayor* satisfacción en su relación (incluyendo la vida sexual) son las que están en los cincuenta o los sesenta años de edad. Para una pareja mayor, esto quiere decir que es como Navidad, «el tiempo más maravilloso del año», como dice la vieja canción, ¡*cada día* del año!

¿Cómo es posible? Bueno, el mejor órgano sexual es el cerebro. Caballeros, las palabras que elijan son las que pueden excitar a sus mujeres (aun si le está haciendo frente a las realidades de la sequedad vaginal debido a la caída de estrógeno). Las palabras adecuadas dichas en el momento apropiado, de la manera oportuna y con el delicado toque conveniente, pueden desatar una furia sexual en la abuela que impresionaría incluso a Billy Crystal en *Cuando Harry conoció a Sally*.

Con los años, pueden venir ciertas dolencias físicas y cambios hormonales que podrían transformar la relación sexual tradicional en un desafío, pero nunca teman. Solo se necesita algo de ingenuidad, comprensión, planificación cuidadosa y sentido del humor.

P: He notado que mi esposa está más «susceptible» cuando la acaricio de lo que solía estar antes. ¿Existen cambios sexuales normales que debo esperar a medida que mi esposa envejece? ¿Qué puedo hacer al respecto, si es que puedo hacer algo, para ayudar?

R: Sí, el cuerpo de una mujer cambia. El cambio más común es una baja de estrógeno una vez que la mujer ha pasado la menopausia. Con el descenso del estrógeno, la mujer no tiene mucha capacidad de lubricación propia. La piel se vuelve más seca: los hombros, las piernas y la vagina. Quizá necesite un toque mucho más suave, sin tanta frotación. Tal vez necesites usar productos lubricantes para ayudarla a que se sienta más cómoda en el momento de la penetración. Pídele que te dé pistas sobre lo que le gusta y lo que no le gusta. Estará feliz de que preguntes.

No obstante, aquí tienes una maravillosa noticia: muchas mujeres informan que después de la menopausia tienen mayor libertad en su experiencia sexual. Tienen más tiempo, están menos apuradas. Además, ya no existe la preocupación de engendrar un bebé (por lo tanto, no más píldoras anticonceptivas, no más planificación familiar contando los días, nada de preservativos, etc.).

Lo más importante para recordar es que sus mentes son los órganos sexuales más importantes que tienen. Entonces, úsenlos con sabiduría.

P: Cuando mi esposa cumplió sesenta este año, todo lo que solía gustarle en la relación sexual durante los últimos veinticinco años cambió muchísimo. Es como si tuviera que encontrar el mapa de ruta otra vez por completo. ¡Auxilio! Ya no soy tan joven ni creativo como solía ser antes. Además, ¿necesito retroceder en la frecuencia ahora que soy mayor?

R: Ah, pero ahora tienes más tiempo para explorar, ¿no es así? ¿Por qué no sacarle toda la ventaja a esto en una de las aventuras más excitantes que podrías tener en la vida?

Cada uno de nosotros cambia a medida que crecemos (algo bueno para la mayoría de nosotros). Puede ser un tiempo de división para la pareja o una nueva temporada divertida de amor, como si estuvieras explorando en una segunda luna de miel. (Muy bien, este es un pensamiento, ¿por qué no tener una luna de miel?).

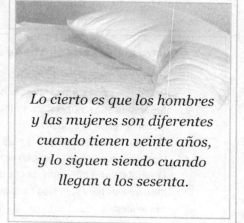

Lo cierto es que los hombres y las mujeres son diferentes cuando tienen veinte años, y lo siguen siendo cuando llegan a los sesenta.

Lo cierto es que los hombres y las mujeres son diferentes cuando tienen veinte años, y lo siguen siendo cuando llegan a los sesenta. Como hombre, es muy probable que seas el agresor. Tal vez debas retroceder un poquito para ver cómo responde tu esposa.

Concéntrate en hacerle el amor fuera del dormitorio. Como esposo que le ha traído a su esposa una taza de café todas las mañanas de nuestra vida de casados, y le he rascado la espalda (solo por encima del camisón, según su libro de reglas), he visto la respuesta de una esposa que se siente valorada, amada, atendida y escuchada (no está nada mal por tomarme algunos minutos para rascarle la espalda y traerle café). El gozo de estar casados y de agradar a tu esposa es conocer esas cosas que le agradan a ella. Si te preocupas por descubrir esas cosas, descubrirás que ella te responderá mucho mejor, tanto dentro como fuera del dormitorio.

Cortéjala otra vez... desde el principio

¡Apresúrate, amado mío!
¡Corre como venado, como cervato,
sobre los montes de bálsamo cubiertos!

Cantar de cantares 8:14

Ahora bien, no me digas que no vale la pena explorar un poquito.

Cuatro maneras de mostrarle a él que todavía es *sexy*

1. Llama a tu desprevenido esposo desde el cuarto de lavado de tu casa y deléitalo como nunca antes lo habías hecho en toda tu vida.

2. Reserva la suite nupcial, completa con tina caliente e hidromasaje, en un hotel de tu ciudad.

3. Quítate las prótesis dentales para tener relaciones sexuales.

4. Durante una semana, tengan relaciones sexuales todos los días en una habitación diferente de la casa. (De ese modo, siempre tendrán algo que los hará sonreír. ¿Y si alguno de los dos muere? Ah, ¡morirán tan felices!).

P: Pronto cumpliré setenta años. Supongo que tengo un poquito de temor que, de repente, termine mi vida sexual. ¿Algunas sugerencias para mi esposa y para mí?

R: Es verdad que un hombre alcanza su clímax sexual a los dieciocho o veinte años. A medida que envejecemos, muchos de nosotros aminoramos la marcha. Debería saberlo. Ahora me encuentro en la sexta década y he bajado la frecuencia de la relación sexual a cuatro veces por semana. Aun así, el solo hecho de que te estés acercando a los setenta años no significa que no puedas disfrutar de una vida sexual activa, satisfactoria y maravillosa. En realidad, la mayoría de las parejas dicen que a medida que envejecen, la relación sexual se torna mejor. (Al fin y al cabo, ya no hay enanitos molestos que golpeen la puerta del dormitorio para llamarte la atención... ni que vomiten justo en medio del clímax).

Sin embargo, es importante que tomes conciencia de los cambios que se producen en los cuerpos al envejecer. Puede llevarte más tiempo llegar a una erección. Aun así, mira el lado positivo: eso quiere decir que pasarás más tiempo acurrucado con tu esposa disfrutando de sus caricias.

Los niveles de estrógeno de la mujer caen y, como resultado, su piel se vuelve más seca y sensible, y la vagina necesita más lubricación. Lo que resulta agradable el viernes puede que no resulte agradable el lunes. Sin embargo, es interesante que muchas mujeres informan que sienten una mayor libertad y mayor entusiasmo en su sexualidad después de la menopausia. ¡Y esto es algo para celebrar!

Por supuesto, sus cuerpos están cambiando, pero el órgano sexual más importante, la mente, sigue llevando la batuta. Usa los años por venir como una oportunidad para explorar los cambios de una manera amorosa con tu cónyuge. Una actitud positiva es determinante.

Hablemos con franqueza

No pude evitar una risita ante la historia de una pareja mayor que encontró la manera de zafarse de sus andadores para disfrutar una maravillosa relación sexual en el piso de la sala.

«¡Socorro! Me caí y no puedo levantarme», dijeron llamando al otro en medio de muchas risas.

Espero que te haya hecho sonreír como lo hizo conmigo.

Mi padre me dijo una vez: «Kevin, una vieja viola tiene muchas melodías». Y ahora que ya puedo recibir un cupón de descuento para una taza de café en McDonald's, sé a lo que se refería. A medida que las parejas envejecen, el amor se profundiza y crece más maduro. Con tanta práctica, eres mejor en la intimidad sexual. Es cierto de todo punto que la relación sexual comienza en la mente y después sigue la acción.

Entonces, adelante, sube la temperatura de tu pasión. Tal vez, justo lo que el médico prescribió es que sea un poquito más a fuego lento... y ahora tienes tiempo para hacerlo.

Conclusión
Envejece conmigo

Lo mejor no ha llegado aún. Entonces, adelante...
¡sube la temperatura!

Envejece conmigo,
lo mejor no ha llegado aún.

Robert Browning (1812-1889)

¿Con quién preferirías envejecer? Si puedes pensar así de tu esposa o esposo cuando tienes veinticinco, treinta y cinco, cuarenta y cinco, cincuenta y cinco, sesenta y cinco y setenta y cinco años, ¡qué maravilloso! ¿Cómo te gustaría que sea tu relación ahora y en el futuro?

No pierdas otro día, mucho menos otro mes, sin darle todo lo que puedes a uno de los mejores regalos del Dios todopoderoso: el gozo de una fantástica vida sexual con la persona que más amas.

Quiero terminar con una historia que en verdad es la esencia de lo que significa en realidad «envejece conmigo, lo mejor no ha llegado aún».

Un caballero anciano siempre tenía turno con su dentista los sábados por la mañana temprano. Un sábado, el dentista estaba atrasado y el anciano se puso ansioso.

—¿Tiene algún problema? —le preguntó el dentista cuando por fin acomodó al hombre en su silla.

—Bueno —dijo el anciano en voz baja—, siempre me reúno con mi esposa para desayunar y no quiero llegar tarde. Verá, ella se encuentra en un hogar de ancianos ahora.

No pierdas otro día, mucho menos otro mes, sin darle todo lo que puedes a uno de los mejores regalos del Dios todopoderoso: el gozo de una fantástica vida sexual con la persona que más amas.

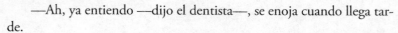

—Ah, ya entiendo —dijo el dentista—, se enoja cuando llega tarde.

—En realidad, ya no me reconoce —dijo el caballero—. Ya hace tres años de esto.

El dentista se mostró confundido.

—Entonces, ¿qué problema hay si llega tarde para el desayuno? Es decir, ¿qué problema hay si ella ya no sabe quién es usted?

—Sí —dijo el anciano—, pero yo sé quién es ella.

Es fácil tener un comienzo grandioso en el matrimonio. Lo que es difícil es terminar bien la travesía. Y este hombre la estaba terminando bien.

¿Habrá montañas y valles? ¿Habrá piedras en el camino? Sin lugar a dudas. Hasta te puedes tambalear un poquito.

No obstante, si mantienen la comunicación y el compromiso del uno para con el otro como una prioridad, y si se honran y respetan entre sí, tendrán amor para toda la vida. Y en algún lugar del camino, se encontrarán mirándose y diciendo: «¿Sabes una cosa? Qué privilegio es disfrutar las alegrías y las tristezas de la vida contigo, la persona a la que conozco, amo y comprendo más que a nadie en el mundo».

Asombroso, ¿no es cierto? ¿Que nosotros, los hombres raros, y ustedes, las mujeres extrañas, fuéramos hechos a la medida el uno para el otro? ¿Y que juntos podamos dar ese grandioso paseo?

Sin duda, te alegrarás de subir la temperatura en tu vida sexual. Te lo prometo.

Notas

1. Adaptado de *¿Por qué temo decirte quién soy?*, de John Powell (Editorial Sal Terrae, Cantabria, España, 1997). También adaptado de *El amor comienza en la cocina*, del Dr. Kevin Leman (Grupo Nelson, Nashville, TN, 1992), pp. 123-26 (del original en inglés).

2. Puedes leer toda la historia en la Biblia, en Marcos 11:15-17.

3. 1 Corintios 7:3-5.

4. Aquí tienes información que deberías conocer del Instituto Alan Guttmacher, «Facts in Brief: Teen Sex and Pregnancy», septiembre de 1999, http://www.agi-usa.org/pubs/fb_teen_sex.html:

Número de X compañeros	Número de compañeros sexuales a los que se expone
1	1
2	3
3	7
4	15
5	31
6	63
7	127
8	255
9	511
10	1023
11	2047
12	4095

5. *Ibíd.*

Recursos sugeridos
para parejas

Libros
Música entre las sábanas
El amor comienza en la cocina
Becoming a Couple of Promise
The Birth Order Book

Series en DVD y vídeos
Making the Most of Marriage
Bringing Peace and Harmony to the Blended Family

Únete a nuestra cruzada anual «Couples of Promise».
Llama al 1-800-770-3830 (en Estados Unidos), o visita
www.lemanbooksandvideos.com para mayor información.

Acerca del Dr. Kevin Leman

El Dr. Kevin Leman es un psicólogo, humorista, una personalidad de la radio y la televisión y un orador de fama internacional, ha enseñado de manera entretenida a audiencias de todo el mundo con su ingenio y su psicología llena de sentido común.

Este autor de éxitos de librería y ganador de premios ha recibido cientos de llamadas en programas de radio y televisión, como *The View, Today, Oprah, Fox and Friends, The Early Show* de *CBS, America* de Janet Parshall, *American Morning* de *CNN, Focus on the Family* y *Life Today* con James Robison. El Dr. Leman ha contribuido como psicólogo de familia en *Good Morning America*.

El Dr. Leman es también el fundador y el presidente de *Couples of Promise*, una organización diseñada y comprometida para ayudar a las parejas a que sigan felizmente casadas.

El Dr. Leman es miembro de la Asociación Norteamericana de Psicología, de la Federación Norteamericana de Artistas de Radio y Televisión y de la Sociedad Norteamericana de Psicología Adleriana, entre otras.

En 1993, recibió el premio *Distinguished Alumnus Award* de la universidad *North Park* en Chicago. En 2003, recibió de parte de la Universidad de Arizona el premio más alto que una universidad puede otorgar a su personal: el *Alumni Achievement Award*.

El Dr. Leman asistió a la universidad *North Park*. Obtuvo su bachillerato en psicología en la Universidad de Arizona, donde más tarde realizó su maestría y su doctorado. Oriundo de Williamsville, Nueva York, él y su esposa, Sande, viven en Tucson, Arizona. Tienen cinco hijos.

Para recibir información acerca de su disponibilidad para conferencias, consultas de negocios o seminarios en inglés, por favor, comunícate a:

Dr. Kevin Leman
P.O. Box 35370
Tucson, Arizona 85740
Teléfono: (520) 797-3830
Fax: (520) 797-3809
www.lemanbooksandvideos.com

Recursos del Dr. Kevin Leman

Libros para adultos

Tengan un nuevo hijo para el viernes
The Firstborn Advantage
The Birth Order Book
Música entre las sábanas
Cría hijos sensatos sin perder la cabeza
El amor comienza en la cocina
*7 Things He'll Never Tell You... But You
    Need to Know*
*What Your Childhood Memories Say
    about You*
Running the Rapids
What a Difference a Daddy Makes
*La senda del pastor (escrito con William
    Pentak)*
La ventaja de jugar de local
Becoming the Parent God Wants You to Be
Becoming a Couple of Promise
*A Chicken's Guide to Talking Turkey with
    Your Kids about Sex
    (escrito con Kathy Flores Bell)*
Mamá por primera vez
*Keeping Your Family Strong in a World
    Gone Wrong*
Step-parenting 101
The Perfect Match
Be Your Own Shrink

Say Good-bye to Stress
Single Parenting That Works
When Your Best Isn't Good Enough
Pleasers

Libros para niños, con Kevin Leman II

Mi primogénito: No hay nadie como tú
*My Middle Child, There's No One Like
    You*
My Youngest, There's No One Like You
My Only Child, There's No One Like You
*My Adopted Child, There's No One Like
    You*
My Grandchild, There's No One Like You

Series en DVD y vídeos

*Making Children Mind without Losing
    Yours (Christian—parenting edition)*
*Making Children Mind without Losing
    Yours (Mainstream—public-school
    teacher edition)*
Value-Packed Parenting
Making the Most of Marriage
Running the Rapids
Single Parenting That Works
*Bringing Peace and Harmony to the
    Blended Family*

Disponibles en 1-800-770-3830 o en www.lemanbooksandvideos.com